Ngô Văn
Im Land der gesprungenen Glocke

Ngô Văn in den Siebzigerjahren in Paris

NGÔ VĂN

Im Land der gesprungenen Glocke

Die Leiden Indochinas in der Kolonialzeit

Aus dem Französischen
von Daniel Fastner
Herausgegeben von Christoph Plutte
und Tilman Vogt

für Đỗ, Oanh, Đà und Leila

INHALT

Vietnamesische Personen- und Ortsnamen sind –
mit Ausnahme von Cholon, Hanoi, Hué, Saigon und Vietnam –
in ihrer ursprünglichen Schreibweise belassen.

»Ich glaube nur den Geschichten, deren Zeugen sich erwürgen ließen.«[1] Angesichts der heute existierenden sogenannten Sozialistischen Republik Vietnam und ihrer offiziellen, überall leichtgläubig akzeptierten Geschichtsschreibung drängt sich mir beim Lesen dieser Maxime Blaise Pascals das Gefühl auf, Überlebender zu sein.

In *Viêt-nam 1920–1945, révolution et contre-révolution sous la domination coloniale*[2] habe ich versucht, die Zusammenhänge dieser Zeit zu rekonstruieren – einer Zeit, die nicht nur vom Kampf gegen den Kolonialimperialismus geprägt war, sondern auch von Bewegungen, die eine echte internationalistische, gesellschaftliche Revolution anstrebten, die sich nicht der Strategie des stalinistischen Russland unterwirft. Hier möchte ich aus der Perspektive des unmittelbar betroffenen Zeugen von dieser Zeit berichten. Die weitaus meisten, die an unserem Kampf beteiligt waren, sind, wenn sie nicht von der französischen Kolonialmacht niedergemetzelt, eingesperrt, in die Strafkolonie geschickt oder ins Exil gezwungen wurden, den tödlichen Schlägen der von Hô chí Minh gegründeten Partei zum Opfer gefallen, die sich das Etikett ›kommunistisch‹ ansteckte.

Kaum elf Jahre waren seit der Oktoberrevolution in Russland vergangen, als mir die repressive Wirklichkeit der indochinesischen Gesellschaft bewusst wurde und sich in mir Widerstand dagegen regte. Wie für so viele andere auch verband sich für mich mit der russischen Revolution die klare Hoffnung auf mögliche Befreiung. Doch schon während meiner Lehrjahre des Lebens und der Revolte erreichten uns, wenn auch spärlich, beunruhigende Botschaften aus Russland. Die revolutionäre Opposition wurde gejagt, Trotzki war gerade ins Exil geschickt worden. Über den Umweg der Dritten Internationale setzte Stalin eine totalitäre Strategie durch, die uns mit einem Internationalismus zu brechen schien, welcher von keiner revolutionären Tätigkeit wegzudenken ist. Es lag auf der Hand, dass wir unsere Kritik an Stalins Macht, deren Horror in den Moskauer Prozessen zu seinem spektakulären Höhepunkt gelangte, an den Ideen Trotzkis und seiner Parteigänger orientierten.

Auch nachdem ich Indochina 1948 den Rücken kehrte, habe ich nicht aufgehört zu hoffen, dass eine unerträgliche Weltordnung gestürzt werden kann, und ich bleibe von der Notwendigkeit eines solchen Umsturzes überzeugt. Und doch war mein Denken unterdessen bereichert worden; ich dachte inzwischen anders über den Bolschewismus und die Revolution. In Frankreich fand ich innerhalb und außerhalb der Fabriken neue Verbündete: Franzosen, Kolonisierte, Spanier – andere Überlebende –, die mit der POUM oder den Anarchisten im Spanischen Bürgerkrieg eine ähnliche Erfahrung gemacht hatten[3] – die Erfahrung eines Kampfs an zwei Fronten: gegen eine reaktionäre Macht auf der einen und gegen eine nach der Macht greifende stalinistische Partei auf der anderen Seite.

Diese Begegnungen, eine erneute Lektüre von Marx mithilfe der erhellenden Arbeiten von Maximilien Rubel, die Entdeckung, dass es 1919 in Bayern Arbeiterräte gegeben und 1921 im russischen Kronstadt eine Revolte stattgefunden hat, schließlich das Wiedererstehen von Arbeiterräten in Ungarn 1956 haben mich zur Erkundung neuer Revolutionsperspektiven geführt.[4] Sie brachten mich vom Bolschewismus-Leninismus-Trotzkismus ab und erzeugten in mir einen absoluten Widerwillen gegen alles, was sich irgendwie zu einem ›Apparat‹ entwickeln könnte. Die sogenannten Arbeiterparteien (insbesondere die leninistische Partei) sind Keimzellen des Staates. Einmal an der Macht, bilden diese Parteien den Kern der neuen herrschenden Klasse und bringen nichts anderes hervor als ein neues System der Ausbeutung des Menschen durch den Menschen. »Die Existenz des Staats und die Existenz der Sklaverei sind unzertrennlich.«[5] (Karl Marx)

George Orwell formulierte es mit großer Klarheit: »Wer die Gegenwart kontrolliert, kontrolliert die Vergangenheit.« Wenn nur dem Sieger über die Geschichte zu sprechen erlaubt ist und alle vergangenen Kämpfe in einem Manichäismus untergehen, der die wahren Auseinandersetzungen zum Verschwinden bringt, dann muss die Gegenwart wie ein Schicksal erscheinen, dem einer nicht entrinnen kann. Die Zukunft der menschlichen Gesellschaften hängt also von ihrem Vermögen ab, diese Vergangenheit den kalten Händen ihrer aktuellen Herrscher zu entreißen. Stimmen sind verklungen: Es gilt, ihnen neues Leben einzuhauchen, die lebendige Spur dieses Laufs der Revolte durch die Geschichte wiederzuentdecken – und zu versuchen, sie als Zeugnis an die nächste Generation weiterzureichen.

An jenem Mittwoch, den 10. Juni 1936, kommt gegen Nachtmittag Lư sanh Hạnh an meinen Arbeitsplatz im oberen Stockwerk der Metallwarenhandlung Descours et Cabaud, um über unseren Aufruf zum Generalstreik und die Bildung von Aktionskomitees zu reden. Auf den hintersten Ladenregalen habe ich ein Spruchband aus roten Siebtüchern versteckt. Mit den in weißer Farbe gepinselten Buchstaben der Streiklosung bin ich noch nicht fertig geworden. Gegen fünf Uhr tauchen plötzlich zwei Franzosen auf. Lư sanh Hạnh erkennt einen, steckt mir: »Die Bullen von der Sûreté!«[6] und saust in großen Sätzen die Treppe hinab.

»Ziehen Sie sich an und folgen Sie mir«, fordert mich einer der beiden Beamten auf, »wir haben einen Vorführungsbefehl gegen Sie.« Ich schlüpfe in meine Jacke und schreite, von den beiden Polizisten flankiert, die Ladentreppe hinab. Die verdutzten Blicke der Angestellten, Kunden und Kulis[7] im Parterre folgen mir die kurze Strecke zum Ausgang. In ihrer Eile haben die Büttel die hektografierte Ausgabe von *Class Struggle* auf meinem Schreibtisch übersehen, die ich mir aus Amerika habe kommen lassen und in ruhigen Momenten zu entziffern versuche.

Sie verfrachten mich in einen mit Plane überspannten Pritschenwagen, der 100 Meter weiter am Quai de Belgique abgestellt ist. Hier treffe ich wieder auf Lư sanh Hạnh, keuchend und gefesselt: ein annamitischer[8] Bulle hat ihn eingeholt und durch Beinstellen auf den Boden befördert. Sie verpassen mir Handschellen, und dann bringt uns der Wagen ins Kommissariat der Sûreté am Ende der Rue Catinat. Auf dem Weg dorthin denke ich: Gerade wird eine Seite in deinem Leben umgeblättert. Unwiderruflich.

Sie liefern Lư sanh Hạnh auf dem Revier ab, dann befehlen sie mir, ihnen meine Wohnung zu zeigen. Eigentlich wohne ich in Xóm gà, der nordwestlichen Vorstadt Saigons, gebe aber vor, gemeinsam mit meiner Mutter 15 Kilometer außerhalb der Stadt zu leben. Drei Kilometer vor Thủ đức hält der Wagen am Straßenrand; ab hier müssen wir zu Fuß weiter. Abendlich verdüsterte

Bäume säumen die Pfade. Die vier Büttel, die mich eskortieren, sind auf der Hut: Vielleicht geistern in ihren Köpfen noch jene Dorfpolizisten herum, die vor einigen Jahren, 1930 und 1931, von den Dorfbewohnern erschlagen wurden. Die Hunde bellen los, als wir nah an den Strohhütten vorbeilaufen, und das ganze Dorf Tân lộ ist in Aufregung.

Die zwei annamitischen Handlanger werden hinter der Hecke postiert, während die französischen Beamten in Anwesenheit meiner entsetzten, aber gefügigen Mutter das Haus durchsuchen. Ihre stumme Hilflosigkeit macht mich beklommen. Meine sorgfältig im alten Schrank aufgestellten französischen Bücher werden wild durcheinander aufs Feldbett geworfen. Rousseau, Platon und Plutarch lassen sie liegen. Doch *Mustapha Kémal ou l'Orient en marche* von Paul Gentzion sowie *Forceries humaines* von Georges Garros[9] legen sie zur späteren Konfiszierung beiseite. Nachdem sie auch in den finsteren Ecken überall herumgeschnüffelt haben, dort, wo die Reisbehälter aufbewahrt oder Klamotten an der Leine aufgehängt werden, fragen sie mich, wo meine Wäsche sei. Nun bin ich doch gezwungen, sie in meine eigentliche Wohnung in Xóm gà zu führen.

Es wird schon Nacht, als der Wagen vor meiner Unterkunft hält. Der junge Sung begreift rechtzeitig, was vor sich geht, und rettet sich mit einem Sprung über die hintere Hecke. Den weniger flinken Don hingegen können die Polizisten festhalten. Unter der Matte in meinem Schlafraum entdecken sie eine Kopie unserer klandestinen Zeitschrift *Tiể đạo* (Avantgarde). Meine Bibliothek – mein ganzer Besitz – packen sie in einen kleinen Koffer und nehmen sie komplett mit. Einige Titel sind in meinem Gedächtnis haften geblieben: *Das kommunistische Manifest, Karl Marx als Denker, Mensch und Revolutionär,* herausgegeben von Dawid Rjasanow, *Die permanente Revolution* von Leo Trotzki, *Vietnam* von Louis Roubaud, ein Buch über Sun Yat-sen sowie John Reeds *Zehn Tage, die die Welt erschütterten.* Auch persönliche Dokumente, darunter meine naiven Übersetzungsversuche von Erich Maria Remarques *Im Westen nichts Neues* und von Silvio Pellicos *Meine Gefängnisse,* werden konfisziert ..."[10] Orientiert hat sich meine Lektüre an unbedarft in Zeitschriften veröffentlichten Listen subversiver Bücher und Broschüren, die im Zuge von Hausdurchsuchungen bei anderen Aktivisten beschlagnahmt wurden ... Die marxistischen Bücher, die ich in Paris bestellt habe, sind durch die Postkontrolle geschlüpft.

Auf dem Kommissariat der Sûreté in der Rue Catinat werden meine Genossen und ich getrennt eingesperrt. Diese Nacht verbringe ich auf der Wache, einen Knöchel in einen Metallring gezwängt, der mich über eine Stange an andere willkürlich aufgegriffene Gefangene fesselt. Alle gleichermaßen bewegungsunfähig, schlafen wir so einer neben dem anderen auf einer Pritsche aus schmutzigen Brettern. Am folgenden Abend eröffnet der Untersuchungsrichter gegen meine Freunde und mich ein Strafverfahren wegen subversiver Tätigkeit und verhängt Untersuchungshaft. Nach Einbruch der Dunkelheit bringt man uns ins Zentralgefängnis,[11] wo wir Steuerkarte, Kleider, unser weniges Geld und was wir sonst alles bei uns haben abgeben. Dann werden wir zurück zur Sûreté verbracht, jeder von uns im Geleit eines annamitischen Polizisten, damit wir nicht miteinander kommunizieren.

Man bringt mich allein in einen Dienstraum im obersten Stockwerk. Gélot, ein Hüne mit wenig vertrauenerweckenden Schweinsaugen, droht mir mit dem Tod, wenn ich nicht ›plaudere‹. Vier weitere Polypen umlagern mich. Gélot befiehlt mir, mich splitternackt auszuziehen. Alle fünfe stürzen sich mit Faustschlägen und Tritten auf mich. Als ich wieder zu mir komme, liege ich in einer Urinlache. Ein annamitischer Polizist führt den stumpf blickenden Lư sanh Hạnh herein, um ihn den Boden aufwischen zu lassen. Auch ihn haben sie bereits schwer misshandelt. Gélot lässt mich nun auf den Korridor hinaustreten und stößt mich zur geschlossenen Tür eines anderen Zimmers im selben Stockwerk. Er bedeutet mir, durch das Schlüsselloch zu schauen: welch grauenvoller Anblick! Ein junger Mann in meinem Alter, vollkommen nackt, das Gesicht verschwollen.

»Wer ist das?«, fragt mich Gélot.

»Ich kenne ihn nicht.«

»Was ist das denn für eine Masche?«, fragt er mich drohend.

Der Gefangene, den ich durch das Schlüsselloch gesehen habe, ist Ngô chỉnh Phến, ein Genosse, den ich im Gefängnis wiedertreffen werde.

Nun komme ich in Einzelhaft, man sperrt mich in eine Betonzelle, die ich komplett nackt betrete. Meine Kleidung hängt außen am eisernen Verschluss der doppelt gesicherten massiven Tür. Auf dem Zementboden bildet eine schräge Fläche die Pritsche; in einer Ecke die Abortgrube; in einer anderen auf derselben Seite ein Loch mit einigen Litern Wasser. Es ist sehr heiß. Der Gestank von Urin und Kot schnürt mir die Kehle zu. Aus einem Loch in der hohen Decke, drei Meter über dem Boden, gießt durch ein grobes Gitter eine blasse Glühbirne ihr schummriges Licht über mein neues Universum. Bin ich im Vorzimmer des ersten der sechs Gerichtssäle der buddhistischen Hölle gelandet?

Meine Haut ist feucht und klebrig. Um ein wenig Luft zu bekommen, versuche ich auf Zehenspitzen, meine Nase gegen die winzigen Löcher des kleinen eisernen Rechtecks zu pressen, das, eingelassen in den oberen Türbereich, als Guckloch dient. Zweimal am Tag öffnet sich die Tür, und ich erhalte eine Schale schlecht geschälten Rohreis, dazu einige Brocken trockenen Fisch, manchmal auch Bohnen oder ein oder zwei Scheiben Fleisch, so dünn wie eine Bahnfahrkarte. Bei jedem Schlüsselklirren außerhalb dieser Essenszeiten krampft sich mir das Herz zusammen und der Atem stockt: Wenn nicht man selbst, dann ist es der Nachbar, der ins Befragungszimmer geschleppt wird, das heißt zur Folter. Ich weiß, dass die Polypen der politischen Sûreté die Gefangenen am häufigsten abends oder nachts in die oberste Etage hinaufbringen, in jene Räume, deren Türen und Fenster verschlossen sind, damit das Brüllen der Gemarterten nicht bis auf die Rue Catinat hinabdringt.

Jetzt bin ich an der Reihe. Eines Abends führt man mich hinein vor den schielenden Polypen. Außerdem zugegen ist Kommissar Perroche, Direktor der politischen Sûreté. Er hat den Kopf einer Brillenschlange. Sie lassen mich alle Kleidung ablegen und befehlen mir ›auszupacken‹. Ein ziemlich breitschultriger annamitischer Polizist, Chí Ngọc, als Folterspezialist bekannt und gefürchtet, hat an meinem Daumen das freigelegte Ende eines langen beweglichen Stromkabels befestigt und am großen Zeh ein anderes. Die beiden Kabel sind mit der großen Zündspule eines Lastwagens verbunden, die auf einem kleinen Tisch befestigt ist. Durch das Drehen der Kurbel schießt mir der Polyp Hochspannungsstrom durch den Körper. Ich zittere, springe, zucke, schließlich krümme ich mich auf dem Boden, die Muskeln verdreht und verkrampft durch die Elektroschocks. So geht es weiter und weiter, ich weiß nicht, wie lange … Einmal dreht Perroche selbst die Kurbel, mit der linken Hand – anstelle des rechten Arms trägt er eine Prothese, die in einem weißen Fausthandschuh endet. Chín Ngọc nimmt mir die Kabel ab. Der Daumen ist wund. Er befiehlt, dass ich mich auf den Bauch lege. Sein rechter Fuß auf meinem Rücken nimmt mir jede Bewegungsfreiheit. Meine Hände legt er über Kreuz auf meinen Rücken und zieht sie dann langsam in Richtung meines Kopfes. Ein heftiger Schmerz in meinem plattgedrückten Brustkorb, knack! Ich verliere das Bewusstsein. Ein Augenblick im Jenseits, in einem endlosen Traum voller Friede und Sicherheit. Dann holt mich der Schock gewaltiger Rohrschläge auf meine Fußsohlen zurück in einen halb bewussten Dämmerzustand. Ich bin verdutzt, diese ganze Polente um mich herum versammelt zu sehen: dieselben glanzlosen Schweinsaugen, derselbe Brillenschlangenkopf, dieses heftig gegen mich aufgebrachte Hundegesicht, das immer wieder Drohungen und Beleidigungen gegen mich ausspeit, als hätte ich das Grab seiner Ahnen geschändet. Diese Marter nennt sich ›den Magen umdrehen‹ (lận mẽ gà).

Sicher gehen meine Faseleien nicht in Richtung des verlangten ›freiwilligen Geständnisses‹; der Büttel fixiert mich in der Bauchlage, zwischen meine Kiefer zwängt er einen zylindrischen Holzkeil, der bis in den Rachen dringt und mit einem Strick um den Nacken festgezurrt wird; mit einem anderen Strick bindet er meine Handgelenke an meine Fußknöchel – meine Beine Richtung Rücken gezogen. Während er nun mit einer Hand an diesem

Strick zieht, versetzt er mir mit aller Gewalt mit der anderen Stockschläge auf die Fußsohlen. Jedem der schallenden Schläge folgt eine kurze Pause, damit der Schmerz noch durchdringender wirkt. In der Zwischenzeit schüttelt er meine Eingeweide durch, indem er mit der Spitze eines Rohrs in den Taillenbereich sticht. Ich versuche aufzuschreien, doch es gelingt mir allenfalls das Wimmern eines gequälten Hundes. Der aufbegehrende Körper lässt mich unter Krämpfen zucken, ich spüre mein Hirn, wie es unter jedem schallenden Stockschlag zerbirst.

Die Sitzung ist zu Ende. Sie zwingen mich nun, auf der Stelle zu hüpfen, auf meinen gemarterten Beinen, um die Quetschungen und Blutergüsse auf den Fußsohlen zu beseitigen: Diese Folterer wollen die Lungen zum Bersten bringen, die Eingeweide zermanschen, Leid zufügen, so schrecklich, wie man es bis dahin noch nicht gekannt hat – aber ohne Spuren zu hinterlassen, oder so wenige wie möglich. Ich werde in meine Zelle zurückgebracht.

Unter bleichem Licht unsichere Tage, gefolgt von Nächten als geängstigtes Menschen-Wild. Denn mit einem einzigen Schlag sind ich und meine vermutlich nicht weniger niedergeschlagenen Leidensgenossen in den Zellen nebenan auf die andere Seite des Lebens geschleudert worden, in diese abgetrennte Welt, in der wir nackt diesen in Szenen der buddhistischen Hölle gemalten und geschilderten Bestien ausgeliefert sind, diesen Bestien mit ihren Büffel- und Pferdeköpfen, Sperberschnäbeln und Hühnerkrallen. Den Tag unseres Sturzes kennen wir, doch wie lässt sich der Tag auch nur vorstellen, an dem wir ihren Klauen entkommen? Die große Uhr der Kathedrale nebenan, die jede Viertelstunde schlägt, erinnert mich daran, dass ich hier für eine Ewigkeit bin. Ich versuche, mit aller Kraft an die Empfehlung zu denken, die der betagte und geachtete Phan vân Trường für den Fall der Konfrontation mit unseren ›Zivilisatoren‹ gab: Der Mensch muss sich zum moralischen Prinzip machen, *komme, was wolle*, andere Menschen nicht zu fürchten.

Einen Nachmittag werde ich in ein Dienstzimmer geführt und finde mich allein vor einem französisch bekleideten Annamiten, ein stämmiger Mann mit offenem, durch und durch höflichem Gesicht. Seine große schwarze Aktentasche steht auf dem Schreibtisch. Er bittet mich darum, ihm gegenüber Platz zu nehmen.

»Mein Name ist Lê vân Kim, ich bin mit Ihrer Verteidigung beauftragt ...«

Er gibt mir Vertrauen. Mit leiser Stimme erzähle ich ihm alles, was mir während der Befragungen angetan wurde. Von der Welt abgeschnitten für eine Ewigkeit, eine Woche ... länger, was weiß ich ... dieser unverhoffte menschliche Kontakt bedeutet mir, dass die Beziehung *zur Außenwelt* nicht vollständig abgebrochen ist.

Nach dem Weggang des Anwalts werde ich von der Sûreté wieder hinter Gitter gebracht, allein in diesem düsteren und schmalen grauen Raum, einzig mit der Tür zur Wachstube als Öffnung. An der Wand stapeln sich Akten in vergilbter Pappe. In der Nacht durchforste ich sie und entdecke ein handschriftliches Wörterbuch annamitischer kommunistischer Terminologie samt französischer Übersetzung einschließlich neuer Wörter und Ausdrücke, die seit 1930 in die Geheimliteratur Eingang gefunden haben. Mit wie viel Martern hat sich der Feind all diese Geheimnisse verschafft?

An einem Nachmittag überfällt mich Angst, weil ich glaube, ich könnte Hồ hữu Tường, der ein wenig unser geheimer Berater gewesen ist, gesehen haben, wie er in Handschellen über den Hof geführt wird.

Auf den ersten Blick scheint mir der Wachmann, ein gewisser Tây, nicht vom selben Schlage zu sein wie seine Kollegen. Er strahlt Ruhe aus. Auf seinem ledernen Zigarettenetui entdecke ich, mit violetter Tinte geschrieben, das Motto *chỉ vì thương* (weil ich liebe). Er lässt mich hinaus, damit ich zur Toilette auf der anderen Seite des Hofes gehen kann. Doch eines Morgens sehe ich diesen selben Polizisten, wie er wütend einen Gefangenen mit einem Besen prügelt und ihn grässlich beschimpft.

Wenige Tage später werden wir vor Gericht gestellt und alleine dem Untersuchungsrichter Trần vân Tỷ vorgeführt. Er hat das Gesicht einer Ratte mit Andeutung eines Schnauzbarts und listigen Augen hinter der wulstigen braunen Hornbrille. Seine Funktion?

16

Die Haftbefehle unterschreiben und die Dienstanweisung an die Sûreté übermitteln. Die immer gleiche Frage, die er den Beschuldigten stellt, wenn sie ihm nach dem Aufenthalt bei der Sûreté vorgeführt werden: »Bleiben Sie bei Ihren Aussagen?« Wenn der Beschuldigte zurückzieht, übergibt er ihn erneut den Bütteln, bis die in den Folterkellern abgepressten ›freiwilligen Bekenntnisse‹ vor ihm Bestand haben.

Der Richter ist Annamit, doch die Befragung findet auf Französisch statt. Diejenigen unter uns, die diese Sprache beherrschen, können sofort antworten. Die übrigen sind, statt gleich auf Annamitisch befragt zu werden, auf einen Dolmetscher verwiesen. Wer kein Französisch spricht, dem bleibt daher, vom Geschäftszimmer des Untersuchungsrichters bis zum Gerichtssaal, alles verborgen, was die Magistrate, Gerichtsschreiber, Büttel und Anwälte unter sich ausmachen. Am Ende ihres Palavers wird diesem Menschen schließlich vom allmächtigen Dolmetscher bedeutet, ob er in die Hölle geworfen oder in Freiheit entlassen wird – möglicherweise um einen Kopf kürzer.

Die Justizbeamten mit gelblicher oder dunkler Hautfarbe, die aus Annam, Indien oder von Martinique stammen, zeigen sich häufig noch erbarmungsloser als ihre weißen Herren gegenüber den armen Einheimischen, die in ihre Fänge geraten.

Sieh', dein Feuer hießen
Sie Knechte löschen![12]
Victor Hugo

Der Richter Trần vân Tỷ befragt mich zu meiner Beschwerde über die Folter: »Wieso hätte man Sie misshandeln sollen, wenn Sie die Wahrheit gesagt haben?« Ein junger französischer Polyp, der an meiner Prügel beteiligt gewesen ist, fährt dazwischen: »Wir haben ihn nicht misshandelt.« Ich habe das Gefühl, in die Falle getappt zu sein, als ich die Papiere unterschreibe, die der Gerichtsschreiber unter dem Diktat des Richters hingekritzelt hat; in dieses Fangnetz aus Tausenden unsichtbaren Maschen, fein gewoben aus

Wörtern und Sätzen, die einem erst ohne Bedeutung, als harmlose Redewendungen erscheinen, tappt man zuletzt doch hinein. Und je mehr man darüber debattiert, desto mehr ziehen sich die Maschen ihrer Gesetze zusammen. Die Unterschrift wird am Ende dieser dunklen Seiten ›ohne weitere Einsprüche‹ geleistet, die Akte geschlossen. Der Richter lässt uns eine Weile, von Polizisten bewacht, auf dem Korridor hocken und dann vom Wachposten in der Stadt besorgten Kaffee und Kuchen verteilen.

Von denselben Polypen von der Sûreté eskortiert, je zwei von uns mit Handschellen aneinandergefesselt, verlassen wir den Gerichtshof durch den Seitenausgang gegenüber dem Zentralgefängnis. Und dieser kurze Gang über die Straße erscheint uns, je weiter wir uns von den Folterkammern der Sûreté entfernen, wie die Vorhalle zur Freiheit.

Über dem Eingang des Khám lớn-Komplexes (Großes Gefängnis) auf scheußlichen grauen Gemäuern mit Scherben bespickt: ein Gorgonenhaupt, die vorspringende gerunzelte Stirn birgt zwei schwarze Löcher, der Mund ist zur Grimasse verzogen, Schlangen umrahmen das Gesicht. Mit dumpfem Rumpeln öffnet sich halb die schwere Eisenpforte, um sich ratternd hinter unserem Rücken wieder zu schließen und uns zu verschlingen. Überall Gitter. Die Büttel nehmen uns die Handschellen ab, und die annamitischen Aufseher in khakifarbenen Uniformen durchsuchen uns unter den wachsamen Augen des korsischen Oberaufsehers, ein alter schwabbelnder Wanst unter einer weißen Uniform mit dicker silberfarbener Borte auf den Ärmeln. Im Austausch für unsere Zivilkleidung erhält jeder eine Binsenmatte und saubere Gefängniskleidung. Später werde ich erfahren, dass die gewöhnlichen Häftlinge eine Matte und Bekleidung erhalten, in denen sich manchmal noch Überbleibsel von Krätze und Filzläusen in den Nähten finden. Mein *cái áo* aus dunkelblauer grober Baumwolle mit weiten Ärmeln, die bis zu den Ellenbogen reichen, und in der Mitte aufgerissener Vorderseite reicht mir gerade bis zum Bauchnabel, und die Hose bedeckt meine Beine nur bis zu den Knien.[13] In dieser Aufmachung ähnele ich den dressierten Affen, die man manchmal auf dem

Marktplatz zu sehen bekommt. Man gibt mir eine Holzplakette von vier mal fünf Zentimetern *(đính bài)* mit einer vierstelligen Häftlingsnummer und den Buchstaben MAP[14]. Durch ein Loch am oberen Rand des *đính bài* ist ein Faden gezogen, mit dem ich sie an einem Knopfloch befestige.

Wir kommen an der Zelle der Todeskandidaten vorbei. Auf der schwarzen Eisentür kann man neben dem Guckloch Namen, Urteilsbegründung und Verurteilungsdatum eines gewissen Nay lesen, ein unsichtbarer Mensch, der auf einer Matte hinter der Tür hingestreckt, mit einem Fußeisen fixiert, seiner legalen Ermordung harrt. Eine steile Treppe führt uns in die zweite Etage. Auf der rechten Seite befinden sich Räume mit relativ komfortablen Betten, die ›französischen Gefangenen‹ *(khám tây)* vorbehalten sind; auf der Linken die Räume 7, 6 und 5, die sich alle zu einem schmalen Hof hin öffnen, den eine taillenhohe Mauer mit aufgesetztem Eisengitter umschließt.

Der Aufseher bringt uns in Raum 7: Im Halbdunkel umringen uns brüderlich um die zwanzig Männer, die einen mit freiem Oberkörper, die anderen in Blau. Als die Eisentür sich wieder geschlossen hat, helfen sie uns, die Matten zu richten. Alte und neue Insassen finden sich mit einer gewissen Freude zusammen, gleich alten Freunden, die nicht nach Namen und Beruf fragen, wenn sie sich wieder begegnen.

Zusammen sind wir ungefähr fünfundzwanzig Personen, der Platz reicht gerade, um nicht aneinanderzustoßen, wenn wir uns durch den Raum bewegen. Wir schlafen direkt auf dem Zementboden, wie zusammengepresste Sardinen auf unseren Matten zusammengerollt. Die Mauern sind auf Kopfhöhe schwarz gestrichen. In einer Ecke befindet sich ein Krug mit Wasser, in der anderen das Toilettenloch. Den oberen Teil der hinteren Wand, die uns von draußen trennt, zieren dicke Karosserieplatten mit fingergroßen Luftlöchern; einzig diese Löcher, so hoch angebracht, dass selbst ein Mann auf den Schultern eines anderen nicht an sie heranreicht, spenden uns Tageslicht und frische Luft. Durch den schmalen Schlitz über der Tür kann man, wenn man eine Räuberleiter macht, das Kommen und Gehen von neuen Gefangenen und den Polypen der Sûreté beobachten.

Unsere neuen Gefährten sind Bauern aus Đức hoà, die am 6. Mai 1936 vom annamitischen Verwaltungsbeauftragten festgenommen und vor ihrer Einlieferung in die politische Sûreté gewaltsam zum ›Plaudern‹ gebracht wurden. Voller Zutrauen erzählt uns Sang, ein mächtiger, gut gebauter Kerl, seine Befragung im Kommissariat in der Rue Catinat. Wie er unter Stromstößen vergeblich versucht hat, Widerstand zu leisten und nicht umzufallen. Und er stellt die Szene komödiantisch nach: halb kniend auf einem Bein stehend, das andere stramm nach vorne gestreckt, den großen Zeh über ein Elektrokabel mit der Zündspule verbunden, einen Arm ebenfalls ausgestreckt, die Faust geballt, den Daumen aufgerichtet und gleichermaßen über ein Elektrokabel mit dem Folterinstrument verbunden.

Ich treffe auch Hồ hữu Tường wieder, den ich im Hof der Sûreté gesehen hatte. Er war eine Woche nach Lư sanh Hạnh und mir auf den Gängen des Gerichtsgebäudes gefasst worden, als er bei Anwälten für unsere Verteidigung vorsprechen wollte. Und ausgerechnet in dieser gut gesicherten, gut verriegelten Gefängniszelle erhalten wir nun Gelegenheit, wieder zueinanderzufinden und miteinander zu sprechen. Draußen, wo einem ständig die Angst folgte, beschattet zu werden, traf man sich nur zu zweit, allenfalls zu dritt an Orten, von denen man hoffte, sie würden der Aufmerksamkeit der Polizei entgangen sein. Und hier sind wir immerhin von der Sorge um den täglichen Reis befreit. Ein berauschendes Gefühl, das mir im Sanatorium wieder begegnen sollte, welches mich fast ein ganzes Jahr lang von der Fabrik befreien wird – fünfundzwanzig Jahre später, in den Pyrenäen. Für den Moment sind wir ein Dutzend Kampfgenossen, die Gelegenheit haben, sich richtig kennenzulernen.

Und schon heitert uns auf, was Hồ hữu Tường uns zu erzählen hat: Zwei Tage nach unserer Verhaftung, in der Nacht vom 12. auf den 13. Juni 1936, haben die Genossen der Liga[15], die der Razzia entgangen waren, in der Stadt die Flugschrift mit unserem

La semaine de 40 heures à Saigon

Des tracts la demandent

Un peu partout en ville ce matin, on a trouvé dans les rues et collés sur les murs aux abords de certains ateliers des tracts invitant les ouvriers de Saigon à faire grève pour obtenir la semaine de travail de 40 heures.

D'autres tracts, d'un autre texte, ont été également lancés et voici le libellé de trois d'entre eux qui furent collés dans notre salle des dépêches

Anh em thợ-thuyền dân cày và binh lính Đông Dương

Cách-mạng vô sản ở Pháp đang sôi hồi dữ-dội : Mấy trăm ngàn thợ đã đình công. chiếm lò máy và đang dự bị tổng đình công

Chúng ta bấy đứng lên ; Trong mỗi lò máy mỗi sản nghiệp, mỗi làng mỗi lính, anh em thợ-thuyền và dân-cày cử đại biểu.

Thành lập uỷ-ban hành-động khắp nơi. Liên hiệp nhau lại ; Đứng lên tổng đình-công hưởng ứng giai-cấp vô sản Pháp !

Đả đảo Đế quốc Pháp !

Đông dương hoàn toàn độc lập !

Tịch thâu ruộng đất của địa chủ giao dân-cày !

Cách mạng vô sản Pháp, Đông Dương muôn năm !

Liên Uỷ thợ - thuyền liên - hiệp

Chánh-đoàn · Cộng sản Quốc tế chủ nghĩa

(phải tán thành Đệ tứ Quốc tế)

La traduction de ce tract est celle-ci :

Des centaines de mille d'ouvriers en France font la grève et ont pris possession des usines. Soulevons-nous dans nos usines et sur les propriétés, dans chaque province et dans chaque village. Que les ouvriers et les agriculteurs élisent des délégués, constituent des comités qui fassent de la propagande partout.

Faisons la grève comme les ouvriers de France! Renversons le gouvernement impérialiste d'Indochine! Que l'Indochine soit intégralement indépendante! Prenons les rizières aux propriétaires pour les remettre aux travailleurs.

Vive le communisme de France et d'Indochine!

Signé: LE COMITÉ DES OUVRIERS COMMUNISTES.

———

Il est assez curieux de constater que c'est juste au lendemain où la Sûreté opéra des perquisitions dans des cellules que des tracts ont été lancés, comme pour faire la nique aux services de recherche. Ces libelles sont rédigées en un style pas très correct et ont été imprimées avec une machine genre Roneo.

La distribution de ces tracts a dû s'effectuer ce matin à la première heure et n'est pas chose étonnante, car les communistes locaux ne font que suivre l'exemple de leurs camarades de France.

La Dépêche d'Indochine vom 13. Juni 1936

Aufruf verbreitet: »Zehntausende Arbeiter in Frankreich sind in den Streik getreten und haben Fabriken in Besitz genommen. Erheben wir uns in jedem Betrieb, in jeder Provinz und in jedem Dorf. Wählen wir Delegierte unter den Arbeitern und den Bauern und bilden überall Aktionskomitees ...« Kopien davon wurden auch in der Redaktion der Zeitschrift *La Dépêche d'Indochine* zusammengeheftet, die den Text am 13. Juni in hoher Auflage auf Annamitisch nachdruckt.

Die Generalstreiksbewegung und die Fabrikbesetzungen im Mutterland haben uns mit Enthusiasmus erfüllt.[16] Wir sind entschlossen, das Feuer des Widerstands, das ohnehin im Untergrund der indochinesischen Arbeitswelt schwelt, zum Lodern zu bringen. Die Revolution in Frankreich hat begonnen, so glauben wir jedenfalls, und so ist für uns Kolonisierte der Augenblick gekommen, sie auch bei uns zu propagieren.

Jeden Morgen öffnet sich gegen halb sieben die Tür. Wir treten in den Hof hinaus. Unter den Augen des annamitischen Wächters steigen zwei gewöhnliche kambodschanische Gefangene die groben Treppen herauf und bringen uns Wasser in einem Holzfass, das sie mit einem Stab auf ihren Schultern transportieren. Sie füllen den Wasserkrug auf und fegen den Boden. Gegen acht Uhr kommt der Oberaufseher, mit seiner adretten weißen Uniform und seinem von schwarzer Brille und fest geschnürtem Helm verdeckten Antlitz der Inbegriff der Kolonialmacht; in seiner Begleitung ein französischer Aufseher in Khaki mit großem Revolver am Gürtel und ein barfüßiger ›Kerkerboy‹ in Kleidung aus ungefärbter Baumwolle, ein Heft und einen Stift in der Hand. Wir weichen an die beiden Seiten des Hofes zurück. Gemessenen Schrittes nähert sich der Befehlshaber, ohne jemanden seines Blicks zu würdigen – wie soll man auch seine maskierten Augen erkennen? –, betritt den leeren Raum, prüft die vier Ecken und verlässt den Ort mit denselben gemächlichen Prozessionsschritten.

Von den Gefängniswärtern in die Mangel genommen, damit sie nicht mit uns *Politischen* sprechen, bringen uns einige nach ›gemeinem Recht‹ Inhaftierte gegen zehn Uhr unser Essen: einen Kübel

Rohreis und einen kleinen Kübel Fisch und gekochtes Gemüse. Für jeden einen kleinen Blechnapf und Essstäbchen aus Bambus. Im sonnigen Hof auf dem Boden um die Kübel herum kauernd, nehmen wir unser Essen ein. Dann müssen wir zurück in den Raum, und dieselben gewöhnlichen Gefangenen spülen den Ort mit Wasser durch. Wir stellen uns drinnen in Reih und Glied auf, der alte Aufseher kommt, um uns durchzuzählen, dann schließt sich die schwere Eisentür wieder. Jeden Tag Zählung und Schließung der schweren Tür gegen vier Uhr nachmittags.

Wir sprechen uns mit unseren Zimmergenossen vom Land über die Organisation des Gemeinschaftslebens ab. Im Kreis sitzend, beschließen wir einige Regeln, die beachtet werden sollen, und die Wahl eines Repräsentanten, der möglichst Französisch sprechen können sollte. Da sich niemand zur Wahl aufstellt, werde ich ›einstimmig‹ für diese Funktion gewählt. Ich bin ein wenig unruhig, da ich nicht genau weiß, was ich tun muss und wie ich mich verhalten soll, um uns gegen die Sträflingsaufseher zu verteidigen, wenn ich ihnen allein gegenübertrete. *Tu, was du tun musst, komme, was wolle.*

Als der Raum am Nachmittag wieder geöffnet wird, soll ich uns einen zusätzlichen Wasserkrug verschaffen. Der alte annamitische Aufseher, ein höflicher und diplomatischer Mensch, ist durch unsere Forderung verunsichert und führt mich zum Oberaufseher.

Gleißendes Sonnenlicht durchflutet den Hof mit seinem grünen Rasen. Ringsherum verdecken die gelben Säulen der Veranda die Türen der Strafzellen. In der Hofmitte erhebt sich der ockerfarbene Wachturm. Wir überqueren den Platz, um den Oberaufseher Agostini aufzusuchen. Die Kameraden klammern sich alle an die Gitter unseres kleinen Hofes und folgen uns mit den Augen, um zu sehen, was passiert.

Es ist unüblich, dass sich ein Gefangener zum Oberaufseher bringen lässt. Das stößt Agostini vor den Kopf, das findet er unerträglich.

Rot vor Rage brüllt er:

»Wer hat Ihnen erlaubt, hierher zu kommen?«

»Es ist ...«

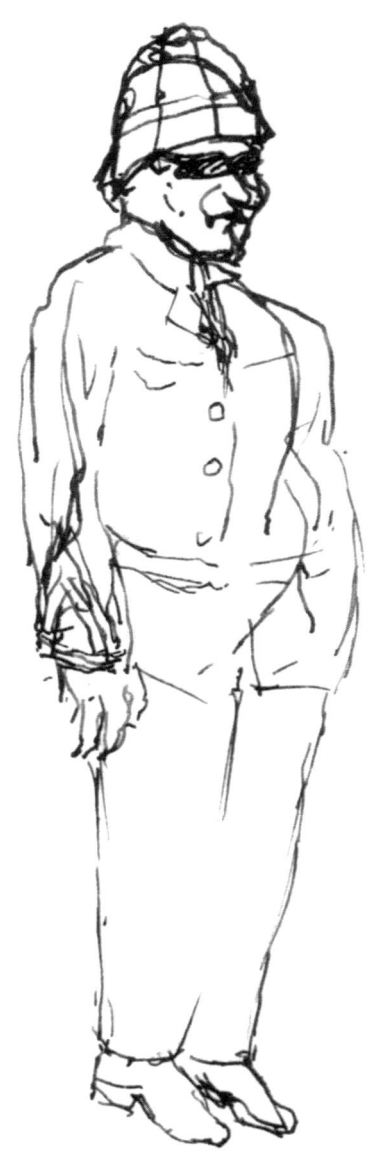

Der Oberaufseher Agostini

Er schneidet mir das Wort ab.

Ich zwinge mich, gelassen zu bleiben, und warte ungerührt an der Wand mit Blick auf seinen Schreibtisch. Aus dem Regal holt er einen völlig verstaubten Wälzer herab und knallt ihn wütend auf den Tisch:

»Das Regelwerk für Strafanstalten! Daran werde ich mich halten! Ich werde euch alle von den Wachen aufschlitzen lassen!« Mit dem Zeigefinger deutet er drohend auf das Zimmer der Kolonialsoldaten.

Ich bleibe stumm, bewegungslos ... Der Wildgewordene beruhigt sich.

»Was wollen sie?«, fragt er den alten Aufseher.

»Einen zusätzlichen Wasserkrug, das ist alles.«

»Wir werden sehen.«

Er geht in Richtung unserer Räume und wir folgen ihm.

Wir haben den zweiten Wasserkrug bekommen. Wenn nun morgens der Oberaufseher mit seiner Eskorte vorbeikommt, teile ich mit, was wir brauchen: Aspirin, Briefpapier ... und der Kerkerboy notiert es in seinem Heft.

* * *

Das Zentralgefängnis thront im Herzen der Stadt, ein gewaltiger, von vier Straßen umgebener Block. Der Eingang befindet sich in der Rue Lagrandière 69. Gegenüber sitzt der sogenannte Justizpalast, während ihn zur Linken nur die Rue Mac-Mahon vom Palast des Gouverneurs von Kotschinchina[17] trennt. Sie kreuzt die Geschäftsstraße Rue d'Espagne; und schließlich trennt die parallel zur Rue Mac-Mahon verlaufende Rue Philippini auf der rechten Seite das Gefängnis vom erkennungsdienstlichen Labor. Die Umwallung, eine graue Mauer, die zwei Körperlängen überragt und auf dem Kamm mit Glasscherben gespickt ist, markiert die Grenzen dieser abgesonderten Welt. Ein Wachturm erhebt sich an jeder der drei freien Ecken; Tag und Nacht hält ein mit Karabiner bewaffneter französischer Soldat der Kolonialarmee Wache. In der Nacht hören wir jede Viertelstunde den Ruf: »Wachposten, aufgepasst, eins! Wachposten, aufgepasst, zwei!« Aus dem Innenbereich des Gefängnisses sieht man von den höheren Etagen aus die Wipfel der Tamarindenbäume, die die umlaufenden Straßen säumen. Wenn sie die Blätter abwerfen, weiß man, dass ein Jahr zu Ende geht. Man zählt die restliche Haftzeit in ›Tamarinden-Jahreszeiten‹.

Nach der Folter in der Sûreté spuckt unser junger Genosse Ký Blut und magert merklich ab, wir sind sehr beunruhigt. Nach einer starken Blutung wird er ins Chợ quán-Krankenhaus gebracht. Drei Tage später kommt er zurück, kränker als je zuvor. Er hat gleich Spritzen bekommen, aber weil er beim Kopfscheren zu disputieren anfing, hat ihn der Arzt für vierundzwanzig Stunden in die Zwangsjacke stecken lassen. Danach, die Hände mit Handschellen hinter dem Rücken gefesselt und die Füße mit Eisen fixiert, hat er vor der Rückkehr ins Gefängnis keine weitere Behandlung mehr bekommen.

Abwechselnd bemühen wir uns, ihm mit traditionellen Reibe- und Massagetechniken Linderung zu verschaffen. Wir beschließen, uns in Zukunft nur gegenseitig zu pflegen und uns besser miteinander vertraut zu machen.

An einem Julimorgen, es ist bereits zehn Uhr, kommt ein annamitischer Aufseher und ruft Hồ hữu Tường, Lư sanh Hạnh und mich auf. Während wir die Eisentreppe hinuntergehen, fragen wir uns, ob es sich um eine ›Überstellung an die Sûreté‹ handelt. Zwei Agenten in Zivil erwarten uns vor dem Dienstzimmer des Oberaufsehers. Sind ihnen andere Genossen ins Netz gegangen, und sie holen uns für eine Gegenüberstellung? In Handschellen werden wir auf die andere Straßenseite zum Justizpalast geführt, zum Untersuchungsrichter Tỷ.

Hinsichtlich der Beschwerde unserer Anwälte gegen die Folter und Misshandlung, der wir während der Haft von Seiten der Sûreté ausgesetzt waren, teilt uns Tỷ mit, er werde eine Durchsuchung bei der Sûreté zur Auffindung der Folterinstrumente (Zündspule, Rohrstäbe, Knebel …) anordnen, die wir in unseren Zeugenaussagen angegeben haben.

Zwei Beispiele kotschinchinesischer Dorfgemeindehäuser,
in denen der Notablenrat (conseil des notables) tagte.

»Jetzt ist die Sûreté an der Reihe mit einer Hausdurchsuchung«, quetscht er mit ironisch verkniffenem Gesicht heraus.

Und vor unseren Augen nimmt er den Telefonhörer ab und kündigt Perroche, dem Direktor der politischen Sûreté, die Durchsuchung an. Jetzt begreifen wir die Idiotenrolle, die man uns in dieser Schmierenkomödie zugedacht hat! In einem mit Plane überspannten Pritschenwagen und in Begleitung von Zivilpolizei machen wir uns – hinter Tỷ und seinem Dolmetscher – auf den Weg zur Sûreté in die Rue Catinat.

Die Brust krampft sich mir zusammen, als ich die Treppe hinaufsteige, die uns zur Folterkammer auf der höchsten Etage des unheilvollen Gebäudes führt. Wir kennen die Orte nur zu genau. Der Richter Tỷ und Perroche treten in den Raum und bedeuten uns, an der Türschwelle haltzumachen. Jetzt spüre ich in meinem Rücken auf Höhe der Nieren einen heimlichen, aber heftigen Faustschlag; ich wende mich um, es ist Gélot, unser Folterer. Ich gebe keinen Laut von mir. Ist das die Angst vor Repressalien? Der finstere Tỷ führt uns in den Raum und fordert mit trockenem Humor, wir möchten ihm die beanstandeten Instrumente zeigen. Abgesehen von einem alten Stuhl vor einem kleinen Tisch befindet sich nichts in dem winzigen Raum. Einzig übrig geblieben ist der Schalter der elektrischen Klingel auf dem Tisch, mit der Gélot den annamitischen Folterspezialisten Chín Ngọc zu rufen pflegte ... In der linken Ecke befindet sich das kleine Waschbecken, an dem sich die Polypen nach den Foltersitzungen die Hände wuschen. Von der wuchtigen Zündspule keine Spur. Bilder der erlittenen Gräueltaten wirbeln durch meinem Kopf, ich bekomme Gänsehaut.

Wir atmen durch, als wir wieder das Zentralgefängnis erreichen.

Grand-Dame geht,
ein Paar kleiner Schlangen begleitet IHN,
Grand-Dame kehrt zurück,
ein Paar schwarzer Drachen eskortiert IHN.

Ich glaube, meinen Gefängnisgenossen ging es genauso wie mir: Das
in der Haft quasi unterbrochene Leben, wenn die Unterbrechung
auch intensiv gewesen sein mag, lenkt die Gedanken zurück in die
Kindheit und ›Lehrzeit‹, die diesen Weg vorgezeichnet haben.

Ich bin in einer Nacht gegen Ende des Jahrs der Ratte 1912
auf die Welt gekommen. Im Dorf war es Brauch, vor Verkündung
einer Geburt erst einige Zeit verstreichen zu lassen für den Fall,
dass ein Kind von den bösen Geistern fortgeholt wird. Auf diese
Weise ersparte man sich gegebenenfalls die Mühe, den Register-
schreiber erneut aufzusuchen, um den Tod des Neugeborenen zu
erklären. Daher mein offizielles Geburtsdatum im April 1913.

Wenn eine Frau im Dorf entband, suchte man meine Mutter
auf. Sie half, von den Erfahrungen unserer Vorfahren geleitet,
mehr schlecht als recht aus. Als die Reihe an sie kam, ein Kind zur
Welt zu bringen, durchtrennte sie selbst die Nabelschnur mithilfe
einer frischen, rasierklingenscharfen Bambus-Lamelle aus unserem
Garten. Ich bin in eine purpurrote Haut gehüllt geboren, ein
Glückszeichen, wie meine Mutter sagte.

Als 1914 der Krieg ausbrach, war mein großer Bruder – der
siebte – alt genug, um als Tirailleur zu dienen, will sagen die ›Blut-
steuer‹ zu entrichten, sei es als Kanonenfutter, sei es, indem er
selbst anderes armes Volk umbrachte. Die Dorfführer [18] ergriffen
gewaltsam junge Bauern, um sie nach Frankreich zu schicken.
Wer sich wehrte, der wurde gefesselt und wie die Schweine von
einem Balken hängend zum Gemeindehaus gebracht. Der große
Bruder Nummer sieben entkam ihnen, indem er sich in einem
Ananasbaum versteckte und dann mit Schwester Nummer fünf in
die Stadt ging, um dort unterzutauchen.

Im Januar 1916 griffen 150 bis 200 mit Macheten und einigen Gewehren bewaffnete Bauern aus der Nachbarregion die Gemeindehäuser an, in denen die Dorfführer mit der ›freiwilligen Anwerbung‹ zugange waren; die Gefangenen rebellierten, um sich ihnen anzuschließen, nachdem sie sich der Gewehre der Wachen bemächtigt hatten. Die Unruhe in Kotschinchina breitete sich weiter aus und gipfelte im Februar in einem Angriff auf das Zentralgefängnis in Saigon. In der Nacht vom 14. auf den 15. Februar 1916 gegen 3 Uhr morgens brachte eine Armada von Barken ungefähr 300 Bauernrebellen heran, die mit Lanzen, Säbeln und Macheten bewaffnet waren. Sie töteten den Wachposten vor der Strafanstalt und fügten weiteren Wachen Verletzungen zu. Der Wachmannschaft gelang es jedoch, den Rebellen den Eingang zu versperren und die Angreifer unter Feuer zu nehmen, die sich daraufhin in größter Unordnung zersprengten und Tote und Verletzte auf den Wegen liegen ließen. Sofort wurden mehr als einhundertfünfzig Bauern vor das Kriegsgericht gestellt: Achtunddreißig von ihnen wurden zum Richtplatz gebracht, die anderen in die Strafkolonie Poulo Condor[19] geschickt. Innerhalb eines Jahres wurden gegen mehr als eintausend Bauernrebellen oder Tatverdächtige Strafverfahren wegen Verschwörung und Bildung eines Geheimbunds eröffnet.

Beunruhigt von der repressiven Stimmung, die nun das ganze Land beherrschte, nahm mein Vater vorsichtshalber den Griff seiner Machete ab, die ihm gewöhnlich dazu diente, den dichten und stachligen Bambusbewuchs um unser Haus herum zu lichten.

Ich war fünf, als es meinem Vater, obwohl nur ein kleiner Bauer, gelang, uns Zuflucht unter einem Ziegeldach ganz in der Nähe eines Ananashains zu verschaffen. Dort sammelten wir tote Äste auf, um damit unser Essen erhitzen zu können. Aus Ananasblättern stellte meine Mutter Nähgarn her. Im Schatten der großen Äste des *cây gỗ*, eines massiven hundertjährigen Baums, Behausung unserer Schutzgeister, ruhten unsere Ahnen. In einer Baumhöhle in drei Meter Höhe lebte eine Eulenfamilie. Meine Brüder hatten die Kleinen eingefangen, die wir nun im Innern des Hauses hegten. Mehrere Nächte lang hatten wir die Eulenmutter bitterlich klagen hören, doch unsere Kinderherzen blieben unerbittlich! Wir fingen Frösche und Kröten, um diese rührenden und gefräßigen kleinen warmen Kugeln zu füttern.

Im Schatten dieses Lebensbaums errichtete meine Mutter einen kleinen Schrein für den Kult von *Bà*, Grand-Dame, ihren Schutzgeist. Mein angeheirateter Cousin Anh Tư, der Dorfmagier, vollzog die feierliche Weihe des Schreins. Der wohlriechende Rauch von Räucherstäbchen und Sandelholz stieg aus dem Räucherfass in durchsichtigen Wirbeln gen Himmel. Meine Mutter verharrte andächtig an der Seite des alten Mannes, der in einem Singsang seine Zauberformeln vortrug:

Bà đi có cập rắn trun,
Bà về có cập rồng mun đưa Bà.[20]

Plötzlich kommt zu unserem Erstaunen eine Turteltaube von den Ästen des Baums herabgeflogen und setzt sich nach einigen Flügelschlägen auf die Schulter des Magiers. Dann fliegt die ›Botschafterin von Große Dame‹ davon.

Und als meine Mutter eines Nachts einen leuchtenden Kometen über den klaren Himmel ziehen und über den Baumwipfeln verschwinden sah, handelte es sich, wie sie uns erklärt, um den zu *Bà* zurückkehrenden Wagen mit seinen davorgespannten schwarzen Drachen.

Mein Vater, ein gebildeter Mann, wurde in den Notabelnrat aufgenommen: Er besorgte die Register in annamitischer Schrift, den *nôm*, aus dem Chinesischen entlehnte Ideogramme.

Unter unserem Dach lebten meine Eltern, meine drei großen Brüder – Bruder Nummer sieben, Bruder Nummer elf, Bruder Nummer zwölf – und ich, Nummer dreizehn und der letzte der Reihe.[21] Bruder Nummer sieben war aus erster Ehe. Zur Familie gehörten außerdem drei Büffel, unsere Arbeits-, Pflüg- und Zugkraft.

Am Abend, an der Seite von Bruder Nummer sieben gebettet, lauschte ich ihm beim Einschlafen, wie er das volkstümliche

Gedicht *Lục Vân Tiên* skandierte. Er war es auch, der mir das Alphabet beibrachte und mich lehrte, mit einem angespitzten Bambus ›a‹, ›â‹, ›ê‹ auf Bananenblätter zu schreiben.

Als kleiner Junge hatte ich die Aufgabe, den gleichmäßig auf einer Binsenmatte verteilten, in der Sonne getrockneten ungeschälten Reis, sogenannten Paddy, vor dem Appetit der Hähne und Hühner zu schützen. Im Schatten des Pampelmusenbaums auf unserem Hof liegend, beobachtete ich die roten Ameisen, wie sie in endlosen Kolonnen seinen Stamm hinaufkrochen. Sie schleppten ihre Beute zu ihren von den Ästen herabhängenden Kugelnestern, die in meisterlicher Perfektion aus Blättern verkittet waren.

Ich verbrachte manches Mal mit der von Bruder Nummer zehn für mich geschnitzten Bambusflöte auf dem Rücken des Büffels Elefant, *Trâu Voi*, sitzend den ganzen Tag damit, unsere Büffel in den Äckern und Reisfeldern zu beobachten, die sich vor unserem Haus in Richtung Strom hinab bis in die Ferne erstreckten. Eine filigrane Narbe auf meinem rechten Unterarm zeugt noch von einem Abenteuer, das mir ein Leben lang als böser Traum anhängen wird:

Der Tag neigt sich seinem Ende entgegen. Große schwarze Wolken türmen sich dramatisch am Horizont auf. Der Wind bläst heftiger und immer heftiger. Bambushalme biegen sich, Gräser drücken sich gegen den Boden. Die Büffel spüren den nahenden Sturm und machen sich von selbst auf den Rückweg. Plötzlich prasselt in heftigen Böen Regen nieder, und die Büffel fallen in Galopp. Voller Angst lege ich mich flach hin und kralle mich auf dem Rücken von Elefant fest. Als wir uns dem Haus nähern, nehmen die Tiere nicht den üblichen, von Bambus flankierten Weg, sondern stürzen sich ohne Vorwarnung mit gesenktem Kopf durch das Bambusdickicht. Das Vieh ist nicht dumm: Instinktiv findet es eine Abkürzung, die es schneller in den Stall bringt. Durch stachliges Astwerk von meinem Reittier gerissen, falle ich mitten in spitzes, scharfes Gestrüpp. Es dunkelt, die Sturzflut will nicht nachlassen, und überall spüre ich, bewegungsunfähig, die drohenden Dornen. Angsterfüllt harre ich in der Finsternis aus. Es dauert eine

Oberes Bild: Unser Büffel mit Namen Elefant
Unteres Bild: Bei der Bestellung des Feldes

Ewigkeit, bis schließlich aus weiter Ferne der Ruf meiner Mutter zu mir durchdringt: »*Con ôi, con ở đâu? con ở đâu?*« (»Sohnemann, wo bist du, wo bist du?«)

Und im Fackelschein, der sich in den Augen meiner Mutter reflektiert, werde ich unter den Freudenschreien meines Bruders aus dieser beeindruckenden Falle befreit.

Manchmal bekamen wir Besuch eines Moïsklaven, dem berittenen Boten von Großer Onkel, der weit weg wohnte, auf der Gurkenebene, ein Dutzend Kilometer entfernt.

Dieser Sklave war Gegenstand eines Handels gewesen, den Großer Onkel mit den Moï in den hochgelegenen Regionen Lộc ninh und Hớn quản abschloss, als er ihnen mit einem Rinderkarren Salz und gesalzene Sardinen brachte, im Tausch gegen das Harz, das diese Menschen in den tiefen Wäldern sammelten.

Wir nannten den Moï liebevoll Anh Lo, Bruder Lo; ich mochte sein sanftmütiges, sonnengebräuntes Gesicht. Die hoch aufgeschossene Statur des edlen braunen Vierbeiners, auf dem er ritt und der einer alten Erzählung entsprungen schien, erregte Bewunderung bei meinen Brüdern und mir. Was für ein Unterschied zu dem Reittier, das wir kannten, dem stämmigen Büffel! Wenn das Pferd wieherte und seine Zähne zeigte, hätte man meinen können, dass es schallend lachte, und wir lachten mit ihm. Doch jedes Mal gegen Abend musste uns Anh Lo verlassen. Welche Schönheit lag in der eleganten Silhouette des schlanken Reiters, die in aller Leichtigkeit vor dem Bambusvorhang dahinglitt!

Der Vater geriet gelegentlich in Wut, besaß aber ein großes Herz und hatte seinen Nachwuchs gern. Und siehe da, eines Tages kommt er, von unserem Enthusiasmus bewegt, mit einem Pferd zurück, das er für einige Zeit von einem Freund geliehen hat und das nicht weniger prächtig auftritt als das von Anh Lo. Mittels eines langen Bands um seinen Hals an einem Pfahl festgemacht, frisst unser neuer Freund friedlich das kärgliche Gras neben unserem Haus und lässt seine eindrucksvollen Lippen mit einem drolligen Brrr … vibrieren, das mich ganz verzaubert. Am Abend bringen wir es in den Stall zurück; die Büffel werden vertrieben und finden sich auf der anderen Seite des Hauses – unterm Himmelszelt – abgestellt wieder. Meine Brüder verschließen den schmalen Stallzugang mit zwei Vierkanthölzern, die sie quer in Pfostenlöcher einpassen. Mithilfe eines Schlägels hämmern sie die Querstreben an beiden Enden mit Holzkeilen fest in die Löcher. Eines Tages hieven mich meine Brüder auf meine Bitte hin in Reitposition in die Höhe und setzen mich mit beiden Füßen oben auf dem Pfosten des Stalleingangs ab, wo ich mich mit den Händen an den Deckenbalken festhalte. Gleich wollen sie die Querstreben entfernen, das Pferd wird hinauslaufen und ich werde mich, hopps!, im richtigen Moment auf seinen Rücken fallen lassen. Der Puls beschleunigt sich, ich falle auf die Kruppe des Pferdes, das mit einem Satz auf den Hof springt, während ich mit dem Hinterteil auf dem Boden lande. Kurz wendet es seinen Kopf zurück, als wollte es sagen: Tschüss, Kinder! Und dann entschwindet unser Gast im Trab über denselben Weg, dem anderntags Anh Lo gefolgt ist, auf Nimmerwiedersehen. Mein Vater ist sich sicher: Es wollte lieber sein trautes Heim wiederhaben.

Meine idyllische Kindheit endet mit der Einschulung 1920. Ich sehe noch das rote Glühen, mit dem der Morgen am Horizont aufzieht, als meine Mutter und ich zu diesem Aufbruch ins Ungewisse das Haus verlassen. Als wir die kleine Ansiedlung hinter uns gelassen haben, kommen wir durch einen Wald. Das Zwitschern der Vögel in ihren Baumverstecken beunruhigt mein ängstliches Herz.

Mein Lehrer wird *Thầy giáo Dõng*, ›Wackerer Pauker‹, genannt. Er kommt mir sehr groß vor, und selbst sein Lachen erscheint mir streng. Er bewohnt eine graue Strohhütte, die sich hundert Schritte entfernt auf der unserer Schule gegenüberliegenden Seite der kommunalen Schotterstraße hinter einer Dornenhecke verbirgt.

Rechts neben dem Haus verliert sich ein Feldweg zwischen den Äckern. Von dort her gelangen wir zur Schule. Auf der linken Seite gruppieren sich weitere kleine Strohhütten, düster und verstaubt, und daran angrenzend steht das Gemeindehaus des Dorfes, ein altes, mit Ziegeln bedecktes Holzhäuschen, dessen Front sich zu einer Veranda mit Backsteinsäulen öffnet.

Unsere Schule – die Schule am Kleinen Markt – unterscheidet sich von den anderen Hütten durch Wände aus andeutungsweise geweißten Brettern und einer Veranda, die uns in den Pausen vor Sonne und Regen schützt. Auf der Linken befindet sich die Strohhütte des alten Gärtners. Die Gebäude zusammen mit dem schmalen Hof sind von einem undurchdringlichen Dickicht aus stachligem Bambus umgeben. Entlang der hinteren Hecke stehen kleine eiförmige Tongefäße. In sie pinkeln die Kinder während der Pausen, und der Gärtner verwertet die Flüssigkeit bei seinem kärglichen Gemüseanbau. Unter der glühenden Sonne dünsten diese Pötte hinter der Schule einen unerträglichen Gestank aus. Linderung finden wir nur auf der gegenüberliegenden Seite der Einfriedung, wenn wir uns hinter den Büschen verstecken.

Unser Lehrer unterrichtet zwei Klassen: die Kleinen und die Großen. Insgesamt ungefähr dreißig Bauernkinder aus unserer Gemeinde und umliegenden Siedlungen. In der Pause können wir unseren Durst am Tonkrug vor dem Haus des Gärtners löschen, wozu wir eine mit Stiel versehene Kokosnuss benutzen. Manchmal ist der Behälter leer, dann betteln wir bei den Fischhändlern aus der Nachbarschaft um Wasser.

Die Frau unseres Lehrers verkauft Geflügel und Gemüse. Jeden Mittag geht sie, auf der Schulter den Tragestab mit geflochtenen Bambuskörben an beiden Enden, auf die Straße, um bei den Bäuerinnen auf dem Markt Hühner, Enten, Perlhühner, Gurken, Bambussprossen und weiteres mehr zu kaufen ..., um es an die Händler weiterzuverkaufen, die es in Saigon und Cholon an die Kunden bringen.

In der Frühe wacht meine Mutter regelmäßig mit dem Krähen des Hahns auf, am Ende der fünften Wache, zu Beginn der Stunde des Drachens.

Was bedeutet *Wache*? Die Nacht teilt sich in fünf Wachen von jeweils ungefähr zweieinhalb Stunden. Die dritte Wache liegt um Mitternacht, der Stunde der Ratte. Der Notabelnrat wählt unter den gesunden jungen Kerlen des Dorfes der Reihe nach die Wachverantwortlichen aus. Diese kündigen im Gemeindehaus den Beginn jeder Wache durch drei Schläge auf ein *cái mõ* an, ein großer als Resonanzkörper dienender Holzzylinder auf einem Gestell. Der Klang ist weithin zu hören. Kommt es zu Katastrophen, Bränden, Überfällen, Schlägereien usw., machen dies die Geschädigten oder Opfer durch den Ruf *Làng xóm ôi!* (Dorf und Siedlung, zu Hilfe!) bekannt, die Wache alarmiert das Dorf durch kontinuierliches *cái mõ*-Schlagen.

Gegen fünf Uhr morgens schlingen wir gierig unseren ersten Reis hinunter und machen uns auf den Schulweg, sobald sich der erste scharlachrote Schimmer der Morgenröte am Horizont vor dem Haus abzeichnet. In der Regenzeit bleibt der Himmel oft bedeckt, meiner Mutter gelingt es dennoch meistens, uns zur rechten Zeit auf den Weg zu schicken. Wenn wir jedoch unterwegs, was gelegentlich vorkommt, das dumpfe Rollen der Signaltrommel hören, wir also zu spät dran sind, rennen wir, bis wir ganz außer Atem sind.

Bei Unterrichtsbeginn und -ende, Pausenbeginn und -ende kommt die große rote Signaltrommel zum Einsatz. Sie hängt von einem Balken im hinteren Teil des Klassenzimmers. Für diese Aufgabe gibt es keinen eigens Beauftragten. Der Lehrer beruft jedes Mal mit einem Fingerzeig einen der großen Schüler. Diese rote Trommel zieht mich magisch an ... Eines Tages kann ich mithilfe meines großen Bruders, der mich auf das Pult gehoben hat, das Monster in Schwingungen versetzen, indem ich mit dem zylinderförmigen, zum Ende hin abgerundeten Balken genau die Mitte des Kreises anvisiere.

Ab und zu erwartet uns morgens, wenn wir zur Schule kommen, eine unangenehme Überraschung: die Reinlichkeitsüberprüfung. Diejenigen, bei denen der Lehrer Dreck hinter den Ohren entdeckt, müssen sich alle wie magere Kröten nackt um den Brunnen herum hinkauern. Ein kräftiger Junge aus der Klasse stellt sich auf den Brunnenrand, zieht mithilfe eines geflochtenen Bambuskübels, der an einem Seil hängt, Wasser aus dem Brunnen herauf und schüttet es reichlich über die unglücklichen Klassenkameraden aus. Das kalte Wasser lässt sie zittern und wild zappeln. Mit ihren zarten Händen reiben sie sich hinter den Ohren. Nach dieser

Sitzung bibbern einige. Mit den Händen rubbeln sie schnell den Körper ab, bevor sie sich wieder anziehen. Die Mädchen, ins Klassenzimmer verbannt, entgehen der Schikane.

Während der Regenzeit erlaubt uns der Lehrer manchmal, wenn das Wasser nur so flutet, uns unter den Regengüssen, die vom Dach herabsprühen, zu duschen: seltene Glücksmomente, in denen wir uns frei austoben dürfen ...

Einem meiner Klassenkameraden ist die Plackerei zugefallen, das Wasser für den Lehrer zu schleppen. Er muss sich regelmäßig um das Auffüllen der Kübel kümmern und dazu stets mehrmals hin- und zurücklaufen. Eines Tages schickt der Lehrer meine Brüder und mich in den Wald, um Feuerholz für seinen Herd zu sammeln. Dreihundert Schritte von der Schule entfernt, dringen wir in den Wald ein, der sich entlang unseres täglichen Schulwegs erstreckt. Ich stehe Schmiere, während meine Brüder auf die Bäume klettern, um tote Äste abzubrechen. Ich höre deutlich das Knacken brechender Äste. Plötzlich nähert sich die Gestalt eines alten Mannes dem Waldrand. Es ist unser Vater. Ich bleibe wie angenagelt stehen.

»Was machst du denn da?«, fragt er mich.

»Ich warte auf meine Brüder, sie suchen gerade Holz für den Lehrer.«

Mein Vater sieht sie von Weitem, wie sie sich im Geäst zu schaffen machen. Er bahnt sich einen Weg durchs Unterholz. Hals über Kopf kommen sie von den Bäumen herab und versuchen mehr schlecht als recht, den Ohrfeigen auszuweichen.

»Wenn euer Lehrer Holz will, dann braucht er es mir nur zu sagen, und ich bringe ihm ein paar Karren. Aber ihr geht nicht mehr in den Wald, ihr könnt euch Arme und Beine brechen, wenn ihr auf Bäume klettert.«

Von da ab sind wir von der Fronarbeit im Wald freigestellt.

Manchmal langweilt sich der Lehrer. Dann schüttet er sich ein paar Schluck Reiswein in den Rachen. Das Fläschchen hat er auf einer Latte der Bretterwand hinter der Landkarte versteckt. Euphorisiert geht er dann zum alten Gärtner Schach spielen und überlässt die Klassenaufsicht einem der Schüler. Eines Tages, als der von ihm zum Denunzianten beförderte Mitschüler seine Kameraden verpetzt, hagelt es Dresche. Mit harten Stangen, die er vom Guajavabaum nahe der Einfriedung abgerissen hat, verprügelt der Lehrer, bleich vor Wut, die Beschuldigten bei gestrecktem Arm. Dieses Schauspiel lässt mich voller Entsetzen zurück. Manchmal steht ein außergewöhnliches Ereignis an: Der Schulinspektor kommt. An diesem sonnigen Vormittag hält irgendwann während der Pause ein fescher Karren auf der Straße direkt vor der Schule. Der barfüßige annamitische Kutscher ist als Erster abgestiegen und hält das Pferd an den Zügeln. Nach ihm steigt feierlich ein Mann in tadellos weißem französischem Anzug aus, den Jackettkragen geschlossen. Es handelt sich um Inspektor Túân. Wie ein aufgeflatterter Spatzenschwarm kehren wir alle ins Klassenzimmer zurück. Jeder an seinem Platz, die Arme über Kreuz auf dem geschlossenen Schulbuch. Ungewohnte Stille breitet sich aus. Auf ein Zeichen des Lehrers stehen wir alle gleichzeitig auf, als der Inspektor die Klasse betritt. Der bedeutet uns mit seiner rechten Hand, dass wir uns wieder setzen können. Er ist Annamit, spricht aber auf Französisch mit unserem Lehrer. Keiner von uns versteht, worüber die beiden sich unterhalten. Nun steht er neben meinem Platz und sagt kein Wort, während er in meinem Heft blättert. Aus einem Etui zieht er ein Zauberröhrchen hervor, aus dem er eine Schreibfeder springen lässt. Auf der letzten Seite schreibt er auf Vietnamesisch ein geheimnisvolles ›vu‹[22] an den Rand und lässt dann die Feder zurück ins Gehäuse springen.

Während der Mittagsruhe kehren die Kinder aus der Umgebung zum Essen nach Hause zurück. Wer wie ich weiter entfernt wohnt, streift durch die Natur, nachdem er seinen mitgebrachten kalten Reis mit trockenen Fischhappen oder mit einem Stück Rohrzucker in einem getrockneten Betelnussbaumblatt hinuntergeschlungen hat. Einige Male durchquere ich das Brachland hinter der Schule, um zur mehrere hundert Schritte entfernten Phước-tường-Pagode zu gelangen. In der größten Mittagshitze zieht mich die Ruhe des religiösen Ortes mit seinen schattigen alten Bäumen an. Im

Hauptpavillon, abgedunkelt, frisch und still, thront der riesige Buddha aus altem Gold auf dem Altar, die Beine über Kreuz auf seinem Sitz aus Lotusblüten. Buddha, in Meditation die Augen halb geschlossen, dominiert die Ansammlung weiterer bemalter oder vergoldeter buddhistischer Gottheiten von kleineren Ausmaßen. Genau an diesem Ort begreife ich zum ersten Mal, dass es dieses jenseitige Wesen ist, das meine Mutter jedes Mal anrief, wenn uns ein Unglück widerfuhr.

Stück für Stück mache ich mich mit diesem sakralen Raum vertraut. Die wenigen dauerhaft dort lebenden Priester scheinen meine Gegenwart zu ignorieren. Doch das genaue Gegenteil ist der Fall: Der ehrwürdige Vorsteher hat die wiederholte Anwesenheit des kleinen Schülers bemerkt und schlägt meinem Vater bei einem seiner Pagodenbesuche vor, mich als Novizen aufzunehmen – für kleine Landbewohner ein attraktives und begehrtes Angebot. Um ein Haar wäre mein Leben in die Askese geschlittert. Man hätte mir den Schädel rasiert, mich in Bonzenkleidung gesteckt und mir chinesische Schriftzeichen beigebracht, damit ich fromm die heiligen Texte lesen und buddhistische Sutras kopieren könnte. Dieses entsagungsreiche Schicksal hätte mich in die Fußstapfen Çakya Mounis, Buddhas, gepresst, auf den Pfad der Ataraxie, der Entsagung gegenüber der Welt – der vergänglichen Welt, *phù thể –*, in der jedes Lebewesen unerbittlich den vier Leiden ausgesetzt ist: der Geburt, der Krankheit, dem Alter, dem Tod. Ich hätte bei dieser Fahrt über das Meer der Leiden, *biển khổ*, die Auslöschung jeder Leidenschaft, jeder Begierde in mir kultiviert. Noch heute überkommt mich ein Schauder bei dem Gedanken daran.

Eines Nachts nimmt uns Bruder Nummer sieben zu dieser Pagode mit, wo das große Fest zu Ehren Buddhas mit prächtigen, von frommen Reichen gespendeten Weihgaben gefeiert wird. Es ist eine seltene Gelegenheit auf dem Land für Jung und Alt, für die schwer arbeitende Bevölkerung der umliegenden Dörfer, sich zu versammeln, sich zu treffen und zu flirten, sich an dieser Kultstätte zu vergnügen. Gegenüber dem Buddhaaltar, im flackernden Kerzenlicht und wirbelnden Sandelholzrauch reißen Grüppchen junger Menschen ihre Augen vor Erstaunen weit auf. Sie starren auf die Automaten, die sich durch einen unsichtbaren Mechanismus wie die vier heiligen Tiere Drache, Qilin, Schildkröte und Phönix bewegen und deren Äußeres sich aus frischen Früchten, Blumen und Blättern zusammenzusetzen scheint. Gigantische Gaben an Obst und bunten Süßigkeiten, anmutig ausgelegt, werden am Ende der Zeremonie zur Freude aller an die Anwesenden verteilt. Auf dem Rückweg spät in der Nacht erklärt mir Bruder Nummer sieben die Predigt des ehrwürdigen Predigers, doch meine Gedanken kreisen noch um die Feier.

Das Gemeindehaus, das nur wenige hundert Schritt von der Schule entfernt liegt, war zunächst ebenfalls ein Ort, der einen besonderen Reiz auf mich ausübte und mir Schutz vor der glühenden Mittagssonne bot. Doch eines Tages verwandelte es sich aus einem Refugium in einen Ort des Schreckens.

Das Gemeindehaus bildet das Verwaltungszentrum des Dorfes. Hier tagt von Zeit zu Zeit der Notabelnrat, um ›Recht zu sprechen‹. Sonst ist normalerweise niemand dort; der Wächter wohnt in einer benachbarten Strohhütte. Im fest verschlossenen hinteren Raum, der als Haftzelle dient, ist in den Boden eine lange Eisenstange mit Fußringen eingelassen, an der die Notabeln Delinquenten in Ketten legen lassen: Bauern, die mit ihrer Zahlung der Kopfsteuer in Rückstand geraten sind.[23]

Eines Mittags werde ich, als ich im Hof dieses Gemeindehauses anlange, unversehens Zeuge einer Prügelstrafe. Ein armer Teufel in zerschlissener Kleidung liegt bäuchlings auf den Boden gestreckt, drei andere halten ihn an Armen und Beinen. Ein Folterknecht mit einem langen flexiblen Stock in der Hand verpasst dem vor ihm liegenden Menschen zwanzig Schläge auf den unteren Teil des Rückens. Bei jedem Schlag zappelt und stöhnt der Gemarterte. Im Innern des Hauses sitzen zahlreich die Notabeln mit ihren feinen Anzügen und wohnen ungerührt der Bestrafung des Mannes bei, den sie soeben verurteilt haben. Sie nehmen sich das Recht, in Zwistigkeiten zwischen den Dorfbewohnern einzugreifen und die Armen nach ihrer Willkür zu verurteilen und zu bestrafen. Dieses gefühlskalte, grausame Schauspiel hat mich fürs Leben gezeichnet.

Ich erinnere mich, wie meine Familie einmal Opfer einer Denunziation wurde: Im Morgengrauen dringen französische und annamitische Zollbeamte in unser Haus ein. Sie durchsuchen es in aller Gründlichkeit und beschlagnahmen den großen Kochtopf aus Terrakotta und die einfachen Gerätschaften, mit denen mein Vater Reiswein als Opfergabe für die Ahnen brennt – des Nachts im Wald versteckt, wohlgemerkt. Der monopolisierte Alkohol der Thủ-đức-Brennereien, den man auf dem Markt kaufen kann, ist abscheulich ... den will man den Verblichenen zu ihrem Todestag wirklich nicht zumuten. Die ›Büffelköpfe‹ und ›Pferdegesichter‹ nehmen anstelle meines kranken Vaters Bruder Nummer sieben mit, nachdem sie unsere gesamte Wohnungseinrichtung inventarisiert haben, wobei sie jedes Objekt einzeln verzeichnen und auch Hähne, Hühner und Schweine nicht vergessen. Um Bruder Nummer sieben, der sich im Gefängnis von Saigon in Sippenhaft befindet, auslösen zu können, hat meine Mutter beim chinesischen Pfandleiher eine an die Großtante verliehene goldene Halskette versetzt, so dass sie das uns schwer belastende Bußgeld begleichen kann. Hat die Anrufung Buddhas angesichts so vieler Widrigkeiten meiner Mutter neue Kraft gegeben? Möglicherweise.

Zu dieser Zeit leidet mein Vater bereits an seiner chronischen Kolik. Das Reisfeld im Nachbardorf gleich bei Onkel Nummer vier, seinem älteren Bruder, hat er brachliegen lassen, denn auch meine Mutter schafft das nicht mehr. Ihre Konfektion von Kegelhüten aus Lataniablättern für Bauern bringt nicht genug für den täglichen Reis ein. Meine zwei Brüder schmeißen die Schule und arbeiten – mit unseren Büffeln oder auch ohne sie – als Gehilfen bei der Feldarbeit und beim Reisdreschen bei den Bauern im Dorf und der Umgebung. Ich gehe als Einziger weiterhin zur Schule. Einmal muss ich jedoch ›fehlen‹, um anstelle meiner Brüder, die in Arbeit versinken, die Büffel zu hüten. Als ich bedrückt in die Schule zurückkehre, erhalte ich vom Lehrer als Strafe für meine unentschuldigte Abwesenheit zwei schallende Ohrfeigen.

Wir kennen den Mangel. Um den Magen vollzubekommen, müssen wir den Grundstock an Reis mit einer Art Kartoffeln ergänzen, die wir in unserem *củ-năng*-Wald suchen. Um diese kugelförmigen mehligen Knollen einer stachligen Liane genießbar zu machen, schält meine Mutter sie, schneidet sie in Scheiben und lässt sie einige Tage in Wasser liegen, das mehrfach ausgewechselt wird. Einmal sehe ich meinen Vater wie einen Betrunkenen torkeln, während meine Brüder und ich krank geworden sind. Wir haben Mehl aus *củ năng* zu uns genommen, die nicht ausreichend gewässert wurden. Dieser Zwischenfall erinnert mich an die Freundlichkeit eines fernen Verwandten, der im nächsten Dorf, drei Stunden Fußmarsch entfernt wohnt. Oft ›borgt‹ er uns Reis, den wir mit einem vom Nachbarn geliehenen Ochsenkarren bei ihm abholen.

Nach zwei Jahren in der Gemeindeschule bin ich in die Volkssprache, *quốc ngữ*, eingeführt. Am Ende des zweiten Schuljahrs muss ich der Gemeindeschule Adieu sagen. Zu Beginn der großen Ferien schleppt mich meine Mutter zum Haus des Lehrers. Außerdem bringt sie einen prächtigen, wohlgenährten Hahn und traditionelle Kuchen. Bei dieser Gelegenheit empfiehlt der Lehrer, meine ›Unterweisungen‹ sollten an der Kantonalschule in Thủ đức fortgeführt werden.

Ich bin um die zehn Jahre alt. Zu Fuß brauche ich eine Stunde zu meiner neuen Schule. Am Ausgang unserer Siedlung komme ich durch einen Wald, an dessen Saum sich eine große Lache ausbreitet, die in der Regenzeit von dürren Fröschen und von Libellen nur so wimmelt. Der Pfad mündet in eine Schotterstraße an der Stelle, wo der riesige Banyanbaum von Dame Hiêú, *Cây da Bà Hiêú*, aufragt.[24] Der heilige Baum beherbergt die heimischen Geister, *Ông Táo*, die Geister des Kalks, inkarniert in der Masse alter, ausrangierter Kalkpötte und der Trümmer rauchgeschwärzter Terrakottablöcke, die an seinem Fuße verstreut liegen.

Fünfhundert Schritte weiter komme ich am katholischen Friedhof vorbei, dessen fremdartige Grabsteine aus gräulichen Steinplatten mit einem Kreuz darauf um einen Kautschukbaum herum stehen. Mir wurde erzählt, dass ihre Priester die Augen der Toten herausnehmen, um sie Hund, dem Vater Jesu, zu opfern. Deshalb beschleunige ich meinen Schritt noch aus Furcht vor diesen umherstreifenden blinden Seelen. Den Katholiken, den *có đạo*, kommt man besser nicht zu nahe – sie vernachlässigen die Verehrung der Toten und der Vorfahren, um einen bleichen Geist an einem Kreuz zu vergöttern. Die alte Verachtung für die Katholiken, die Nachkommen der Kollaborateure, die den Franzosen halfen, das Land zu unterwerfen, regt die Phantasie an und hat in meinem Dorf eine sich hartnäckig haltende Legende in die Welt gebracht. Da die Mutter Jesu keinen Gatten hatte, habe sie sich mit einem Hund gepaart und so das Kind in die Welt gesetzt. Diese boshafte Erzählung erinnert an eine chinesische Legende, derzufolge ein chinesischer Kaiser, der von einer unheilbaren Wunde am Bein geplagt wurde, demjenigen seine Tochter versprach, der ihn heilen könne. Die besten Ärzte scheiterten, doch ein Hund des Hofes befreite ihn von seinem Leiden, indem er an der Wunde leckte. Also setzte er seine Tochter und diesen Hund gemeinsam auf ein Floß und ließ sie den Fluss hinab gen Süden treiben, wo ihren Nachfahren die Barbarenstämme des Südens entsprangen.

Auf dem abendlichen Rückweg setzen mir die Schrecken der Dämmerung noch mehr zu, wenn der Zikadenchor, zwischen den Wipfeln der riesigen *cây sao* entlang der Straße verborgen, seine grellen Lieder zirpt. Ein unbestimmtes Gruseln überkommt mich, wenn ich am Banyanbaum von Dame Hiêú vorbeikomme oder mir im Halbdunkel an der verwunschenen Lache am Waldrand entlang einen Weg suche.

An der Schule von Thủ đức bin zur Vorbereitungsklasse zugelassen. Durch *Thầy giáo Nai*, ›Schulmeister Hirsch‹, einen angenehmen Menschen, haben die Schüler nie Gewalt erfahren: eine außergewöhnliche Einstellung! Im Jahr darauf komme ich in die Grundstufe unter *Ông Thiệt*, ›Direktor Wahr‹, der für seine Strenge bekannt ist. Wenn er morgens auf den Schulhof kommt, müssen sich die Schüler auf beiden Seiten aufstellen und sich mit gefalteten Händen verbeugen, während er an ihnen vorüberschreitet.

Wenn seine Stirn vor Wut glänzt, warten wir im Klassenzimmer nur auf den Ausbruch. Er richtet seinen Zeigefinger wie einen Stachel auf einen ›Schuldigen‹ und brüllt: »Komm hierher!« Der Schüler legt sich schleunigst vor seinen Füßen flach auf den Bauch. Eine Kaskade von Rohrschlägen geht auf den unteren Teil des entblößten Rückens dieses Unglücklichen nieder. Die tagtägliche Wut von *Ông Thiệt* verschleißt eine Menge Rohrstock. Ein großes Bündel dieser Grauen verbreitenden biegsamen Stangen befindet sich als Reserve im Heft- und Klassenbuchschrank im hinteren Teil des Klassenraums. Wir alle können wegen eines Jas oder Neins der Züchtigung anheimfallen. Wie der aller anderen, so hat auch mein Rücken seinen Teil abbekommen.

Unser Lehrer Ứng, der frisch von der Lehrerausbildung an der Universität kommt und die Übergangsklasse leitet, macht weniger vom Rohrstock Gebrauch, weiß aber seine Schüler für seine privaten Fronarbeiten zu benutzen. Seine Amtswohnung befindet sich hinter der Schule. Wenn wir im Hof bleiben, um im Schatten der Bäume mit Murmeln zu spielen, beauftragt uns der Lehrer einige Male, die Kübel in seinem Waschraum wieder aufzufüllen. Zu zweit müssen wir zum öffentlichen Brunnen gehen. Auf dem Rückweg laufe ich vor meinem größeren Schulkameraden. Von einem Holzstab, der auf unseren Schultern aufliegt, hängt schwankend ein mit Wasser gefüllter Ölkanister aus Weißblech. Ich scheuere mir ganz schlimm die Fersen auf. Thầy Ứng vergisst auch nicht, mich darauf hinzuweisen, wie seine Leinenschuhe zu säubern und zu weißen sind.

Manchen Mittags nach unserem kalten Reis entschlüpfen wir in die benachbarten Zuckermanufakturen, wo man uns Rohrzuckerreste anbietet.

Eines Nachts stürzt ein Nachtvogel unter heftigem Geflatter in den Hof, stößt schrille Schreie aus und fliegt davon – ein beängstigendes Omen für meine Mutter. Ein großes Unglück für uns in dieser Nacht: Mein Vater stirbt nach langer Krankheit.

Ich bin heute noch gerührt davon, dass er, der die baldige Vereinigung mit den Ahnen spürte, meiner Mutter empfahl: »Má bầy tré, ráng xoay xở cho qua ngày tháng, dầu sao cũng đừng đợ con«. (Mutter der Bengel, versuche, durch die Tage und Monate zu kommen, doch verleihe um keinen Preis die Kinder!)

Zweifellos hatte er das Schicksal der vier Jungen unseres erbärmlichen Nachbarn Trùm Nhứt aufmerksam verfolgt. Da dieser sie nicht ernähren konnte, hatte er sie als Rinderhirten und Diener an Wohlhabende gegeben, von denen sie schwer misshandelt wurden.

Nach dem Tod meines Vaters bittet meine Familie einen Bonzen der Dorfpagode, eine Beerdigungszeremonie nach buddhistischem Ritus durchzuführen. Am folgenden Tag begleitet die schrille Trauermusik eines Ensembles von Wandermusikanten mit ihren Trommeln, Oboen, Violoncellos, Pauken und Klappern jede Opfergabe der Familie und Bekannten. Ich verharre an der Seite meiner Mutter und versuche, sie auf naive Weise zu trösten, wann immer sie zu klagen anfängt. Das Begräbnis findet am dritten Tag statt. Der Bonze an der Spitze der Prozession bringt meinen verschiedenen Vater zu seiner letzten Bleibe, hundert Schritte vom Haus entfernt.

Mein Vater wird in unserem Wald ruhen, im Schatten des alten *cây gỗ*. Am dritten Tag nach der Beerdigung wird der Bonze mit der Zeremonie der ›Öffnung der Grabtür‹ fortfahren.

Dadurch kann mein Vater wieder in sein Haus zurückkehren, wo ihm ein Altar geweiht wird. Alle sieben Tage bringt ihm meine Mutter eine Speise als Gabe. Nach hundert Tagen und erneut am Jahrestag seines Todes, dem achtzehnten Tag des elften Mondes, kommt die Familie wieder zusammen und begeht eine Gedenkfeierlichkeit, bei der Opfer dargebracht werden. Wir tragen kein äußeres Zeichen der Trauer, die dem Brauch entsprechend nach dem zweiten Jahrestag in unseren Herzen ein Ende finden muss.

Nachdem mein Vater von uns gegangen ist, setzt meine Mutter angesichts der Ungewissheit der nächsten Reisschale mit noch größerem Einsatz die Produktion von Lataniablatt-Kegelhüten für Bauern fort. Ich lerne, ihr dabei zur Hand zu gehen, obgleich meine Brüder nach Kräften bei Feldarbeiten helfen, um mir weiterhin den Schulbesuch zu ermöglichen.

Oberes Bild: Das Haus meiner Mutter, umgeben von Bambus,
Kokospalmen und Betelnussbäumen
Unteres Bild: Das Grabmal meines Vaters

Mit elf Jahren beginne ich, Französisch zu lernen. Ich muss zu Fuß ganz bis nach Saigon hinuntergehen, von Thủ đức aus noch fünfzehn Kilometer, um eine Ausgabe des unverzichtbaren *Larousse élémentaire* zu finden. Ein denkwürdiger Moment in meinem Leben. Ich muss das Haus schon vor Morgengrauen verlassen, draußen ist es noch stockfinster. Doch die Müdigkeit kommt nicht an mich heran, der einsame Marsch durch Nacht und Tag, die Weite des Landes im Sonnenaufgang verzaubern mich. Und auf der Brücke von Bình lợi bestaune ich den im Sonnenlicht glitzernden Saigonfluss. Bis jetzt kannte ich ihn nur als blaue Schlangenlinie auf der grauen Landkarte der Provinz Gia định.

Saigon, die wimmelnde Stadt, einmal zuvor bin ich schon hier gewesen. Damals habe ich meinen Vater begleitet, der in der Apotheke gegenüber dem Hotel Continental in der Rue Catinat Bicarbonat besorgte, in der Hoffnung, damit seine Magenschmerzen zu lindern.

Die Sonne knallt herab, als ich mich am frühen Nachmittag, das Wörterbuch unter dem Arm, auf den Heimweg mache. Ich kann mich der Neugier nicht erwehren, also blättere ich jedes Mal, da ich im Schatten der Bäume raste, leidenschaftlich darin, ganz begeistert von den Bildtafeln, Illustrationen und Wortspalten voll von unzähligen Mysterien, die es zu durchdringen gilt.

Nach einem Jahr Grundstufe wählt der Lehrer als Kandidaten für eine Stipendiumsbewerbung zwei Schüler aus der Klasse aus: mich und einen älteren Klassenkameraden. Am Vorabend meines Schicksalstages begleitet mich Bruder Nummer sieben zu Schwester Nummer fünf in Thị Nghè, um am nächsten Tag zeitig in der Provinzhauptstadt von Gia định, der nördlichen Vorstadt Saigons, sein zu können. Der Test findet in der Schule von Bà Chiểu statt.

An diesem Nachmittag ist es schwül. Wir folgen der Straße von Hàng sanh nach Thị Nghè. Mit einem Schlag bricht der Monsun über uns nieder, wälzt sich in großen Wolken über Himmel und Erde. Einen Augenblick später schießen große Tropfen wie dunkle Pfeile auf uns herab. Knack! In meinen Händen zerrt der umgestülpte chinesische Schirm an seinem zerbrochenen Bambus-

gerippe, das verzweifelt die Fetzen seiner braun lackierten Papier-
bespannung festzuhalten versucht, die der Wind bereits in alle
Richtungen reißt. Dieser furchtbare Sturm kann wohl als schlech-
tes Omen gelten. Gewiss ist mein Stipendium ebenfalls dahin.
Bei Einbruch der Dunkelheit kommen wir bei meiner Schwester
Nummer fünf an, die Kleidung durchnässt, mein Herz betrübt.

Schließlich nehme ich an der Prüfung des Wettbewerbs teil,
im Französisch-Diktat vergesse ich auch nicht das ›s‹ des Wortes
›torchis‹ (Strohlehm). Dann heißt es warten. In der Zwischenzeit
verweigert einer unserer Büffel die Nahrungsaufnahme, strauchelt,
schreit vor Schmerz und Erschöpfung. Schließlich geben wir auf
und führen ihn, Tränen in den Augen, in einen unbewirtschafteten
Wald zum Sterben.

Einen Monat später bestellt der Notable des Dorfes, der für die
öffentliche Ordnung zuständig ist, meine Mutter, Witwe mit drei
Kindern in ihrer Obhut, ein, um sich über ihr Auskommen zu
erkundigen. Schließlich bewilligt er ihr dreimonatlich 27 Piaster,
ein Vermögen für die arme Frau, die sich Tag und Nacht damit
abplagt, Kegelhüte für 10 oder 20 Cent (ein Zehntel bzw. ein Fünftel
Piaster) das Stück zu verkaufen.

Unser verehrter Lehrer Thiệt kämpft darum, dass möglichst
viele seiner Schüler das Abschlusszeugnis erhalten. Dabei geht es
um den guten Ruf der Schule und vor allem um seinen eigenen
sowie den des Direktors. Eines Abends nimmt er einen Klassenkameraden und mich, Zertifikatsanwärter, in einer ›Streichholzschachtel‹ genannten Pferdekutsche mit nach Saigon, um unser
Bestehen bei der Prüfung zu ›organisieren‹. Es ist Nacht, als wir in
der Stadt ankommen.

Den Wagen lassen wir an einer Straße im Bezirk Dakao stehen.
Der Lehrer heißt uns auf ihn warten und verschwindet hundert
Schritte weiter in einem Wohnblock. Am Himmel leuchtet silbern
der Mond. Vom Kutscher befreit, grast das Pferd ruhig zwischen
den Grasbüscheln am Straßenrand und verteilt einige Pferdeäpfel
am Fuße des Strommasts. Wir plaudern mit dem Kutscher. Der
Lehrer kommt übel gelaunt zurück. Er sagt nichts, sondern bedeutet

nur dem Kutscher anzuschirren. Auf dem Rückweg schüttelt uns die Kutsche gehörig durch, und nach längerem Schweigen explodiert er schließlich in einer Aufwallung kalter Wut:»Das geht mir auf den Sack! Er wollte nichts davon hören ...«

Anders gesagt, sein Kollege in Saigon wollte bei der Masche nicht mitmachen. Sicher wird er noch den Kontakt mit anderen Lehrern suchen, die für die Aufsicht beim nächsten Examen eingeteilt sind ...

Am Ende hat mir weder bei der schriftlichen noch bei der mündlichen Prüfung irgendjemand ›geholfen‹. Trotzdem musste meine Mutter auf Verlangen des verehrten Thiệt ihm den Anteil von über dreißig Piastern abtreten, der für seine Kollegen bestimmt war, damit sie mich durch die Prüfung brächten – für sie eine beträchtliche Zahl an Kegelhüten.

Im folgenden Monat bestehe ich die Aufnahmeprüfung für ein Stipendium am Collège Chasseloup-Laubat. Wieder ein Schicksalsschlag: Als ich aufgerufen werde, habe ich meinen Schülerausweis nicht dabei. Ich habe ihn bei meiner Cousine im Dörfchen Thủ thiêm, wo ich untergekommen bin, vergessen – auf der anderen Seite des Saigon. Auf dem Hin- und Rückweg einschließlich Überfahrt mit einem Sampan leide ich Seelenqualen.

Und erneut Warten auf das Ergebnis. Dann Hoffnung, denn der Leiter des Kantons bestellt meine Mutter ein, um sich über ihre Situation zu erkundigen. Ein Zeichen dafür, dass ich zugelassen bin. Doch Ende September 1926 bereitet sich ein anderer Kandidat aus wohlhabendem Hause auf Chasseloup-Laubat vor. Seine Eltern sind in der Lage, die ›Vorgänge‹ bei den Amtsleuten in der Schulbehörde der Saigoner Stadtverwaltung zu beeinflussen. Nun ist er es, der Berücksichtigung findet. Welch ein Schock – mein erster – vor dieser unsichtbaren Mauer ..., die meine Mutter nicht überwinden kann. Wir sind ganz unglücklich und wissen nicht ein noch aus. Mit dem Zeugnis für Einheimische kann man eine Anstellung als Dorflehrer anstreben; aber ich bin gerade einmal dreizehn Jahre alt! Aus Mitgefühl unternimmt mein Lehrer einen verzweifelten Versuch: Er fährt mich auf seine Kosten zum Internat Huỳnh khương Ninh in Saigon, das vor Sprösslingen einheimischer Notabeln überquillt. Dort hofft er, mich gebührenfrei als Externen oder zu reduzierten Sätzen als Internatsschüler unterzubringen. Eine Sorge plagt mich in jedem Fall: Wie soll mich meine Mutter weitere drei oder vier Jahre lang versorgen können? Doch das Feilschen ist vergebens, die Mühe umsonst. Kommt man ohne Geld, empfangen einen die Bildungshändler mit verschränkten Armen.

* * *

Die zentrale Persönlichkeit meiner Kindheit ist Anh Bảy, großer Bruder Nummer sieben. Als ich zehn war, musste Bruder Nummer sieben den Pflug abgeben und stattdessen einen Schraubenschlüssels in die Hand nehmen. Er malochte als Hilfsmechaniker im Eisenbahndepot von Dĩ an, eine Stunde Fußmarsch von zu Hause entfernt. Eine Woche vor Tết – dem Neujahrstag – gingen wir mit Bruder Nummer sieben bei den Gräbern Unkraut rupfen. Am dreiundzwanzigsten Tag des zwölften Mondes, dem Feiertag des Auszugs des Hausgeists, pflanzte er den *cây nêu* – eine lange Bambusstange – hinten in den Hof. Ein kleiner Korb an der Spitze enthält Gaben für den Geist auf seinem Weg in den Himmel. Am Vorabend von Tết steigt er über diesen *cây nêu* auf die Erde herab, um in seinen Schrein zurückzukehren. Auf Grundlage seines Berichts gewährt der himmlische Herrscher ein langes Leben oder verkürzt unsere Lebenszeit.

Großer Bruder Nummer sieben verfertigte auch Bambus-Kracher für unsere Feier und die Freunde aus dem Dorf. Ich half ihm, mit dem Stampfer verbrannte Maniokstangen zu zerquetschen, um leichte Kohle daraus zu gewinnen. Er erklärte mir präzise die Mengenverhältnisse für die Herstellung des Pulvers: Kohle, Schwefel und Salpeter, vermischt in einen Pappkarton gestopft. Ich lernte, wie man die Ladung mit langen, sehr dünn geschnittenen Bambuslatten so umschließt, dass der fertige Knaller eine perfekte Würfelform erhält. Heikel ist das Setzen der Lunte. Die Qualität des Knallers bemisst sich an der Dauer des Echos,

Oberes Bild: Meine Mutter (Foto von 1955)
Unteres Bild: Großer Bruder Nummer sieben

das er bei der Explosion hervorruft. Einmal fing bei der Detonation des Pulvers im Mörser beinahe die Strohhütte meines großen Bruders Feuer.

Sehr viel später, als ich in Saigon arbeitete, während großer Bruder Nummer sieben als Maurer schuftete und bei meiner großen Schwester Nummer fünf in Thị Nghè in der nordöstlichen Vorstadt wohnte, wo ich sie häufig besuchte, wurde er von Malaria niedergeworfen. Ich konnte das Fieber senken, indem ich intramuskulär Chinin spritzte. Und als er sich gerade auf dem Weg der Besserung befand, sah er sich plötzlich in einen Dämonen- und Geisterbändiger verwandelt. An diesem Nachmittag verließ er unerwartet Thị Nghè und kehrte zu Fuß ins Dorf zurück. Doch statt nach Hause zurückzukehren, begab er sich zum Tempel des Schutzgeistes des Nachbardorfs, drang ohne Umschweife ins unberührte Allerheiligste ein, schob den Vorhang beiseite, musterte den Geist (in Form einer Statue) und plauderte mit ihm auf du und du.

Der okkulte und gefürchtete Einfluss des Geistes erstreckt sich bis in die Provinzen. Es kommt vor, dass Widersacher ihre Differenzen vor seinem Hausaltar beilegen. Um sich von einer falschen Anschuldigung zu befreien, dreht der Bezichtigte einem Hahn bei lebendigem Leibe den Hals um und bittet den verehrten Geist, ihm selbst die Luft abzuschnüren, sollte er der Unaufrichtigkeit schuldig sein.

Die außergewöhnliche Begegnung von großem Bruder Nummer sieben mit dem Schutzgeist – etwas Vergleichbares war in der Gegend noch nicht vorgekommen – hüllte ihn in den Augen der Landbewohner in eine mystische Aura und verlieh ihm magische Kräfte über die unheilvollen Wesen, die die unsichtbare Welt bevölkern.

Oft schwieg er. In Anwesenheit ihm vertrauter Menschen schossen manchmal Wortfolgen aus ihm heraus, die sich in einer Logik jenseits unserer gemeinsamen Sprache bewegten. Tag und Nacht in einer Hängematte liegend, nahm er erst am Mittag mit den bloßen Händen etwas Reis und rote Paprika zu sich. Er trank Tee, indem er ihn sich, die Teeblätter auf der Zunge, mit siedend heißem Wasser direkt im Mund aufgoss.

Meine Mutter und die anderen Brüder blieben über seinen Zustand höchst beunruhigt. Unser Haus betrat und verließ man durch die zwei Seitentüren. Die Vordertür war durch Querstreben geschlossen, die durch die Zwischenräume genügend Luft und Licht hereinließen. Einmal, bei einem weiteren Anfall, ›hob‹ großer Bruder Nummer sieben plötzlich ›ab‹, das Gesicht von Groll verhangen, mit entgeisterter Miene und weit aufgerissenen Augen. Mit einem Sprung durch die schmale Lücke unter dem Dach oberhalb der höchsten Querstrebe stürzte er sich aus dem Inneren des Hauses auf den Hof und verschwand in Windeseile zwischen den Ananasbäumen. Was sollten wir tun? Großer Bruder Nummer zwölf versuchte, ihn aufzuspüren, doch vergebens. Die beunruhigte Hausgemeinschaft fand keine Spur von ihm, bis er unverhofft von selbst wieder auftauchte, unversehrt, entspannt und mit fröhlichem Gesicht. Nicht ein Riss in seiner weißen Kleidung, kein Kratzer an seinen nackten Füßen nach diesem unmöglichen Tauchgang durch die anhänglichen Brombeersträucher und fiesen Stacheln der Ananasblätter.

Die Anfälle ließen mit der Zeit nach, großer Bruder Nummer sieben gewann seine gewohnte Ruhe wieder. Ein Bauer aus der Nachbarsiedlung rief ihn zu Hilfe, als ein Besessener einen Anfall erlitt. Bei des Bruders Ankunft vor Ort hörte der Betroffene auf zu toben und warf sich zitternd und murmelnd vor seine Füße. Als ob der böse Geist seinen Meister gefunden hätte, war der Unglückliche erlöst. Ab diesem Tag gewöhnten sich die Leute aus dem Dorf daran, in ihm nicht nur einen Geistheiler, sondern auch einen Wahrsager zu sehen – wie den tonkanesischen Gelehrten in der Nachbarsiedlung –, ja sogar einen Zauberer wie jenen, der den kleinen Tempel von Grand-Dame eingeweiht hatte. Er konnte Gebrechen in Schlaf versetzen und so Linderung verschaffen. Und mit den Jahren verfertigte er wie die traditionellen fahrenden Arzt-Heiler selber seine Arzneien aus den pflanzlichen Drogen des Südens und den aus China kommenden Medikamenten des Nordens. Allmählich kamen auch Leute von entfernteren Orten, ja sogar aus anderen Provinzen, um ihn zu holen. Er brauchte nicht viel zum Leben. Für seine Mühe bot man ihm ein Nachtlager und eine Schale Reis.

Von den Armen, denen er half, verlangte er keine Gegenleistung. Meistens kam er zu Fuß, man erkannte ihn aus der Ferne an seiner hohen Gestalt im Schatten des weißen Schirms. Das vom großen Bruder Nummer sieben praktizierte Heilverfahren blieb ein Rätsel. Hatte ihm vielleicht der befreundete Arzt, der meinen Vater während dessen langer Krankheit behandelte, einige Rezepte verraten? War mein Bruder vielleicht an ein Exemplar des in der Form von *Fragen und Antworten zwischen Fischer und Holzfäller* abgefassten medizinischen Kompendiums *La Substantifique moelle de l'art spirituel de guérir* (»Das Wesen der spirituellen Heilkunst«) von Đồ Chiểu gelangt, dem Autor von *Lục Vân Tiên*, jenem populären Versgedicht, das er auswendig hersagen konnte? Im Alter machte Anh Bảy keine Hausbesuche mehr. Der Besitzer einer chinesischen Apotheke in Thủ đức gewährte ihm dauerhaft Logis, und dorthin ging man, um ihn zu konsultieren.

Der Poesie ist ein hohes Los gefallen! Freudig oder klagend, trägt
sie immer das göttliche Zeichen der Utopie an sich. Sie widerspricht
unaufhörlich dem Faktum, anders wäre sie nicht. Im Kerker wird
sie zum Aufstand; am Fenster des Spitals ist sie glühende Hoffnung
auf Genesung; in der zerlumpten und verschmutzten Dachkammer
schmückt sie sich wie eine Fee des Luxus und der Eleganz; sie ist
nicht nur Feststellung, sie ist Wiederherstellung. Überall widersagt
sie der Bosheit.[25]

Charles Baudelaire, *Pierre Dupont*, 1851

Eine meiner Cousinen, eine echte Landschönheit, ist ›in der Stadt‹
mit einem Angestellten von Descours et Cabaud, einem französischen Metallwarenvertrieb, verheiratet. Sie ist warmherzig, verspielt,
gar aufreizend – und mag mich sehr. Sie wird mich für beschei-
dene acht Piaster im Monat unterbringen, wenn ich im September 1926 mein kleines Dorf verlasse, um mich in Saigon erneut auf
die Stipendiatenprüfung vorzubereiten. Ich betrete eine Stadt, an
deren Festen seit einigen Monaten der Sturm der Revolte rüttelt.

Um mich herum höre ich die Leute voller Anerkennung den
Namen Nguyễn an Ninh raunen. Drei Tage nach einer denkwürdigen Versammlung im Zentrum Saigons hat man ihn ins Gefängnis
geworfen.

Am Sonntag, den 21. März 1926, waren zwei- bis dreitausend
Menschen dem Aufruf eines Flugblattes gefolgt, um gegen die
Ausweisung eines Journalisten nach Annam zu protestieren. Zu
Hunderten strömten bei Tagesanbruch Kulis, Fabrikarbeiter, Angestellte und Studenten in die Rue Lanzarotte und ließen sich auch
davon nicht schrecken, dass die Polizei sie auseinanderzutreiben
versuchte. Am Versammlungsort im Mangobaumpark stand die
Menge dicht an dicht, so dass man sich kaum noch rühren konnte,
und unter dem Gewicht junger Teilnehmer brachen die Äste der
Bäume. In diesem brüderlichen Schulterschluss machten die kleinen Leute Saigons ihrem Unmut Luft, prangerten die Ausweisung

an, forderten Pressefreiheit und Freiheit der Lehre, Versammlungs- und Reisefreiheit sowie die Abschaffung der Erzwingungshaft.

Anlässlich der Rückkehr Bùi quang Chiêus, des Vorsitzenden der konstitutionalistischen Partei aus Frankreich, fand drei Tage später am Hafen eine weitere Versammlung statt, die erneut in eine lautstarke Unmutsbekundung umschlug, diesmal gegen die Verhaftung Nguyễn an Ninhs infolge der ersten Proteste. Sobald Büros, Läden und Werkstätten dichtmachten, überschwemmten Demonstranten die Hafenzufahrt und die umliegenden Straßen. Die Behörden verzögerten die Ankunft des Schiffs noch bis neun Uhr am Abend, doch die Menge harrte aus und schwoll immer noch weiter an. Junge Leute von der *Jeune Annam* und etwa achthundert Arbeiter aus dem Arsenal umringten Bùi quang Chiêu bei der Landung, um ihn vor den Gegendemonstranten zu schützen, die von De la Chevrotière, dem Herausgeber der Zeitung *L'Impartial,* mobilisiert worden waren und »Tötet ihn!« schrien. Die Menge hingegen, die Bùi quang Chiêu durch die Straßen bis zum Sitz der konstitutionalistischen Partei[26] begleitete, rief »Lasst Nguyễn an Ninh frei!«

An diesem Tag, dem 24. März 1926, starb Phan châu Trinh bejahrt nach einem Leben unerbittlichen Widerstands gegen die ›Zivilisatoren‹. 1908, nach den Bauernaufständen in Annam, zum Tode verurteilt, wurde er dank einer Intervention der Liga für Menschenrechte nach Poulo Condor deportiert und 1911 nach Frankreich ausgewiesen. Schließlich kehrte er, von Tuberkulose ausgezehrt, nach Vietnam zurück und starb nach achtzehn Jahren Gefangenschaft und Exil.[27]

Die Stimmung nach dem Tode Phan châu Trinhs, und weiter angeheizt durch die Verhaftung Nguyễn an Ninhs, näherte sich dem Siedepunkt. Tausende Männer, Frauen, junge Leute trotzten der allgegenwärtigen Polizei und hielten acht Tage lang die Rue Pellerin in Beschlag, wo sie Weihrauchstäbchen vor den Überresten des Verstorbenen abbrannten. Am 4. April 1926 verwandelte sich die Trauerfeier in einen riesigen Aufmarsch gegen die Herren. Um den Leichenwagen drängten sich in Massen Kulis und

Arbeiter aus den Reisschälbetrieben Cholons, die ihre Arbeit niedergelegt hatten, Studenten und Schüler aus der Stadt und vom Land, Arbeiter und Angestellte des Arsenals sowie Bauern aus Bà Điểm und Hóc môn.

Im ersten Prozess wurde Nguyễn an Ninh zu achtzehn Monaten Gefängnis verurteilt. Bei der Urteilsverkündung am 24. April 1926 verließen aus Protest Massen an Schülern aus Saigon, der Grundschule von Phú lâm (Cholon) und überall in den Provinzen (in Bến tre, Mỹ tho, Vĩnh long, Cần thơ) den Unterricht. Mehr als tausend von ihnen wurden der Schule verwiesen.

Von September 1926 bis Mai 1927 besuche ich die Grundschule. Ich bin bereits vierzehn Jahre alt, und die acht Piaster Monatsmiete, eine zu große Bürde für meine Mutter, lassen mir keine Ruhe. Als bei Descours et Cabaud eine Stelle als Schreiber frei wird, ergreife ich die Gelegenheit. Ich werde für 35 Piaster angestellt, was mir ein recht ordentliches Leben ermöglicht. Die Kulis verdienen gerade einmal 15, im Höchstfall vielleicht 18 Piaster. Nun kann ich im Gegenzug meine Mutter unterstützen – außer wenn mich meine Cousine, was viel zu häufig vorkommt, meist mitten in der Nacht, um Geld anfleht, das sie unweigerlich im Spielsalon gleich wieder durchbringt. Deshalb ziehe ich schließlich bei ihr aus und suche mir eine andere Bleibe.

Nach meinem Schulabschluss lese ich weiterhin alles, was mir in die Hände fällt. Ich kaufe Bücher zweiter Hand bei den chinesischen Trödlern gegenüber dem Bahnhof Saigons. Es sind Bücher, die Franzosen beim Verlassen des Landes zurückgelassen haben. Ich verschlinge alles ganz unsystematisch, ob Wissenschaft, Geschichte oder Philosophie. Eines Tages entdecke ich hier auch begeistert Rousseau:

»Der Despot ist nur so lange Herr, wie er der Stärkste ist. Dieselbe Kraft, die ihn an der Macht gehalten hat, ist es auch, die ihn stürzt.«[28]

Mein Vorgesetzter, ein junger Mann, zur Hälfte französischer Abstammung, liest nicht gern und überlässt mir daher seine Bücher, die er in der Schule als ›Preise‹ gewonnen hat, darunter Charles

Baudelaires *Die Blumen des Bösen* in schönem Einband mit Gold-
schnitt. Ich weiß weder etwas über den Dichter noch über seine
Epoche. Als ich aber lese, dass er wegen ›Verstoß gegen die öffentliche Moral und die guten Sitten‹ verurteilt wurde und ebenfalls von
der Zensur betroffen war, die wir Kolonisierten nur zu gut kennen,
fühle ich mich heftig zu ihm hingezogen. Außerdem heißt es, er sei
während der Revolution von 1848 gesehen worden, wie er mit anderen gemeinsam eine Waffenkammer plünderte und mit dem Gewehr in der Hand schrie: »Wir müssen General Aupick erschießen!«

Ebenso wenig habe ich *La Chanson des gueux* (»Das Landstrei-
cherlied«) von Jean Richepin vergessen mit seinen wunderschö-
nen Kupferstichen unter schützendem Seidenpapier. Noch immer
habe ich die Illustration des altehrwürdigen Ziegenbocks vor Augen, auf dessen knochigem Rücken die zwei kleinen Landstreicher
reiten und der mit ihnen zu lachen scheint und ganz behutsam
trottet, damit sie nicht herunterfallen. Vor allem bewegt mich der
ergreifende Zweizeiler, der den zensierten Abschnitt der ›Idylle
de pauvres‹ ersetzt:

An dieser Stelle liebten sich zwei Landstreicher bis zur Erschöpfung
Und dies brachte mir 30 Tage Gefängnis ein.[29]

Ein besser gebildeter Arbeitskollege hat mir heimlich eine Ausgabe von *Une histoire de conspirateurs annamites à Paris ou la
Vérité sur l'Indochine* (»Geschichte annamitischer Verschwörer in
Paris, oder die Wahrheit über Indochina«) von Phan văn Trường
anvertraut. Der Verfasser zerpflückt darin die 1914 in Paris von
der französischen Regierung gegen ihn und Phan châu Trinh an-
gezettelte Intrige. Dies klärt mich über den ›Beruf des Annamiten‹
auf, jene notgedrungen doppelte und doppeldeutige Haltung der
Kolonisierten, was mir wiederum die Wut in den Kopf steigen
lässt und das Blut der Revolte zur Wallung bringt.

»Man sagt, der Annamit sei verschlossen und seine Seele un-
ergründlich. Aber hat Frankreich, das Land der Meinungsfreiheit,

die Annamiten jemals ihre Vorstellungen und Gefühle frei äußern lassen? Zudem heißt es, der Annamit sei falsch und verlogen. Aber wenn der Annamit die Wahrheit sagt und diese unliebsam ist, dann wird er mundtot gemacht, verfolgt und in tausend Stücke gerissen. Der Annamit, sagt man auch, sei unterwürfig, kriecherisch, nichtswürdig. Das ist schon möglich. Aber wenn er es sich herausnimmt, mit Stolz zu schreiten und sich seine Menschenwürde zu bewahren, dann nennt man ihn arrogant, frech und aufsässig und verfolgt ihn. Daraus muss man folgern, dass Annamit zu sein ein ziemlich übler Beruf ist.«[30]

Ich beginne, aufmerksam den Nachrichten über die revolutionären Untergrundbewegungen zu folgen. Das erste Ereignis, das mich aufrüttelt, ist die Geschichte in der Rue Barbier. Am Morgen des 9. Dezembers 1928 entdeckt die Sûreté in einem Wohnblock in der Rue Barbier Nr. 5 in Saigon einen verstümmelten Leichnam. Dieser Fund wird zum Anlass für eine Großfahndung gegen die Untergrundgruppen Thanh niên cách mạng đồng chí cội (Liga der Revolutionären Jugend) und Việt nam quốc dân đảng (Nationale Partei Vietnams). Mit dem Fahrrad komme ich an den Schauplätzen des Dramas vorbei.

In meiner neuen Unterkunft habe ich einen Zimmergenossen, Phùng. Er ist älter als ich und arbeitet als Buchhalter im Botanischen Garten. Als ehemaliger Sanitäter auf Kautschukplantagen lehrt er mich Erste Hilfe. Er ist neugierig, ein wenig zaghaft, und obwohl es ihm an rebellischem Geist fehlt, borgt er mir das verbotene Buch *Im Zentralgefängnis* von Phan van Hùm aus dem Jahr 1929, das von Ninhs und Hùms Kämpfen und Leben im Gefängnis erzählt. Daraus erfahre ich, dass Nguyễn an Ninh nach seiner Rückkehr 1923 eine Stelle in der Anwaltskammer von Saigon ablehnte, die ihm Gouverneur Cognacq nebst einem Grundstück angeboten hatte. Wie liebe ich doch diejenigen, die sich frei dagegen entscheiden, sich in die Kolonialgesellschaft zu integrieren und Beamte zu werden, um auf Augenhöhe mit den kleinen Leuten und dem Fußvolk zu stehen. Umso eifriger verfolge ich die Ereignisse und sammle Zeitungsausschnitte, die ich in einem Schuhkarton verstecke: Die Polizei sorgt für eine angespannte Atmosphäre, die Leute platzen vor Neugier und Phùng stirbt bald vor Angst.

Im Oktober, November und Dezember 1928 werden auf Grundlage von Denunziationen und durch Folter erpressten Geständnissen Hunderte Bauern verhaftet und wegen der Gründung einer herbeiphantasierten Geheimgesellschaft Nguyễn an Ninh[31] angeklagt.

Mich begeistert das kühne Auftreten Phan văn Kims, eines 35-jährigen Mannes, der sich als Chinese verkleidet Zugang zum Gerichtssaal verschafft und den Untersuchungsrichter Nadaillat erschossen hat. Nach der Verhaftung erklärt er, er habe nicht nur den Richter, sondern außerdem den Staatsanwalt und dessen Stellvertreter töten wollen.

Der zweite Prozess gegen Nguyễn an Ninh beginnt am 8. Mai 1929 zusammen mit dem Prozess gegen Hùm und über hundert angeklagte Bauern und Tagelöhner. Am Abend des 28. September hat eine Miliz Phan van Hùm gemeinsam mit Nguyễn an Ninh in Bến lức aufgegriffen und seine Ausweispapiere eingezogen. Er protestiert, wird aber von einem *caï* (Chef der Miliz) mit dem Ochsenziemer gepeitscht. Nguyễn an Ninh wehrt sich mit seinen Fäusten. Phan van Hùm wird sofort hinter Schloss und Riegel gebracht, Ninh wenige Tage später.

Am Tag des Prozesses umstellen Wachen Schulter an Schulter den Justizpalast. Nguyễn an Ninh erscheint barfuß im schwarzen Gewand der annamitischen Bauern. Über hundert Leute strömen in den Gerichtssaal, werden aber bereits bei Prozessbeginn ausgeschlossen. Das Gericht tagt hinter verschlossenen Türen. Obwohl keiner der Mitangeklagten Nguyễn an Ninh ›erkannt‹ hat, wird er zu mehr als tausend Tagen Gefängnis und einer Geldstrafe von 1 000 Franc wegen Gründung einer Geheimgesellschaft verurteilt. Phan van Hùm bekommt acht Monate Gefängnis und eine Geldbuße von 500 Franc, die Übrigen werden zu Haftstrafen zwischen zwei Monaten und vier Jahren verurteilt.

Im Februar 1928 wird Bazin, der Leiter des Anwerbebüros für Kulis auf den Kautschukplantagen (er kassierte eine Prämie von 10 Piastern pro Anwerbung), in Hanoi mit einem Revolver erschossen.[32] Ein junger Gymnasiast, Lê văn Sanh, der bereits mit dem Verteilen von Flugblättern gegen die Anwerbepraxis aufgefallen ist, wird verhaftet.

Phùng berichtet mir, was er auf den gesundheitsschädigenden und moskitoverseuchten Kautschukplantagen gesehen hat, als er Kulis pflegte, die unter dem manchmal tödlichen ›Regenwaldfieber‹ leiden. Er berichtet mir von Schlägen, Gefangenschaft in Plantagenkerkern, Hunger, unauflösbaren Verträgen und Fluchtversuchen, die mit Folter bestraft werden. Die Lebens- und Arbeitsbedingungen auf den Plantagen sind so harsch, dass man mit einer jährlichen Todesrate von bis zu 40 Prozent kalkuliert.[33]

Auf einer Kautschukplantage von Michelin bei Phú riềng haben 1927 einhundert Kulis, in gegenseitiger Brüderlichkeit miteinander verschworen, einen wegen seiner Brutalität berüchtigten französischen Wachmann getötet. Eine wilde Menschenjagd beginnt. Siebzig von ihnen nimmt man gefangen, die anderen sterben in den Wäldern, sei es im Kampf gegen ihre Peiniger, sei es, dass sie, wenn sie nicht Raubtieren zum Opfer fallen, von Hunger oder Fieber hinweggerafft werden.

* * *

1930 ist das Jahr des denkwürdigen Garnisonsaufstands in Yên báy, wo etwa zwanzig französische Offiziere tausend tonkinische Tirailleure kommandieren. Spät am Abend des 9. Februar, auf dem Höhepunkt der Tết-Feierlichkeiten zum Jahr des Pferdes, greifen die Aufständischen an und werden für die Nacht zu Herren. Bei Tagesanbruch bringen die überlebenden französischen Offiziere die Situation wieder unter ihre Kontrolle. Sechsundzwanzig aufständische Soldaten und fünfundzwanzig Partisanen fallen ihnen in die Hände.

Tag für Tag folge ich dem Drama. Fünf Flugzeuge werfen fünfzig Bomben über dem Dorf ab und mähen dann mit Maschinengewehren Cổ am und Umgebung nieder. Die Kolonne der zu Vergeltungsmaßnahmen eingesetzten indigenen Sicherheitskräfte macht Kiến thụy, Tiên long und An lao dem Erdboden gleich. Die Feuersbrunst verwandelt Strohhütten, Pagoden, Ahnentempel, Obstbäume und Bambushaine zu Asche.

Zwischen Februar und April 1930 werden 2 000 Personen verhaftet. Im Mai werden in Yên báy drei Aufständische enthauptet, im Juni dreizehn weitere und im November fünf Verurteilte in Phú thọ. Zahlreiche weitere legale Morde bleiben im Dunkeln ...[34]

Erst 1931, als ich Louis Roubauds *Viêt-nam, la tragédie indochinoise* (»Vietnam, die indochinesische Tragödie«) verschlinge, auf das sich alle stürzen, sobald es in Saigon erhältlich ist, werde ich dank Roubauds Bericht das ganze Ausmaß der Revolte erfassen, deren Funke noch in derselben Nacht von Yên báy auf weitere Zentren im Delta des Roten Flusses überspringt: Lâm thao, Hưng hóa, Hanoi und in den Tagen darauf Phù ực und Vĩnh bảo.

Als ich am Morgen des 1. Mai mit dem Fahrrad zur Arbeit fahre, gerate ich in eine der widerlichen Jagden auf ›falsche Karten‹. In diesen Tagen ist die Kopfsteuer fällig, und in der Zeit, in der sich alle, Kulis, Arbeiter und Angestellte, auf dem Weg zur Arbeit befinden, stellen uns die Polypen in den Straßen von Saigon-Cholon nach, um unsere Steuerkarten zu prüfen, die zugleich als Ausweis dienen. Wer keine gültige Karte vorzeigen kann, wird sofort auf die Wagen der Sûreté verfrachtet, die plötzlich an allen Straßenecken auftauchen.

In den ländlichen Gebieten betreiben Notabeln und Miliz dieselbe Hetze. Tagelöhner auf dem Land, Saisonarbeiter und arme Bauern leben in Angst. Bereits als Schuljunge sah ich im Gemeindehaus die armen Kerle wegen ›Steuerschuld‹ in Ketten gelegt.

Die Kopfsteuer, ›Personalsteuer‹ genannt, trifft jeden Kuli und Bauern zwischen achtzehn und sechzig Jahren und entspricht etwa einem Monatslohn. Die Armen, denen es seit der Krise von 1929 an allem fehlt, können sie nicht mehr aufbringen. Und in Kotschinchina wird nach der Kolonialgesetzgebung bereits ein einfacher Zahlungsrückstand mit Geldbuße und Gefängnisstrafe geahndet.

Mein Arbeitskollege bei Descours et Cabaud gibt mir heimlich eine im Zinkdruck kopierte Ausgabe von *Cờ đỏ* (Rote Fahne). Daraus trage ich alle Informationen über die Protestzüge notleidender Bauern zusammen, die sich trotz der Verhaftungen und Erschießungen unablässig fast überall in Kotschinchina bilden, so etwa im Mai die Bauernmärsche von Cao lãnh, Ô môn und Chợ mới. Mit Frauen und Kindern vorneweg verlangen sie eine Verringerung der Kopfsteuer, Fristverlängerung, Bezahlung des Arbeitsdienstes und schließlich eine Beschlagnahmung der Reisvorräte der Großgrundbesitzer, um sie an die Armen zu verteilen. So etwas gab es seit den Landrevolten von 1916 nicht mehr!

Was man bald als die rote Vorstadt Saigons bezeichnen wird, ist der Schauplatz eines Gemetzels: ein Dutzend Bauern ermordet und zahlreiche verletzt.

Mit dem Herzen auf Seiten der Hungerleider fiebere ich Nachrichten über Racheakte entgegen. Im Juli 1930 wird im Dorf Tân tạo in der Nähe von Cholon der *hương trưởng* (Notabel) Huợt ›von Schüssen durchsiebt‹. Gegen Ende August greifen Bauern die Gemeinschaftshäuser an, in denen die Notabeln ihre Versammlungen abhalten. In Xuân thới tây, Tân trụ, Long sơn, Châu thới und Châu bình verwüsten sie die Gebäude und in Tân bửu übergießen sie die Archive mit Benzin und zünden sie an.

Am 1. Mai 1930 ziehen in der Region Annam 1500 Bauern aus der Umgebung von Vinh ohne Fahnen, ohne Transparente, unbewaffnet und schweigend zur Streichholzfabrik von Bến thủy, um sich dort mit den Arbeitern zusammenzuschließen. Der Inspektor der indigenen Wachmannschaft hat dreißig Mann in der Fabrik postiert und gibt den Schießbefehl. Von den Marschierenden sterben fünfzehn, unzählige werden verletzt. Im Dorf Hạnh lam (Thanh chương)[35] versammeln sich die Bauern, um die Gemeindefelder gegen den Ausverkauf an einen Großgrundbesitzer zu verteidigen, der die öffentlichen Güter des Dorfes seinem Besitz einverleibt hat. Dasselbe Blutbad: sechzehn Tote, fünfzehn Verletzte. Die Dörfer Yên tha und Yên phúc werden in Brand gesteckt.

Die Bewegung breitet sich über ganz Annam aus und spitzt sich ab September zu einem Aufstand zu. Die Demonstranten greifen die Unterpräfekturen von Nam đàn, Đô lương, Thanh chương, Nghi lộc (Nghệ an), Can lộc, Kỳ anh und Hương sơn (Hà tĩnh) an, zerstören die Telegrafenleitungen, verwüsten die Polizeiwachen der indigenen Einheiten, befreien Gefangene, zünden Bahnhöfe und Kirchen an und töten verhasste Mandarine und Notabeln. Die zwei Landkreise Than chương und Nam đàn treten komplett in den Widerstand, so dass sich die Milizen nicht mehr trauen, die Dörfer zu betreten. Im Oktober erreicht der Aufstand das Zentrum Annams, als die Unterpräfekturen von Đức phổ (Quảng trị) und Sơn tinh (Quảng ngãi) geplündert werden.

In den Dörfern von Nghệ an organisieren sich, nachdem sich Notabeln und Gemeindemilizen aus dem Staub gemacht haben, die Bauern ab September in Sowjets. Sie nehmen die Verwaltung selbst in die Hand, teilen, ohne das Grundeigentum anzutasten, das beschlagnahmte Gemeindeland neu auf, konfiszieren Reisvorräte und verteilen sie an die Hungernden, führen die gemeinschaftliche Feldarbeit wieder ein, schaffen Abgaben und Steuern ab, zwingen die Grundeigentümer zur Minderung der Pacht und starten eine Alphabetisierungskampagne. Diese Sowjets erstrecken sich von Hà tĩnh über Can lộc und Thạch hà bis Hương sơn.

Die Repression ist dem Ausmaß des Aufstands entsprechend: Mit Bombardements und Maschinengewehrsalven aus der Luft werden Versammlungen aufgelöst. Die Fremdenlegion, die Kolonialinfanterie und die indigene Garde setzen Dörfer in Brand, hetzen die flüchtenden Dorfbewohner zu Tode und exekutieren Gefangene.

Am 12. September 1930 kommt das Blutbad vom Himmel herab: Bei Hưng nguyên, drei Kilometer von Vinh entfernt, werden sechs Bomben aus der Luft abgeworfen; über 200 Demonstranten kommen ums Leben.

Trotzdem starten am 7. November 1930, dem dreizehnten Jahrestag der russischen Revolution, 1500 Kämpfer einen Angriff auf die Festung von Phú điề (Nghệ an) und 600 attackieren den militärischen Stützpunkt in Can lộc (Hà tĩnh).

Anfang 1931 töten Aufständische den tri huyện (Unterpräfekten) von Nghi lộc und werfen die Milizionäre seiner Leibwache in den

Fluss. Zur Vergeltung werden 30 Bauern niedergemetzelt und 200 verhaftet. Auch in Quảng ngãi kommt es vermehrt zu Versammlungen und zu Märschen zum Sitz der örtlichen Verwaltung, insbesondere in Sơn tinh, Mô đức und im Zentrum der Provinz.

Im März 1931 plündern Dorfbewohner in Kotschinchina Polizeiwachen, spannen Drahtseile, legen Baumstämme über die Straßen und vergraben mit Nägeln gespickte Latten in den Fahrbahnen, um die Reifen der gepanzerten Fahrzeuge zu durchlöchern.

Bereits einige Tage vor dem 1. Mai 1930 werden nachts in Markthallen und Werkstätten Flugblätter verteilt, die die Arbeiter dazu aufrufen, für den Achtstundentag zu streiken. Über Nacht tauchen rote Transparente an den Gebäuden der Franko-Asiatischen Ölgesellschaft und von Standard Oil auf. Sie tragen Aufrufe wie: ›Proletarier und unterdrückte Völker der Erde, vereinigt euch!‹, ›Einführung des Achtstundentages!‹, ›Nieder mit dem französischen Imperialismus!‹ oder ›Arbeiter, Bauern, Soldaten, vereinigt euch! Indochinesische Kommunistische Partei‹.[36]

Am 1. Mai legen 250 Kulis und Arbeiter des Elektrizitätswerks von Chợ quán die Arbeit nieder – ein geradezu heroischer Akt angesichts der Wirtschaftskrise und Repression.

Am 13. Januar 1931 treten bei Standard Oil in Nhà bè 80 Kulis wegen der Entlassung eines Kollegen in Streik. In den Vierteln Da kao, de Tân định und Khánh hội tauchen Transparente auf. Am Sonntag, den 8. Februar 1931, fordert in Saigon jemand in einer improvisierten Rede nach Ende eines Fußballspiels die Zuschauer dazu auf, des Aufstands der Tirailleure von Yên báy vom vorangegangenen Februar zu gedenken. Ein Inspektor der Sûreté namens Legrand versucht, den Redner zu ergreifen, wird aber mit einem Revolverschuss niedergestreckt. In der Nacht überschwemmen Zinkdrucke der *Cờ vô sản* (Die proletarische Fahne) die Straßen.

Im März und April 1931 zerschlägt der Feind Komitees und Zellen in Annam und Tonkin. Allein am 1. Mai 1931 werden fast 500 Demonstranten in Annam niedergemetzelt. Schritt für Schritt zerfällt die Bewegung und löst sich in eine unter Repression und unter einer verdeckten Hungersnot leidende Bevölkerung auf.

Von Mai 1930 bis Juni 1931 zähle ich in den Zeitungen mehr als hundertzwanzig Protestmärsche von Bauern und mehr als zwanzig Streiks in Kotschinchina.

Während im ganzen Land die Bauern in Aufregung sind, beginnt am 15. Juli 1930 in Saigon der Prozess um das angebliche Verbrechen in der Rue Barbier, für das 31 Anhänger und Sympathisanten der Partei *Than niên* (Liga der Revolutionären Jugend) angeklagt sind. Zeitgleich werden 17 Aktivisten anderer nationalistischer Untergrundorganisationen vor denselben Strafgerichtshof geführt.

Der Prozess lüftet für mich das Geheimnis um den entstellten Leichnam, den die Sûreté im Dezember 1928 entdeckt hat, und liefert Einblicke in den Aufbau der im Untergrund agierenden nationalistischen Parteien Kotschinchinas in Annam (die *Tân Việt*) und in Tonkin (die *Việt nam quốc dân đảng*/VNQDD). Ich bin erschüttert über den Urteilsspruch: die Todesstrafe für drei Mitglieder der Than-niên-Jugend – Ngô Thiêm, 22 Jahre alt, Nguyễn văn Thinh, 24 Jahre alt, und Trần Tương, 27 Jahre alt –, 20 Jahre Zwangsarbeit für den Hauptinitiator des Attentats, Tôn đức Thắng, und acht Jahre für Nguyễn trung Nguyệt, 22 Jahre alt und eine der zwei an der Sache beteiligten Frauen; mit ihr komme ich später im Zentralgefängnis in Kontakt.

In der Nacht vom 20. auf den 21. Mai 1931 wird für die drei zum Tode Verurteilten die Guillotine vor dem Tor des Zentralgefängnisses von Saigon aufgestellt. Die umliegenden Straßen werden von Wachmannschaften abgesperrt. In den folgenden Stunden und Tagen schreien die politischen Gefangenen – Frauen und Männer – aus dem Inneren des Gefängnisses: »Nieder mit dem weißen Terror! Nieder mit dem französischen Imperialismus!«, bis Löschspritzen, Stockschläge und Eisenfesseln die Oberhand gewinnen. Am 20. November 1931 soll bei Tagesanbruch der Jugendliche Huy (Lý tử Trọng) enthauptet werden, der für den Tod von Legrand verantwortlich gemacht wird. Die Gefangenen protestieren mit einem Höllenlärm, der aus den Gefängnismauern dringt und durch das ganze Viertel schallt. Die Repression kennt kein Erbarmen.

Die Massen an Gefangenen, die das überquellende Zentralge-fängnis nicht mehr aufnehmen kann, werden in die Strohhütten neuer Gefangenenlager in Thị Nghè, unweit von Saigon, gesperrt. Sonntags bringe ich Untergrundzeitungen und -flugblätter im Fahrradlenker versteckt ins Dorf, wo ich sie meinen Freunden vom Land vorlese. Anschließend verwahre ich sie in einer Flasche, die ich in der Bambushecke verborgen halte.

Nach der Arbeit setze ich in der Stadtbibliothek von Saigon unter falschem Namen meine Marx-Lektüre fort. Emsig studiere ich *Das Kapital*, wobei mich besonders die Anmerkungen zu konkreten Fällen der kapitalistischen Barbarei faszinieren.

Ich habe ein elegisches Gedicht mit dem Titel *Biển cả chiều hôm* (Blick aufs Meer in der Dämmerung) an eine annamitische Zeitung geschickt, die es zusammen mit einigen kurzen Reportagen über das harte ländliche Leben der Bauern abgedruckt hat. Einige meiner Arbeitskollegen sind positiv überrascht. Einer von ihnen, Phan khánh Vân, erzählt mir davon, dass er in der Schule von Mỹ tho Balzac, Victor Hugo, Madame de Staël und andere gelesen hat. Da er nun selbst einen Roman geschrieben hat, verhandelt er mit *Nam Nữ Giới Chung*, einer bürgerlichen Zeitschrift, über eine Veröffentlichung. Bei einem Treffen mit Hồ hữu Tường, einem der Redakteure, hat er diesem dann von meinen Bemühungen berichtet, das *Kommunistische Manifest* zu übersetzen. Auf meinen ›Zeitvertreib‹ neugierig gemacht, möchte Hồ hữu Tường auch mich treffen. Von Anfang an bringt er mir Vertrauen und Sympathie entgegen. Er spürt meinen Handlungsdrang und veranlasst ein erstes Treffen in einer abgelegenen Ecke des Botanischen Gartens hinter der Abzäunung, wo die Hirsche grasen.

Er führt mich in den Untergrund ein und macht mich mit Anh Già (Älterer Bruder) bekannt, mit dem ich zusammenarbeiten könne. Mit seinem gebeugten Körper erscheint mir Anh Già älter, als er in Wirklichkeit ist. Wir freunden uns schnell an und treffen uns oft an entlegenen Orten, sitzen auf dem Gras und diskutieren.

Eines Tages gibt er mir ein paar Notizbücher im Taschenformat mit handschriftlichen Texten, die mit violetter Tinte hektografiert wurden. Es ist die Zeitschrift *Tháng Mười* (Oktober), das Theorieorgan von Tả đối lập (Linke Opposition). Die Opposition kritisiert darin die Kommunistische Partei, die eher eine Partei der Bauern als der Arbeiter sei und deren Parteiführung sich mehrheitlich aus ›Moskau-Heimkehrern‹[37] und Bauern statt aus Arbeitern zusammensetze. *Thang Mười* besteht darauf, dass man an der Arbeiterbasis in den Städten ›kleben‹ und eine ›Massenpartei‹ aufbauen muss – das stalinistische Modell ausgebildeter Berufsrevolutionäre lehnt er ab.

Leider treffe ich auf der Arbeit fast niemanden, mit dem ich die Ereignisse diskutieren könnte: Kulis, Lastwagenfahrer und Angestellte wirken desinteressiert, und das gilt sogar für den Kollegen, der mir von Zeit zu Zeit kommunistische Flugblätter und Schriften zusteckt. Die Faust des Kolonialismus lässt sich immer schmerzhafter spüren, sie wird immer zudringlicher. Bei all den Schikanen dreht sich mir der Magen um. So muss ich zum Beispiel mit ansehen, wie ein französischer Vorarbeiter einen meiner Kollegen, einen Kuli, über den Haufen rennt.

Wir haben Angst, die Worte *công hội* (Gewerkschaft) und *tranh đấu* (Kampf) in den Mund zu nehmen; die Repression beherrscht unsere Köpfe. Ich versuche nun, so schwierig es auch ist, den Großteil der Kulis und die zwei Lastwagenfahrer heimlich zu einem Freundschaftsbund zusammenzuschließen, in dem wir uns nicht nur bei Schicksalsschlägen, Todesfällen und Krankheit gegenseitig unterstützen, sondern auch, so weit es geht, ein Klima der Brüderlichkeit unter Lohnsklaven pflegen. Zu dreißigst oder mehr treffen wir uns unter Vorkehrungen einmal bei jemandem im Vorort, ein anderes Mal bei jemandem in der Stadt und stets unter einem Vorwand wie Hochzeit, Geburtstag oder einfach nur einer Feier. Denn Versammlungen mit mehr als 19 Personen sind nur mit vorheriger Genehmigung gestattet. Das Heft zur Abrechnung der Mitgliedsbeiträge verstecke ich im Futter meiner Mütze.

Als ich eines Morgens zur Arbeitsstelle komme, erwartet mich eine freudige Überraschung: Die Kulis weigern sich, bei Öffnung der Pforten die Firma zu betreten, und bleiben auf der Straße. Das ist der erste Streik der am schlechtesten bezahlten Angestellten bei Descours et Cabaud, seitdem die Wirtschaftskrise ausgebrochen ist und sich in den 1930er-Jahren die Arbeitslosigkeit im Land ausgebreitet hat.

Am darauffolgenden Tag versammeln sie sich noch immer und sitzen auf dem Gehweg auf der anderen Seite des Boulevard de la Somme, kaum 100 Meter vom Eingang für die Kulis entfernt, und warten wahrscheinlich auf eine Reaktion der Chefs. Ich stelle ihnen das Geld unserer Vereinigung zur Verfügung. Am Nachmittag entscheiden sie sich, hineinzugehen und den *Tây* (Franzosen) mitzuteilen, was sie wollen. Gegenüber dem obersten Chef Guyon, einem mürrischen Glatzkopf mit einer ordentlichen Wampe, springe ich als Dolmetscher ein, die Streikenden hinter mir versammelt. Plötzlich taucht die untersetzte, feiste Gestalt Pérets auf, meines direkten Vorgesetzten, der bisweilen den Patriarchen markiert. Er packt mich am Arm und schleift mich zu meiner Arbeitsecke im anderen Gebäude. Seinen Zeigefinger in meinen Magen bohrend, schreit er: »Bleib in deinem Scheißloch, Idiot, sonst fliegst du raus! Kapiert?«

Die Streikenden verlangen höhere Löhne und prangern die Schläge und vulgären Beleidigungen an. Die Leuteschinder bleiben zunächst hart, doch am nächsten Zahltag ist das Lohnminimum leicht angehoben.

Das Jahr 1932 beginnt mit dem Todesurteil für Hùynh văn Đảm, der angeblich einen Informanten der Sûreté totgeschlagen hat. Er soll guillotiniert werden.

Das dritte Jahr der Krise. Die Tagelöhner auf den öffentlichen Baustellen in Saigon haben unter Androhung weiterer Entlassungen Lohneinbußen von einem Fünftel hinnehmen müssen. Bisher zahlten Rikscha-Kulis für eine vierjährige Fahrerlaubnis einen Piaster, nun müssen sie eben soviel für eine neue Genehmigung zahlen, die nur für ein Jahr gültig ist. In Gia định treten diese zu Zugtieren erniedrigten Malocher in den Streik.

Von August bis November 1932 kommt es zu Hausdurchsuchungen und Verhaftungen in Saigon-Cholon sowie zu Razzien in der Provinz. Etwa sechzig Mitglieder der Untergrundorganisation

Linke Kommunistische Opposition und eben soviele Mitglieder der sich gerade reorganisierenden Kommunistischen Partei gehen ins Netz. Erschreckende Statistiken in der *Dépêche d'Indochine* vom 2. Februar 1933: Zwischen 1930 und Ende 1932 werden mehr als 12 000 politische Gefangene gefasst, 88 davon werden guillotiniert und 7 000 zu Gefängnisstrafen verurteilt. 3 000 Gefangene warten noch auf ihr Urteil.

Ich wohne neben der Kirche von Chợ quán. Mein Zimmer grenzt gleich an die Wohnung von An Già, aus der ich eines Nachts im Oktober 1932 beunruhigende Geräusche vernehme: Die Polypen von der Sûreté sind bei ihm aufgekreuzt und führen ihn ab – zusammen mit seiner achtzehnjährigen Freundin Chị Mười, die in Wahrheit Trần thị Mười heißt und 1931 zu den ersten Oppositionellen innerhalb der Kommunistischen Partei gehört hat. Die Wohnung wird zu einer Mausefalle. Ich verlasse den Ort unbemerkt, fühle mich aber, als hätte man mir die Flügel gestutzt. Ich stelle mir Anh Già und Chị Mười in den Händen der Folterknechte bei der Sûreté vor. Im Arbeitstrott wiederhole ich immer wieder die Empfehlungen für den Fall einer Verhaftung. Während die Tage und Wochen verstreichen, denke ich an den Mut der beiden, daran, was sie wohl alles ertragen müssen ohne einzuknicken, denn mich haben die Polypen noch nicht abgeholt. Später erst erfahre ich, welche Folterqualen Anh Già erleiden muss. Lange Zeit kann er nicht einmal stehen. Zu diesem Zeitpunkt weiß ich ebenfalls noch nicht, dass bei dieser Razzia auch Hồ hữu Tường, der mich mit Anh Già in Kontakt gebracht hatte, der Sûreté in die Hände gefallen ist. Erst wenn der Prozess beginnt, werde ich wieder Neuigkeiten von meinen Freunden erfahren.

Anh Già ist einer der 21 großteils sehr jungen Aktivisten der Linken Kommunistischen Opposition (Tả đối lập), die am 1. Mai 1933 dem Richter vorgeführt werden. Er wird zu einem Jahr Gefängnis verurteilt und anschließend zum Steineklopfen in den Steinbruch von Châu đốc geschickt. Abgesehen vom erst später verurteilten Tạ thu Thâu werden die wichtigsten Köpfe, Hồ hữu Tường und Phan văn Chánh, beides ›Frankreichrückkehrer‹, zu drei bzw. vier Jahren

Gefängnis auf Bewährung verurteilt. Die anderen erhalten Strafen zwischen vier und achtzehn Monaten, mit Ausnahme von Nguzễn văn Thưởng und Phạm văn Đông (der sich bei seiner Verhaftung eine Feile in seinen Hals stieß), die beide vier bzw. fünf Jahre Haft aufgebrummt bekommen und wegen Besitzes eines Revolvers zusätzlich noch zehn bzw. zwanzig Jahre Aufenthaltsverbot. Phạm văn Đông wird Poulo Condor nicht mehr lebend verlassen. Chị Mười hingegen erhält einen Freispruch. Sie zögert trotz aller Folter durch die Sûreté keine Sekunde, den Kampf fortzuführen. Sie ist es, die 1935 die Broschüren und Handzettel unserer kommunistischen Oppositionsgruppe in den stalinistisch dominierten Gebieten auf dem Land verteilen wird.

Am 3. Mai 1933 beginnt der Riesenprozess gegen 121 Mitglieder der Kommunistischen Partei. In Handschellen und aneinandergekettet verlassen die Häftlinge das Zentralgefängnis und überqueren die Rue Lagrandière, um unter Rufen und Schreien und dem Wehklagen der Eltern, Frauen und Kinder, die von der Polizei zurückgehalten werden, in den Justizpalast geführt zu werden. Vor dem Palast wimmelt es von Zivilgardisten und Soldaten, Karabiner mit aufgepflanztem Bajonett in der Hand.

Hier vollzieht sich der letzte Akt der kotschinchinesischen Bauerntragödie der Jahre 1930–1931, die mehrheitlich mit Leuten aus dem einfachen Landvolk besetzt ist, aber auch mit Kulis, Druckern, Elektrikern, kleinen Notabeln, Lehrern, Büroangestellten und Soldaten sowie einer Handvoll Berufsrevolutionäre an der Spitze, die in Moskau und Kanton ausgebildet worden sind.

Sie sind gemeinschaftlich angeklagt wegen ›Gründung eines Geheimbunds, Verschwörung gegen die Sicherheit des Staates und Bildung einer kriminellen Vereinigung‹, der Propagandaaktivität mittels Flugblättern und Zeitungen, der Bildung illegaler Arbeitergewerkschaften und Bauernvereinigungen, der Organisation des Marschs der Armen zur Senkung der Steuern im Jahr 1930, außerdem des Waffenraubs aus dem Lager Mares 1929, der Hinrichtung dreier Polizeibeamter und des Mordes an einem Milizionär bei einem Scharmützel in Nhà bè 1930 und schließlich noch des

AVIS DE RECHERCHES

Sont recherchés et à conduire à la disposition de l'autorité compétente ou à celle du Chef local des Services de Police en Cochinchine, à Saigon :

★ 13153. — ĐÀO-HƯNG-LONG dit HAI LONG dit TƯ LONG dit THIÊN dit Thầy BA dit Anh BA dit ĐƠN dit TÔ-LIÊN dit Ông ĐÔ, ancien commissaire des chaloupes « Đong-Sanh », « Đông-

Phát » et « Vinh-Thuận », âgé de 23 ans, né à Phước-Long (Rachgia), inculpé de participation: 1°/ à l'attentat, commis en Novembre 1931 à Tân-Thạnh (Baclièu), sur la famille du lính Trần-văn-Chuồi ; 2°/ à la tentative d'extorsion de fonds, commise le 25 Août 1930 à Saigon, au préjudice du Docteur Trần-ngọc-An.

Signalement : taille moyenne, corpulence faible, cheveux coupés à la manille. Marque particulière : une incisive aurifiée ou argentée à la mâchoire supérieure, entre 2 dents manquantes.

Renseignements : connaît très bien les caractères chinois, — exerce actuellement le métier de peintre.

★ 13154. — PHAN-VĂN-HAI dit SƠN dit TRÍ dit HẬU dit NHUNG dit HAI dit NHƯỢNG, né en 1911 à Xóm-Chiếu (Saigon), de feu Phan-văn-Nhiều et de Trương-thị-To, déjà arrêté à diver-

ses reprises pour menées communistes et libéré faute de preuves.

Signalement : taille 1m64. Marque particulière : nœvus à 5cm en arrière de l'angle externe de l'œil gauche.

Prière de prescrire des recherches actives en vue de découvrir ces deux individus qui sont membres de premier plan du parti trotskyste.

EXÉCUTION DE MANDATS DE JUSTICE

13155. — THỊ-DẬU dite THỊ-SÁU, — figure au Bulletin N° 134, signal. 11653, — inculpée de recel de produits provenant d'un vol qualifié commis au préjudice de Lê-văn-Thông.

Mandat d'arrêt N° 6950 R. P. de M. NOEL, Juge d'Instruction à Saigon, en date du 18 Août 1932.

Fahndungsaufruf der Polizeibehörde

Angriffs auf die Transportschaluppe in Mỹ tho. Der Prozess wird in einem Höllentempo durchgezogen und endet bereits nach fünf Tagen am Abend des 7. Mai mit der Verkündung des Todesurteils für acht Angeklagte.

Achtundneunzig von ihnen werden in die Strafkolonie verbannt, neunzehn davon lebenslänglich, darunter ein Greis von neunundachtzig Jahren.

Die Bauernbewegung ist enthauptet, also gruppieren sich etliche ›Frankreich-Heimkehrer‹ – darunter Nguzẽn văn Tạo, ein Stalinist, Tạ thu Thâu, Phan văn Chánh und Hùynh văn Phương von der kommunistischen Opposition, ihre Sympathisanten Trần văn Thạch und Lê văn Thử sowie der Anarchist Trịnh hưng Ngẫu – um ihren älteren Genossen Nguyễn an Ninh und nutzen die Gelegenheit der Saigoner Stadtratswahlen im April und Mai 1933, um die Kolonialmacht auf legalem Wege herauszufordern.[38] Sie gründen eine französischsprachige Zeitung, *La Lutte*, da Zeitungen in der Volkssprache nur mit vorheriger Genehmigung veröffentlicht werden dürfen. Über *La Lutte* kommt es 1933 zu einer gemeinsamen Front der beiden kommunistischen Strömungen, der Stalinisten und der Trotzkisten. Diese einzigartige Allianz – zu einem Zeitpunkt, da Stalin in der UdSSR und mithilfe der ihm ergebenen kommunistischen Parteien auch anderswo Jagd auf alle macht, die nur den geringsten Verdacht auf ›Trotzkismus‹ aufkommen lassen – währt fast drei Jahre. Stalinisten und Trotzkisten, vereint im Kampf gegen ihre direkten Feinde, die Kolonialmacht und die konstitutionalistische Partei, produzieren gemeinsam eine Zeitung zur Verteidigung der Arbeiter, Kulis und Bauern. Nguyễn an Ninh ist wirklich die treibende Kraft. Dank eines gut aufgestellten Informantennetzes trägt *La Lutte* jede Woche alle Nachrichten und Augenzeugenberichte über die Arbeitswelt zusammen, deren sie habhaft werden kann: sowohl über Arbeiter (Streiks, Gewerkschaften, Löhne, Arbeitsunfälle …) als auch über Bauern (Beraubung durch Großgrundbesitzer, Erpressung durch Notabeln, Grausamkeiten seitens der Kolonialisten), über Willkür und Missbrauch der Verwaltung, die Folterpraktiken der Sûreté, Polizeigewalt und

Gerichtsprozesse. Ich für meinen Teil steuere Nachrichten aus der Plantagenbewegung bei.

Die Arbeiterliste *(Sổ lao động)* wird von Nguyễn văn Tạo und Trần văn Thạch angeführt. Ich helfe bei den Versammlungen im April 1933: das Thành xương-Theater ist brechend voll mit Menschen aus dem gemeinen Volk – und Spitzeln von der Sûreté. Die begeisterte Menge wählt mit Handzeichen Nguyễn an Ninh zum Versammlungsleiter. Nun bekomme ich endlich die Züge jenes Mannes zu Gesicht, dessen Kämpfe mich seit den Jahren 1928–1929 in ihren Bann ziehen. Begleitet wird er von Tạ thu Thâu und Trần văn Ân.

Durch Trần văn Thạchs Mund hören Arbeiter und Kulis zum ersten Mal jemanden offen über das Recht auf Gründung von Gewerkschaften, über Streikrecht, Achtstundentag und allgemeine Wahlen sprechen ... Tabuwörter wie *công hội* (Gewerkschaft), *tư bản* (Kapitalist), *vô sản* (Proletarier), *bãi công* (Streik) und *giai cấp tranh đấu* (Klassenkampf), denen man bisher allenfalls im Geheimen begegnete, schmücken die Ausführungen der Kandidaten. Um die für jeden Kandidaten nötige teure Wahlzulassung bezahlen zu können, hat Tạo am Alten Markt eine kleine Bierbar eröffnet. Abends nehme ich meine Arbeitskollegen dorthin mit. Am 7. Mai 1933 werden Nguyễn văn Tạo und Trần văn Thạch zu Stadträten gewählt. Ich glaube, nicht wenige von uns fühlen sich bestärkt durch diesen Sieg über die arrogante Kolonialgesellschaft: der Einzug zweier Mitglieder einer ›Arbeiterliste‹ in den Stadtrat Saigons. Tạo und Thạch werden, soweit es ihnen möglich ist, für drei Monate zur Stimme der Entrechteten in der Stadtversammlung, bis die Kolonialmacht ihre Wahl annulliert.

Anfang September beginnt ein dritter Kommunistenprozess. Unter den sechzig Angeklagten, die wegen Wiederaufbaus der Partei belangt werden sollen, befindet sich auch Lử sanh Hạnh, ein Dissident, der 1932 mit der linken trotzkistischen Opposition in Kontakt steht. Ich helfe in der Gesellschaft für gegenseitigen Unterricht bei Vorträgen Tạ thu Thâus und Phan văn Hùms über Dialektik, eine Thema, das in diesen aufgewühlten Zeiten trotz seiner Komplexität zahlreiche junge Leute, Angestellte, Arbeiter, Lehrer begeistert. Aufgrund des Drucks durch die Sûreté muss die Gesellschaft alsbald aufgelöst werden.

Aus der *Dépêche d'Indochine* erfahre ich, dass der Geist der Revolte auch den Wald ergriffen hat. In der Bergregion Bà Rá widersetzen sich die Moïs der ›Zivilisation‹ und haben im Oktober 1933 den Regierungsvertreter umgebracht. Milizen und Gendarmerie stecken die Strohhütten des Moïdorfes sowie die *rẫy* (Brandrodungsfelder), auf denen gerade die Ernte eingebracht worden ist, in Brand. Andere unbeugsame Waldbewohner, die Phnongs, erwidern die ›Befriedung‹ in Haut-Chlong mit Angriffen auf Militärposten und fügen der Kolonialarmee empfindliche Verluste zu.

1934 entdecke ich den Bericht Tạ Thu Thâus über *Drei Monate bei der Sûreté in der Rue Catinat.* Thâu erzählt, was in diesem Gebäude der Sûreté an der schönsten und belebtesten Verkehrsader Saigons vor sich geht. Eines Abends holt ihn ein Polyp aus der Zelle, führt ihn in die Folterkammer im obersten Stockwerk und ruft: »Oh! Dieser Prachtkerl wird die Schläge gut vertragen!«

Thâu beginnt aus vollem Halse zu schreien. Direktor Lacombe erscheint und versichert ihm, dass man ihn nicht misshandeln werde. Und das ist wahr: Lacombe zieht es vor, ihn mit dem Schicksal seiner Genossen zu beladen, die man ohne Unterlass foltern wird. Thâu versucht, von seiner Zelle aus mit den anderen zu kommunizieren, indem er sich, um die Wachen zu beobachten, zu den kleinen Gucklöchern hinaufzieht, sich dann flach auf den Zementboden drückt und abwechselnd Mund und Ohr an den Spalt unter der Tür bringt. Auf diese Weise hat er Hoàng kennengelernt, den jungen Mann mit der so weichen und zarten Stimme. Dieser ruft ihn eines Abends, nachdem er schrecklich gefoltert worden ist: »Bruder! Ich kann nicht mehr ... Morgen kommen sie wieder. Ich will heute Nacht ein Ende machen.« Mit aller Macht fleht Thâu ihn an, sich nicht zerbrechen zu lassen. Ein wenig später hört er einen lauten dumpfen Knall, dann Stille. Die Polypen finden Hoàng am Morgen danach noch lebendig; sie lassen ihn zwei Monate lang nackt, die Füße in Fesseln, in seiner Zelle liegen. Thâu hört ihn nachts schwach seine Eisen schütteln.

Eines Nachts wieder ein schauerliches Wimmern. Die Polypen bringen eine Frau auf einer Bahre zurück in ihre Zelle. Thâu versucht, mit der Genossin Mỹ zu sprechen, doch die ist von der Qual überwältigt. Am folgenden Tag wird sie ins Zentralgefängnis und dann ins Chợ-quán-Krankenhaus überstellt. Sie wird bald nach der Entlassung aus dem Gefängnis sterben.

In manchen Nächten hört er von seiner Zelle aus, wie man alle zwei Stunden die Genossen Bé, Thưởng und Đông zur Folter schleppt.

***

»Die weite Welt gehört dem Vagabunden« (*Một bầu thế giới mênh mong, Dành riêng cho kẻ bệnh bồng phiêu lưu*), sagte Nguyễn an Ninh.

Die Lektüre von *Sàigòn-Thượng hải-Hoành tân* (Saigon-Shanghai-Osaka), dem Bericht eines Journalisten, der als Schiffsjunge bei der Reederei Messageries Maritimes angeheuert hat, weckt in mir eine unwiderstehliche Reiselust[39] und lässt mich davon träumen, eines Tages auf demselben Wege gen Westen *(đi Tây)* zu fahren. Descours et Cabaud befindet sich gleich am Kai, und so sitze ich oft nach Feierabend auf einer Bank am Ufer des Arroyo chinois nicht weit vom Signalmast, beobachte die Bewegungen im Hafen und fürchte, dass sich im Laufe der Zeit, die verfliegt wie die grauen Rauchschwaden über den Dampfschiffen, auch meine Träume verflüchtigen könnten.

Eines Tages gelingt es mir jedoch, im angrenzenden Strohhüttenviertel einen Vertrag mit der Frau eines Seefahrers namens Ty, seines Zeichens Vormann der Wäscherei auf der *Aramis*, zu schließen. Ich muss ihm 50 Piaster, einen ganzen Monatslohn, zahlen, damit er mich seinem Chef vorstellt. Er führt mich zur Seefahrtsbehörde, um das nötige Seefahrtsbuch zu bekommen, ein beeindruckendes Dokument, auf dem ich im erkennungsdienstlichen Labor alle meine Fingerabdrücke hinterlassen muss, die mich anthropometrisch erfassen ... Und schon habe ich in der

Wäscherei auf der *Aramis* angeheuert, dem ersten dieselgetriebenen Passagierschiff der Messageries Maritimes, auf dem ich mich einschiffe, ohne meiner Familie, Freunden oder Vorgesetzten davon zu erzählen. Lediglich mein Genosse aus dem Untergrund, Hồ hữu Tường, weiß Bescheid und gibt mir die Adresse eines trotzkistischen Freundes in Paris.

Am 3. März 1934 sticht das Schiff in Saigon in See. Die Wäschereitruppe besteht aus zehn Burschen, fast alle gebürtige Annamiten oder Tonkiner, nur Ty und ich stammen aus Kotschinchina. Ich bin zum Lakenbügeln eingeteilt. Wir arbeiten am Heck und schlafen im Frachtraum auf Pritschen in Reih und Glied. Die chinesischen Hotelfachleute aus Kanton und die Maschinisten aus Shanghai sind in getrennten Schlafräumen untergebracht. Die Italiener, die als Garçons für die Gästekabinen arbeiten, bekommen wir selten zu Gesicht. Über dem Eingang zum Schlafraum der Kantonesen ist auf einem weißen Staublappen der Satz *Bằng hữu như vân* (Freunde sind wie die Wolken) kalligrafiert.

Im düsteren, mit schlummernden Leibern vollgestopften Schlafraum schimmern schwach einige Öllampen von Opiumrauchern.

Der hohe Seegang im Indischen Ozean wirft das Schiff in alle Richtungen, bis sich mir der Magen umdreht. Unmöglich, aufrecht zu stehen, ohne mich zu übergeben. Ich verlasse meinen Arbeitsplatz, um mich gleich im Frachtraum hinzustrecken. Meine Fahnenflucht stößt den Arbeitskollegen sauer auf, und so kommen sie, um mich von der Pritsche zu ziehen. Schließlich werde ich zum Wäschesortieren eingeteilt.

An manchen Tagen ist das Meer so friedlich, dass selbst ein Teller darauf treiben könnte, *biển thả đĩa không chìm*, wie die tonkinischen Kameraden sagen. Fliegende Fische, Schweinswale oder Delphine ziehen tanzend an uns vorüber. Nach einer endlosen Woche auf dem Indischen Ozean geht die *Aramis* bei Dschibuti vor Anker. Die Stadt mit ihren niedrigen Häusern ist karg und von schmutzigen Elendssiedlungen umgeben. Es gibt nicht einen Baum ... Es heißt, die Kolonialisten retteten sich in den Schatten aus Frankreich importierter Zinkpalmen. Das Rote Meer, schwarze Bergketten,

Nᵒ Mᵗ S. 32..

Et Nᵒ 3705

Marques

I Nœvus à l'entre...

II Légère cicatrice A
au milieu de la ...

III Petit nœvus a 3 c/m

SIGNALEMENT

Race _Onaramit_	Taille _1ᵐ 81_
Confᵗⁱᵒⁿ générale	
Tête _ovale_	Teint _jaune_
Cheveux _chatain mou_	Barbe
Front _melinaison fuyante_	
Sourcils _drus_	Yeux _marron_
Nez _dos rectiligne_	Bouche _moyenne_
Oreilles	_ovales_
Menton _haut_	Cou _moyen haut_
Allure générale	

Particulières

médius et annulaire gauche face
postérieure
rectiligne de 6 c/m oblique interne
phalange de l'index droit face postérieure
au-dessous et en avant du lobe
gauche

Seefahrtsausweis

kahl und heiß, dann Suez: Das Schiff schiebt sich langsam durch den Kanal, vorbei an Wüsten, Silhouetten von Kamelen, die sich durch die Sanddünen kämpfen. Port-Saïd und die arabischen Händler, die sich oben an den Bootsmast klammern, Schwung nehmen und mit einem Sprung, hopp!, an Bord landen, um ich weiß nicht welche Geschäfte mit der Mannschaft zu treiben. Es ist Nacht, als unser Schiff bei schwerer See die Straße von Messina passiert und ich zum ersten Mal einen Vulkan zu sehen bekomme: Der Stromboli qualmt in den Nachthimmel. Als wir schließlich Marseille erreichen, haben wir eine Reise von drei Wochen hinter uns.

Bassin de la Joliette: Das Leben im Hafen packt mich, der schnelle und entschiedene Schritt der Männer – und der Frauen mit ihren hohen Absätzen, *klack-klack-klack* … Ich befinde mich in einer anderen Zeit, einer anderen Welt, in der das Leben überdreht scheint.

Doch nun geht mir auf, dass ich umsonst hier angelandet bin. In meiner Hast, auf große Fahrt zu gehen, habe ich übersehen, dass der Lohn erst im Heimathafen ausgezahlt wird. Paris rückt plötzlich in weite Ferne. Welch ein harter Schlag! Mir bleibt nichts, als mich mit drei Wochen Flanieren abzufinden, bevor es zur Rückreise wieder auf See geht. Die Ladung der *Aramis* wird gelöscht und das Schiff aufs Trockendock gesetzt. Die Burschen aus unserer Wäschereitruppe lassen sich nur zu den Essenszeiten blicken, um ihre Reisrationen mit Fischsauce, *nước mắm*, einzunehmen. In der Nacht finden wir uns wieder im Schlafsaal ein.

Meine erste Begegnung ist der Friseur Tư Cạo (Vierter Rasierer). Jedes Mal, wenn ein Schiff einläuft, kommt er mit seinem kleinen Koffer in den Hafen. Er stammt ursprünglich aus Saigon und hat schon ein paar Jahre auf dem Buckel. Nun erkundigt er sich bei mir, was in unserm Land vor sich geht, schneidet mir gratis die Haare und lädt mich bei Einbruch der Dunkelheit ins Bistro am Hafeneingang ein. Ich stehe an der Theke Schulter an Schulter mit Volk, das am Tage unter schwerer Arbeit schwitzt, und trinke zum ersten Mal einen Weißwein mit Zitrone, während ich den klugen Ratschlägen Tư Cạos lausche. Er stellt mich Hơn vor, einem Freund, der sich die Zeit nimmt, mich ein wenig durch Marseille zu führen.

Hớn, ein stämmiger alter Seebär, der sich im Drogenschmuggel verdingt hat, scheinen die Abenteuer und Schicksalsschläge ins furchige Gesicht geschrieben. Er hat auch, wie es scheint, schon im Knast gesessen. Sein Dasein fristet er im Hafen mit Warten auf Lieferanten aus Konstantinopel oder den Häfen ›Schwarzafrikas‹. Einige französische Opiumsüchtige, denen das rasch wirkende Rauschmittel ausgegangen ist, belauern Hớn. Ich bemerke, wie diese Freunde der ›Braunen Fee‹ heimlich in den Frachtraum der *Aramis* zu den Kantonesen hinabsteigen, deren Schlafraum sich hin und wieder in eine Opiumhöhle verwandelt.

Wovon Hớn zwischen zwei Lieferungen lebt, ist nicht so leicht herauszufinden: Gelegenheitsarbeiten, Kleinhandel mit Blaumännern aus Shanghai, Feuerzeugen aus Singapur ohne Herkunftsstempel … Hớn ist dafür da, die Waren an den Grenzschützern vorbeizuschmuggeln.

Eines Abends schleppt er mich in das Elendsviertel um den Alten Hafen, wo es noch eine Schwebefähre gibt. Hớn verschwindet in einen dieser stickigen Schuppen voll Rauch und ohrenbetäubendem Jazz. Ich stoppe an der Tür. Ein schönes Mädchen tritt heraus, auf den Lippen ein bezauberndes Lächeln: »Mein Junge, willst du mitkommen?«

Mit dem Zeigefinger gibt sie mir Zeichen, ihr hinauf ins Dachgeschoss zu folgen. Von Panik ergriffen, nehme ich Reißaus.

An einem Spätnachmittag lichtet die *Aramis* den Anker, die Stadt rückt in weite Ferne wie das Heilige Land. Am 13. Mai 1934 gehe ich in Saigon, am Ausgangspunkt der Reise, wieder von Bord.

* * *

Meine Stelle bei Descours et Cabaud kann ich wieder antreten. Sie haben den Unsinn geschluckt, den ich ihnen als Grund für mein Verschwinden zusammengestammelt habe. Und wieder fummle ich in der Eisenwarenhandlung herum. Natürlich wärme ich die alten Bekanntschaften auf. Unter den Arbeitskollegen hat allein der Kuli Võ văn Dơn ein Bewusstsein für die sozialen Kämpfe, und so finden wir uns Seite an Seite in den kommenden Abenteuern wieder.

Ich treffe auch Hồ hữu Tường, der mich eines Tages Lư sanh Hạnh, dem aus dem Gefängnis entlassenen alten Dissidenten der Kommunistischen Partei, vorstellt. Am 2. Mai 1935 ein Donnerschlag für alle, die sich der imperialistischen Ordnung widersetzen: Stalin unterzeichnet mit Pierre Laval das ›französisch-sowjetische Beistandsabkommen‹ ... und erkennt offiziell an, dass Frankreich sein Militär aufrüstet. Die Kommunistische Partei in Frankreich befleißigt sich, stillschweigend jeden antimilitaristischen Geist zu ersticken und die Integrität des französischen Kolonialreichs zu stützen. Zunehmend geht auch die Kommunistische Partei Indochinas auf Linie, und das trotz unvermeidlicher Gegenwehr aus den eigenen Reihen. *La Lutte*, die gemeinsame Zeitschrift der Stalinisten und Trotzkisten, schweigt sich aus. Die neue Linie der Kommunistischen Partei Indochinas (KPI) verlangt dringend nach einer radikalen Kritik. Die parlamentarischen Trotzkisten sind durch ihre Einheitsfront mit den Stalinisten um *La Lutte* gebunden. Nach dieser Unterwerfung unter den stalinschen Nationalismus entscheiden Lư sanh Hạnh und ich, gemeinsam mit einem Genossen namens Trịnh văn Lầu die Liga der internationalistischen Kommunisten zum Aufbau der IV. Internationale zu gründen. Wir befürchten, dass der Sieg des Nationalismus über den Imperialismus innerhalb eines Landes lediglich zum Aufstieg einer einheimischen Bourgeoisie führt, ohne an der gnadenlosen Ausbeutung das Geringste zu ändern.

Während mich der Reiserwerb tagsüber an Descours et Cabaud fesselt, bin ich nachts zusammen mit einem jungen Schriftsetzer damit beschäftigt, unsere geheime Druckerwerkstatt aus aufgearbeitetem Schrott zusammenzubasteln. Ich erlerne das Setzen, und so gelingt es uns, eine Theoriebroschüre mit dem Titel *Cách mạng thường trực* (Permanente Revolution) herauszubringen, die im Untergrund verbreitet wird. Gegen Ende 1935 produziert unsere Gruppe das Kampfblatt *Tiền Đạo* (Die Avantgarde) in Form von Mimeographien.

Angesichts des Schweigens von *La Lutte* über das Abkommen zwischen Laval und Stalin vom Mai 1935 greifen wir in *Tiền Đạo* das Bündnis zwischen der UdSSR und dem französischen Imperialismus an.

Die erste praktische Aktivität unserer Gruppe besteht in der Unterstützung des Kutscherstreiks. Unter den Fahrern einspänniger Kutschen, sogenannter Streichholzschachteln, herrscht eine aufgeheizte Stimmung wegen der Schikanen, mit denen sie zugunsten der Französischen Straßenbahngesellschaft ausgebootet werden sollen. So gut wie alle von ihnen beteiligen sich am Streik vom 25. Dezember 1935. Am Tag darauf demonstrieren über 3 000 Kutscher aus Saigon-Cholon, den Vororten Bà Điểm, Phú nhuận, Khánh hội, Chợ đủi und Chợ quán auf dem zentralen Marktplatz Saigons und fordern die gerade erst wiedergewählten stalinistischen und trotzkistischen Stadträte auf zu intervenieren.

Jetzt wütet die Repression: Die Sûreté durchsucht das Büro von *La Lutte* und nimmt Nguyễn văn Tạo, Trần văn Thạch, Dương bạch Mai und ebenso den kürzlich gewählten Tạ thu Thâu wegen Behinderung der Berufsfreiheit fest.

Wir entgehen der Entdeckung nur knapp und verlegen mehrmals den Standort unserer Druckerei.

Der Versuch einer Neugründung der Kommunistischen Partei in Kotschinchina durch eine Gruppe von ›Moskaurückkehrern‹ um Trần văn Giàu wird zerschlagen. In dem Prozess gegen 40 kommunistische Aktivisten werden 24 verurteilt und die meisten von ihnen nach Poulo Condor geschickt.

Wir hingegen setzen unsere Maulwurfstätigkeit in den Unternehmen fort und verbreiten weiterhin unser Blatt *Tiền Đạo* und unsere Zeitschrift *Cách mạng thường trực*, übrigens auch unter Stalinisten.

Dann kommt der Juni 1936. Explosive Nachrichten erreichen uns aus Frankreich. Bei der Regierungsübernahme durch die Volksfront unter Léon Blum treten, von der Kommunistischen Partei unterstützt, überall in den Städten die Arbeiter in den Streik und besetzen die Fabriken. Sollte am Ende doch die Zeit der Hoffnung angebrochen sein, auch für uns Kolonialsklaven? Unsere internationalistische Liga entschließt sich zu einem Aufruf an unsere Brüder und Schwestern, sich auf den Weg zu machen, um dieser Hölle zu entrinnen.

Gerade als wir in Aktion treten wollen, am Mittwoch, den 10. Juni 1936, fällt der Kern unserer Gruppe der Sûreté in die Hände.

Wie bei einem stillschweigenden Rendezvous gehöre ich jeden
Morgen zu denen, die sich an den Gittern entlang des kleinen
Hofs festklammern und alles beobachten, was sich unten im Hof
des Frauentrakts abspielt: Die Gefangenen bringen zu zweit die
Abortkübel heraus und stellen sie ab. Zu denen, die gemeinsam die
Kübel tragen, gehören auch die hochgewachsene Chị Nguyệt mit
ihrem weißen Vollmondgesicht und ihre Zellengenossin Chị Đày
mit den weichen Gesichtszügen. Beide werfen uns jeden Morgen
einen kurzen, leuchtenden Blick zu, und wir lächeln. *Das Paradies
der Unschuld, voll verstohlener Genüsse ...*[40]

Nguyễn trung Nguyệt, wir nennen sie Chị, unsere Schwester
und Genossin, ist 29 Jahre alt und schon am längsten hier: Sieben
Jahre sitzt sie bereits ein. Sie stammt aus einer gebildeten Bauernfamilie. Noch keine zwanzig Jahre alt, brach sie mit der Tradition
und versteckte sich als Junge verkleidet auf einem Schiff, um sich
in Kanton dem Bund der revolutionären Jugend, *Thanh niên cách
mạng đồng chí hội*, anzuschließen. Unter dem Pseudonym Bảo Lan
schrieb sie im ›Frauenforum‹ der Parteizeitung. Ihre charmante
Ausstrahlung und Freizügigkeit in ihren Beziehungen zu Männern
beunruhigten die Mitglieder des Parteivorstands, der nun vermehrt Warnungen gegen Unruhestiftung durch ›frivole Liebschaf-
ten‹ aussprach. Das hinderte mehr als einen ihrer Kampfgenossen
nicht, sich leidenschaftlich in sie zu verlieben. Nach Kotschinchina
zurückgekehrt, wurde sie am 7. Juni 1929, gerade 21 Jahre alt, im
Zusammenhang mit dem sogenannten Verbrechen in der Rue
Rarbier, um das so viel Wirbel entstanden war, verhaftet.

In der Nacht vom 8. auf den 9. Dezember 1928 war im Kreis der
kotschinchinesischen Sektion der Partei der Tod des ›Genossen‹
Lê văn Phát beschlossen worden. Sein Verbrechen: ein amouröses
Verhältnis zur Genossin Thị Nhứt und mithin seine Unfähigkeit zur
»Absehung von seinen persönlichen Gefühlen, um sich ganz der
Revolution zu widmen« ... Dem revolutionären Tribunal hatte Tôn
đức Thắng vorgesessen, der ›Held des Schwarzen Meers‹ (diesen

Namen trug er in Erinnerung an die Meuterei auf einem französischen Kriegsschiff im April 1919, auf dem er die rote Fahne gehisst haben soll). Dieser Held also hatte das Urteil gefällt und drei jüngere Mitglieder der Sektion zu Vollstreckern bestimmt. Die geheimen Gründe für dieses Verbrechen – verletzte Egos, Liebesrivalitäten – blieben natürlich im Verborgenen. Die Tragödie in der Rue Barbier hat in mir immer Beklommenheit ausgelöst. Sie zeigt, wohin der autoritäre Einfluss einer Partei von Berufsrevolutionären auf alle Lebensbereiche führen kann. Nach Entdeckung des Leichnams fügte sich auch die französische Justiz in den Reigen ein. Am 15. Juli 1930 verurteilte das Saigoner Schwurgericht die drei jungen Mörder zum Tode, Tôn đức Thắng hingegen zu zwanzig Jahren Zuchthaus. Diese düstere Episode aus dem Leben des ›Helds der Geschichte‹, der 1969 Hồ chí Minh als Staatspräsident nachfolgen wird, ist vollkommen aus der offiziellen Geschichte der sogenannten sozialistischen Republik Vietnam verschwunden. Phạm văn Đồng, künftiger Premierminister unter Hồ chí Minh, wurde zu zehn Jahren Haft verurteilt.

Welche Rolle Nguyễn trung Nguyệt in dieser Affäre genau spielte, ist nicht geklärt, doch sie war Parteimitglied, Schwiegermutter Tôn đức Thắngs und erhielt acht Jahre Freiheitsentzug.

Ihre Freundin Chị Đầy (Nguyễn thị Đại) war achtundzwanzig Jahre alt, als sie 1935 wegen Verbreitung von Flugblättern zu fünf Jahren Gefängnis und zehn Jahren Aufenthaltsverbot verurteilt wurde. Und wo sind die mit ihr zusammen inhaftierten und in einem Rutsch verurteilten politischen Gefangenen Lê thi Định, Nguyễn thị Ba, Nguyễn ngọc Tốt?

Ich erinnere mich an den großen Prozess vom Mai 1933, an diese Kämpferinnen im Herzen der antikolonialen Aufstände, die ebenfalls in den Kammern der Sûreté gefoltert und schwer bestraft wurden ... Sind sie noch hier, unsichtbar, hinter diesen Mauern? Nguyễn thị Sáu, einundzwanzig Jahre, die im Untergrund Flugschriften und Zeitungen druckte; Nguyễn thị Nho, fünfundzwanzig Jahre, und Phạm thị Lợi, die am ›revolutionären Tribunal‹ teilgenommen und die Polizeinotabeln von Hựu thạnh zum Tode verurteilt haben; Nguyễn thị Nam, zweiundzwanzig Jahre, die bei den Bauernzügen in der Region Cao lãnh höchst aktiv gewesen ist; Trần thị Hạnh, ursprünglich Lehrerin in Vĩnh long, und Trần thị Đầy, die sich von der Franko-Asiatischen Ölgesellschaft in Nhà bè einstellen ließ, um unter den weiblichen Kulis die Revolution anzuzetteln.

Die Monotonie hinter Gittern wird alle zwei Wochen am Dienstag für eine Zeit unterbrochen. Unsere Angehörigen, die meisten aus entfernten ländlichen Gegenden, kommen nach Saigon und schlagen mehr schlecht als recht ein improvisiertes Nachtlager auf, um früh am Morgen da zu sein.

Die Genossen von *La Lutte*, die um die Zeitung eine Gruppe gleichen Namens gebildet haben, helfen ihnen, ihre Besuchsanträge auf frankiertes Papier zu bringen, um sie in aller Frühe bei der Staatsanwaltschaft einzureichen und uns über unsere Besucher Speisen zukommen zu lassen.

Die Sträflingsaufseher lassen diejenigen, die aufgerufen wurden, auf der Innenseite der Gasse zum kleinen Hof gegenüber dem Dienstzimmer des Oberaufsehers und den Zellenfensterchen kauern. Die Besucher hocken sich auf der Außenseite der Gasse direkt gegenüber den jeweiligen Gefangenen und stellen ihre Pakete vor sich auf den Boden. Die Aufseher durchsuchen die Lebensmittelpakete von oben bis unten, betasten Zigaretten und belauschen unsere Gespräche. Der Oberaufseher Agostini beteiligt sich persönlich an der Überwachung und macht, sobald die Durchsuchung der Pakete abgeschlossen ist, unseren Besuchern Beine, ohne auf die regulären Besuchszeiten Rücksicht zu nehmen.

Für uns stellen diese Besuche eine Gelegenheit dar, an den Aufsehern vorbei Neuigkeiten aus dem Gefängnis an *La Lutte* zu übermitteln. Auf Fetzen von Lokalzeitungen, in denen die Verpflegung eingepackt ist, übermitteln wir bruchstückhafte Nachrichten aus einer anderen Welt.

Zwei Wochen nach unserer Inhaftierung tauchen durch den kleinen Hof schreitend einer nach dem anderen vierzig Männer auf. Sie haben die Gesichter von Sträflingen, nur stärker gezeichnet.

Eingang des finsteren Zentralgefängnisses von Saigon

Es handelt sich um politische Gefangene, die von Poulo Condor zurückkehren. Viele von ihnen gehören zu den im Vorjahr Verurteilten: Aktivisten der Kommunistischen Partei Indochinas oder einfache Mitglieder geheimer Bauernvereinigungen. Unsere ersten Kontaktversuche verlaufen leise und zurückhaltend. Sie wissen, dass wir Linksoppositionelle sind.

Ihre Namen kenne ich aus den Zeitungen, die ich während des Prozesses gegen sie im Juni 1935 verschlang. Einer von ihnen ist der 25-jährige Moskaurückkehrer Trần văn Giàu. »Berufsrevolutionär«, so stellt er sich stolz dem Tribunal am 24. Juni 1935 vor. Seine lebendigen und durchdringenden Augen leuchten mit der unbeugsamen Kraft eines Waldgeistes. Nguyễn văn Dựt, ein großer, ausgemergelter Junge, ist wortkarg und leicht zu erzürnen. »Das kommt von der Strafkolonie«, bringt er als Entschuldigung vor. Trần văn Vi, rotwangig und mit vorstehenden Backenknochen, war früher Schreiber des Notabelnrats im Dorf Vĩnh kim und lässt es nicht an Überheblichkeit mangeln. Liegt es vielleicht an seiner Position als stellvertretendes Mitglied des Zentralkomitees? Einige Gesichter fallen mir noch ein: Châu văn Giác, der beim Lachen seine vorspringenden Eckzähne zeigt, Nguyễn hữu Thế mit der Anmutung eines Provinzlehrers und der dunkelhäutige Phạm văn Kỉnh mit Beinamen Ấn độ (der Inder).

Unter diesen ›Poulo-Condor-Rückkehrern‹ ist auch eine Gruppe von Bauern aus Mỏ cày (Bến tre), die sich im vorigen Jahr gegenüber dem Berufungsgericht weigerten, sich zur Urteilsverkündung zu erheben, und mit in die Höhe gereckter Faust riefen: »Đả đảo đế quốc Pháp.« (Nieder mit dem französischen Imperialismus!) Nach Schließung der Sitzung verpasste ihnen das Gericht jeweils zusätzlich fünf Jahre Haft ... Und sie richteten sich erneut auf und schrien: »Đả đảo đế quốc Pháp!« Der rasenden Polente, der Gewalt in Form von Schlägen und Knüppeln zum Trotz, setzten sie die Kundgebung auf dem Weg ins Gefängnis fort, umringt von einer großen Zahl solidarischer Passanten, die alarmiert herbeigeeilt waren.

Während sie noch auf ihr Urteil warten, sind die Bauern aus Đức hoà mit unserer Gruppe zusammen in Zelle 6 untergebracht. Die

›Poulo-Condor-Rückkehrer‹ wurden hingegen in Zelle 5 gesteckt. Während der Stunden, in denen wir die Zellen verlassen dürfen, finden sich alle im kleinen Hof ein, wo wir vorsichtig, aber meist aufrichtig Kontakte untereinander knüpfen. Sie, die Stalinanhänger, und wir, von Trotzki beeinflusst, bemühen uns stillschweigend, in der Höhle des gemeinsamen Feindes keine Spannungen zwischen uns aufkommen zu lassen.

Tôn Thanh niên (Der junge Tôn), wie ihn seine Freunde nennen, ein fröhlicher und zum Scherzen aufgelegter Mensch, erzählt mir von seiner ›Reise‹ von Bến tre zur Sûreté, als wäre es ein Witz. Die Beschuldigten bekamen nur gesalzenen Kochreis zu essen und kein Wasser zu trinken, und nach Stockschlägen auf die Fußsohlen wurden sie von den Polypen gezwungen, in der prallen Mittagshitze über den steinigen Hof des Reviers zu rennen. Vom Durst gepeinigt, lief Tôn nicht weiter, sondern verschaffte sich, obwohl die Schläge auf seinen ganzen Leib niedergingen, Erleichterung mit dem ekelerregenden Wasser des von Enten verschmutzten Tümpels.

Ich unterhalte mich gern mit einem alten Blinden, dessen Augen ganz mit einem Schleier überzogen sind. Ich bewundere sofort seinen jugendlichen Elan und die Ruhe und Festigkeit seines Gesichts. Beschuldigt, eines Nachts eine rote Fahne an einem Kokosbaum seiner Siedlung gehisst zu haben, ist er zu drei Jahren Gefängnis und sechs Jahren Aufenthaltsverbot verurteilt und dann nach Poulo Condor geschickt worden. Wir nennen ihn Vân Tiên nach dem Helden des volkstümlichen Versromans *Lục Vân Tiên*, einem jungen Intellektuellen, der unter den Tränen über den Tod seiner Mutter sein Augenlicht verloren hat.

Trân văn Giàu berichtet mir vom Straflager Poulo Condor, von den Hungerstreiks und der Arbeitsverweigerung aus Protest gegen die vergammelte Nahrung und die Brutalität. Zu diesen Aktionen kam es zum ersten Mal am 1. März 1935. Die Wachen waren mit Schlagstöcken bewaffnet in die Zellen eingedrungen und hatten sich unter dem Ruf: »Wir werden uns mal die Kante geben!« (»On va chanter *la Marseillaise* à la bretonne«) prügelnd auf die Gefangenen gestürzt. Die Antwort des Chors: »Nieder mit dem

Imperialismus!« verstummte allmählich unter der Gewalt der Gefängnisaufseher. Die Wachen wuschen ihre blutigen Stöcke im Tümpel auf dem Hof, nur um gleich wieder zurückzukehren, und wie versessen auf aufgeplatzte Schädel, Rücken voller Striemen und verletzte Arme und Beine zu schlagen, bis das Geschrei der Opfer nachließ und schließlich verstummte. Nguyễn văn Nữ, den Kopf wie ein junger buddhistischer Mönch rasiert, wird mir seine *Erinnerungen an Poulo Condor* überlassen, die er in einem kleinen, aus bräunlichem Toilettenpapier hergestellten Heft niedergeschrieben hat.

Am 6. August 1936 werden unsere zwölf Zellengenossen aus Đức hoà dem Richter vorgeführt. Als sie ins Gefängnis zurückkehren, können sie auf unsere besorgten Nachfragen nur sagen, sie hätten angegeben, gefoltert worden zu sein und allem zugestimmt zu haben, was man von ihnen verlangte. Als Zeugen hat das Gericht einfach die Ermittler aufgerufen: den Zuständigen in der Verwaltung von Đức hoá, der sie hatte festnehmen lassen, und den Kommissar der politischen Abteilung der Sûreté, Gélot, der sie gefoltert hatte. Und wie hätten die Angeklagten die Zeugenaussagen, die Anklage des Staatsanwalts und das Plädoyer des Anwalts verstehen können, da doch alles auf Französisch stattfand? Niemand hat für sie übersetzt, so wie sie überhaupt niemand beachtete. Nguyễn văn Sang, ein großer Kerl, wurde zu einem Jahr Gefängnis und fünf Jahren Aufenthaltsverbot verurteilt, die elf anderen zu drei bis sechs Monaten.

Aus den Zeitungen, mit denen die von unseren Besuchern mitgebrachten Lebensmittel eingepackt sind, erfahren wir recht bald, dass ihre subversiven Aktivitäten nicht sehr weit gingen: Sang hegte ›die Absicht‹, zum 1. Mai eine rote Fahne in einer Schule zu hissen, während sein Genosse Lo Flugblätter im Reisfeld verteilte. Ihnen wird auch vorgeworfen, an Versammlungen teilgenommen zu haben, auf denen die Frage der Landreform diskutiert wurde, und Mitglied einer Vereinigung gewesen zu sein, mit einem Mitgliedsbeitrag von monatlich einem Hundertstel Piaster pro Kopf.

Wir erfahren außerdem von einer geplanten Untersuchungskommission, dem neuen Projekt des Kolonialministers Marius
Moutet, und wollen, dass auch unsere Stimme Gehör findet. Die
›Poulo-Condor-Rückkehrer‹ schlagen einen Hungerstreik vor, um
das Regime gegen politische Gefangene anzuprangern.

In der Nacht benachrichtigen wir die Frauen in der Zelle unter
uns von unserem Plan, indem wir durch leises Klopfen mit einem
Stein auf den Zementboden Morsezeichen geben.

Sang, der kämpferischste unter den Bauern von Đức hoà, erklärt entschlossen:»Ich werde in jedem Fall bis zum Ende gehen!«...

Ich selbst muss ständig an die Volksweisheit denken: *nam thất nữ
cửu* (der Mann stirbt nach sieben Tagen Hunger, die Frau nach
neun Tagen).

Dienstag, den 11. August 1936, kommt wie gewohnt um 8 Uhr
Agostini, der Oberaufseher, in Begleitung einer französischen Wache
mit Revolver im Gürtel und einem Kerkerboy. Am Ende seiner
Zelleninspektion, bei der er nichts Ungewöhnliches an der Decke
und nichts Auffälliges an den Wänden entdeckt hat, also gerade als
er auf dem Sprung ist, uns in Frieden zu lassen, erklären wir ihm
den Krieg: Đựt, den wir wegen der Feindseligkeit, den der Oberaufseher mir entgegenbringt, aus diplomatischen Gründen an
meiner Statt zu unserem Sprecher bestimmt haben, baut sich vor
Agostini auf und erklärt:»Wir alle verlangen von der Regierung
die politische Ordnung, und um unsere Forderung zu bekräftigen,
verweigern wir ab heute jede Nahrungsaufnahme.« Ohne ein Wort
zu sagen, reicht uns Agostini Papier und Stift. Er ist bereit, die Liste
mit unseren Forderungen weiterzuleiten: Einführung der politischen Ordnung, wie sie in Frankreich in Kraft ist, Rückkehr aller
deportierten politischen Gefangenen von Poulo Condor, Lao bảo,
Sơn la, Guyana und Inini, bessere Nahrung (die tägliche Ration für
europäische Gefangene kostet 80 Sou, während für die der annamitischen Gefangenen höchstens 6 Sou am Tag ausgegeben wird).
Wir verlangen die Erlaubnis, Zeitungen und Bücher beziehen zu
können, und als unmittelbare Maßnahme fordern wir Papier, Tinte
und Federn; und außerdem, dass die Kranken nicht rasiert und in

Ketten ins Krankenhaus gebracht werden. Wie gewohnt reihen die ›normalen‹ Gefangenen zur Essenszeit die Reiskübel im kleinen Hof auf. Wir bleiben in der Zelle liegen. Eine Dreiviertelstunde später wird das Essen wieder fortgebracht, ohne dass wir es angerührt hätten. Während die Zellen geöffnet sind, geht niemand in den Hof hinaus.

In den ersten Tagen des Fastens empfinde ich eine große Leere in meinem Innern, und während der Essenszeiten muss ich heftig an mich halten. In den Tagen danach überkommt mich Schwäche, doch der Hunger quält mich weniger. Ausgenommen der Tag, an dem sie uns Reis mit gebratenem Aal und duftendem Zitronengras bringen. Doch keiner von uns gibt der Verführung nach.

Am fünften Tag führt Sang, ohne ein Wort zu sagen, einige seiner Genossen zu den aufgereihten Reiskübeln, während alle anderen in stiller Gleichgültigkeit in den Zellen liegen bleiben.

Die Tage kommen mir länger vor als die Nächte. Nach sieben Tagen bemerke ich, dass wir alle, der alte Vân Tiên eingeschlossen, kurz davor stehen, zu den Ahnen zu gehen. Den Ältesten und denjenigen, die am Rande der Ohnmacht scheinen, bieten wir ein wenig Zucker an, den wir in den Mauern versteckt haben.

Jeden Morgen gegen acht Uhr kommt Oberaufseher Agostini und wirft ungerührt einen Blick auf die sterblichen Hüllen, die hier ruhen, über den Boden verteilt wie Sardinen.

Am elften Tag ohne Reaktion sind die Streikenden am Ende ihrer Kräfte. Also entscheiden wir, Agostini am nächsten Tag die Beendigung des Streiks zu erklären. Am Vormittag geben uns die Aufseher Dosen mit Kondensmilch und abgekochtes Wasser. Im erschöpften Organismus regt sich augenblicklich wieder Leben, und obwohl uns der Streik wie eine Niederlage vorkommt, macht sich eine gewisse brüderliche Euphorie unter uns breit.

Gegen Mittag schütten wir Unmengen Wassers ins Ablaufbecken: es strömt in einem Schwall durch das Rohr Richtung Rue Filippini. Damit signalisieren wir den Genossen von La Lutte, die dort seit dem 11. August jeden Mittag Mahnwache gehalten haben, das Ende unserer Aktion.

Am Montag, den 30. August 1936, wird das Urteil über uns gefällt. Wir haben uns darauf vorbereitet, den Richtern möglichst wenig zu antworten ... und auch Aussagen zu vermeiden, die die Stalinisten gegen uns ausnutzen könnten. In Handschellen und von bewaffneten Milizionären eskortiert, überqueren wir die Rue Lagrandière und betreten den sogenannten Justizpalast direkt gegenüber. Vor dem Gericht sind zahlreiche Polizisten, in Zivil wie in Uniform, postiert.

Die erste Reihe im Gerichtssaal ist für uns reserviert. Es wimmelt nur so von Polypen und Journalisten. Vor der Schar schwarz gekleideter Magistrate – der Vorsitzende Richter Lavau mit abgezehrtem Gesicht und einem Chaplinbart unter der Nase, der Staatsanwalt Boulin, ein stämmiger Typ mit rosigem Gesicht – sitzt, in Weiß gekleidet und von Wichtigkeit aufgebläht, der annamitische Dolmetscher hinter seinem kleinen Pult.

Ich bin ein wenig ›abwesend‹ angesichts dieser rituellen Inszenierung; außerdem hat sich eine gewisse Gleichgültigkeit in mir breitgemacht. Der Richter blickt über den Brillenrand, heftet seine Augen auf mich und brummelt: »Was hat der denn da? Ist er krank?« Ein Anwalt tritt an mich heran und fordert mich diskret auf, die Beine nicht zu überschlagen und mich gerade aufzurichten, dann tritt er an das Podest heran, um den Richter um Nachsicht zu bitten.

Lư sanh Hạnh wird als Erster befragt. Er ist angeklagt, 1935 eine Gruppe mit der Bezeichnung Liga der internationalistischen Kommunisten zum Aufbau der IV. Internationale gegründet zu haben, deren Ziel es sei, die Regierung zu stürzen und ein kommunistisches Regime zu errichten, außerdem die Zeitschrift *Cách mạng thường trực* (Permanente Revolution) veröffentlicht und die mit einem Gerät aus Frankreich hektografierte Zeitung *Tiền đạo* (Die Avantgarde) verbreitet zu haben. Und alle zusammen werden wir ›der Verschwörung in einem Geheimbund und subversiver Handlungen‹ überführt, weil wir uns im Dezember 1935 aktiv am Streik der ›Streichholzschachtel‹-Kutscher beteiligt haben. Lư sanh Hạnh erklärt, dass wir lediglich den Arbeitern und Bauern helfen wollten, sich Gewerkschaftsfreiheit zu erstreiten. Der Staatsanwalt kommt auf die Anklage zurück, zitiert ins Französische übersetzte Auszüge aus unserer Zeitung, denen zufolge das Handeln der Liga auf die Zerstörung der Kolonialherrschaft durch Aufstand und die Errichtung eines internationalistischen kommunistischen Regimes hinziele.

Nun ist die Reihe an mir auszusagen. Ich werde beschuldigt, als Mitglied der Liga die Druckerwerkstatt organisiert zu haben. Zu meinen Aktivitäten bei Descours et Cabaud befragt, erkläre ich, dass ich versucht habe, eine Gewerkschaft der Kulis und Fahrer aufzubauen, allerdings ohne Erfolg.

Der Richter erinnert nun daran, dass ich im vergangenen Jahr meine Arbeitsstelle verlassen habe, um als Schiffsjunge auf einem Schiff der Messageries Maritimes anzuheuern. Er fragt mich: »Haben Ihre Handlungen zum Ziel, die Regierung zu stürzen, um in diesem Land ein kommunistisches Regime zu errichten?«

»Darüber haben wir uns keine Gedanken gemacht. Wir kämpfen für demokratische Rechte ...«

Im Fortgang der Befragung erfahre ich teilweise mehr über die Beschäftigungssituation meiner Mitangeklagten: Trịnh văn Lâù, den ich nur von unseren geheimen Treffen zu dritt in den kleinen chinesischen Kaschemmen in der Rue Paul-Blanchy kannte, gab Unterricht an einer Privatschule, um sich seinen Reis zu verdienen und seine Schulbildung fortsetzen zu können; Ngô chỉnh Phến arbeitete im Handel; Văn văn Ký, unser Benjamin, war Typensetzer in der Druckerei Nguyễn văn Của, von wo er auch die Typen und die Tinte für unsere geheime Druckerwerkstatt ›abgezweigt‹ hat; Võ văn Dơn, Kuli bei Descours et Cabaud, bewahrt Stillschweigen über unsern ›Freundschaftsbund‹ und bekennt sich nur dazu, Zeitungen verteilt zu haben und eines Nachts auf der Straße von Giồng Ông Tố auf der anderen Seite des Saigon, wo morgens zahlreiche Arbeiter und Kulis auf dem Weg zur Arbeit in die Stadt vorbeikommen, ein rotes Spruchband mit einem Aufruf zum Generalstreik befestigt zu haben.

Als unser Cheffolterer Kommissar Parroche im Zeugenstand sitzt, spricht er über unsere Gruppe, als würde es sich um eine riesige subversive Organisation mit beträchtlichem Einfluss handeln. Um unsere Gruppe ganz zu eliminieren, so seine Schlussfolgerung, müsste man wenigstens 500 Personen festnehmen.

»Hier sitzen nur acht«, unterbricht ihn ein Anwalt, »was haben Sie mit den anderen 492 gemacht?«

»Wir konnten sie noch nicht festsetzen, weil es an Beweisen mangelt«, antwortet der Polyp.

Staatsanwalt Bouin kann hier anknüpfen und erinnert daran, dass es sich im vorangegangenen Fall nur um arme Bauern aus Đức hoà handelte, während das Gericht es hier mit höher entwickelten, also gefährlicheren Elementen zu tun habe. Er zitiert Ausschnitte aus Artikeln unseres Kampfblatts *Tiền đạo* in französischer Übersetzung, wobei er solche Passagen hervorhebt, in denen wir jede Art des Nationalismus verurteilen und uns für eine Umwandlung des imperialistischen Kriegs in einen Bürgerkrieg aussprechen. Als Konsequenz fordert er harte Strafen.

Die Anwälte Trịnh đình Thảo und Lê văn Kim äußern Erstaunen darüber, dass der Staatsanwalt von einem ›kommunistischen Virus‹ spreche, obwohl die Kommunisten doch in Frankreich als Teil der Volksfront an der Macht sind. Sie argumentieren dahingehend, dass unsere Forderungen nach Gewerkschaftsrechten nichts Gesetzeswidriges darstellen können und dass in diesem Moment im ganzen Land Aktionskomitees Kataloge mit Forderungen an die Regierung verfassen, ohne dafür verfolgt zu werden, womit sie auf die gegenwärtig aktive indochinesische Kongressbewegung anspielen.

Der französische Anwalt Loye fährt fort: »Hier haben wir acht arme Teufel ohne Geld, ohne Mittel, ohne Waffen. Und womit sollen sie die öffentliche Ordnung gestört haben, außer dass sie sich in der Bibliothek von Saigon, bei Descours et Cabaud oder in einer Kaschemme versammelten?«

Die Plädoyers enden bei Einbruch der Nacht. Ich sorge mich um Lư sanh Hạnh, weil er zum wiederholten Mal angeklagt ist.

Eine Viertelstunde später fällt das Urteil: Lư sanh Hạnh achtzehn Monate, Ngô văn Xuyết ein Jahr, Trịnh văn Lầu und Ngô chỉnh Phến acht Monate, Văn văn Ký sechs Monate, Phạm văn Mười und Võ văn Dơn sechs Monate auf Bewährung, Văn văn Ba wird freigesprochen. Wir haben Schlimmeres erwartet. Es ist bereits Nacht. Am Ausgang des Gerichtsgebäudes gegenüber dem Gefängnis wartet eine Menschentraube auf unser Erscheinen. Ich versuche, einen Blick auf die zierliche Gestalt meiner Mutter in der Menge zu erhaschen. Sie wirkt verloren im schummrigen Licht der elektrischen Lampen, so fern von unserem Dorf. Mir bleibt nur, ihr im Vorbeigehen aufmunternde Worte zuzuwerfen. Der Mond prangt silberweiß über der Gefängnisanlage. Die schwere Eisenpforte kracht hinter uns ins Schloss.

Eine Spätfolge unseres Hungerstreiks: Im September 1936 gewährt man uns statt Papier, Tinte und Feder, mit denen wir Flugschriften hätten anfertigen können, in jeder Zelle eine schwarze Tafel. Ab und zu bekommen wir französische Zeitungen.

Mit Verzögerung erreicht uns auch die niederschmetternde Neuigkeit vom ersten Prozess in Moskau gegen die Revolutionäre von 1917.[41] Wir sind buchstäblich betäubt und tief bestürzt angesichts dieser abstoßenden Selbstbezichtigungen neunzehn Jahre nach der Revolution.

Sinowjew: Wir verzehren uns im Hass gegen das Zentralkomitee der Partei und gegen Stalin. Wir haben uns davon überzeugen lassen, gemeinsam mit Trotzki um jeden Preis die Führung auszutauschen.

Kamenjew: Das Terrorkomplott wurde von mir, Sinowjew und Trotzki organisiert und gesteuert. Was uns dazu antrieb, war Hass gegen die Partei- und Staatsführung.

Staatsanwalt Wyschinski: Lügner und Clowns, elende Pygmäen, Möpse und Kläffer, die sich über den Elefanten erbosten ... Ich fordere, dass diese tollwütigen Hunde allesamt erschossen werden ...

Moskau, den 19. August 1936
Die sechzehn Angeklagten werden erschossen ...

In unseren Gesprächen mit den Stalinisten vermeiden wir es, diese Ereignisse anzusprechen. Doch eine tiefe Unruhe hat uns ergriffen, und tausend unbeantwortete Fragen schwirren uns durch die Köpfe.

Am 27. September 1936 berührt es mich zu erfahren, dass Nguyễn an Ninh und Tạ thu Thâu ›eingefahren‹ sind. Sie wurden von den anderen Gefangenen isoliert in Zelle 7 gesperrt. Zur Zellenöffnung treffen wir sie jedoch auf dem kleinen Hof beim Auslauf wieder. Am 3. Oktober 1936 wird ihnen auch Nguyễn văn Tạo beigesellt.

Das Programm der französischen Volksfront beinhaltet die Entsendung einer parlamentarischen Untersuchungskommission, die die Bestrebungen der kolonisierten Völker in Erfahrung bringen soll. Tạ thu Thâu und La Lutte rufen zur Bildung von Aktionskomitees und zur Wahl von Delegierten für einen indochinesischen Kongress[42] auf, der als Entwurf für eine örtliche Volksfront gedacht ist. Die Kampagne für den Kongress wird gestartet, Tausende und Abertausende von Flugblättern werden in Umlauf gebracht. Die Aktionskomitees breiten sich aus wie Lauffeuer. In der Region Saigon-Cholon bilden sich Komitees in der Französischen Straßenbahngesellschaft, in der Zigarettenfabrik, in den Brennereien von Bình tây, in den Öldepots von Nhà bè, bei der Eisenbahn, in den Druckereien, bei den Kutschern von Tân sơn Nhứt ... Die Stimmung schwillt an wie eine mächtige Flut. Die Kolonialverwaltung bekommt es mit der Angst zu tun und alarmiert Paris. Am 8. September untersagt Kolonialminister Moutet »aufgrund möglicher Unruhen die Veranstaltung eines Kongresses mit Tausenden Teilnehmern in Saigon«.

Eine neue Verhaftungswelle spült Ninh, Thâu und Tạo zurück zu uns ins Zentralgefängnis. Mit ihren Anführern hinter Schloss und Riegel zerfällt die indochinesische Kongressbewegung. Rivoal, der Gouverneur von Kotschinchina, ordnet die Auflösung der Aktionskomitees an. In diesen Tagen stoßen die siebzehn Bauern der Aktionskomitees von Bến lức zu uns.

***

Weder die Stalinisten noch die Trotzkisten suchen den Kontakt mit Nguyễn an Ninh. Für sie ist er nichts als ein Nationalist unter anderen, ein Mann der Vergangenheit, Vertreter einer rückständigen Strömung (*lạc hậu*). Für mich ist seine Ankunft allerdings ein Ereignis: Vielleicht ergibt sich die Möglichkeit, diesen Menschen, dessen Kämpfe mich seit zehn Jahren fesseln und inspirieren, besser kennenzulernen?

Ich weiß, dass er es war, der sein Kampfblatt nach einem Gedicht Baudelaires *La Cloche fêlée* (Die zersprungene Glocke) getauft hat, der Widerstand gesät hat, der »einen Winkel des südlichen Himmels erschüttert und Entsetzen über die Würmer und Speichellecker gebracht hat, als ob die Himmelsaxt auf ihr Antlitz niederführe«, wie es Phan van Hùm in seinem Buch *Im Zentralgefängnis* pathetisch ausgedrückt hat.

Eines Tages sehe ich Ninh schweigsam und für sich am Gitter lehnen. Er scheint über die Gipfel der Tamarindenbäume nachzusinnen, die über die Außenmauer des Gefängnisses ragen und über die Wolken darüber. Von unbedarfter Neugier getrieben spreche ich ihn geradewegs an: »Anh Ninh (Bruder Ninh), kann ich deinen Plan für die Landwirtschaft erfahren?«

Er wendet sich mir zu, blickt mich kurz erstaunt und wortlos an, dann richtet er seine Augen wieder auf die Gipfel der Tamarindenbäume und brummt:

In meines Vaters Garten blüht der Flieder,
Alle Vögel kommen, bauen ihre Nester wieder.
Gleich bei meiner Blonden, die er wohl, wohl, wohl,
Gleich bei meiner Blonden, die er wohl ruhen lässt.[43]

Ich kann mich nicht erinnern, wie ich mich aus dieser verflixten Viertelstunde herausgewunden habe.

Einige Tage danach wandelt uns etwas irgendwie Menschliches an und bricht das Eis.

Vielleicht hat Ninh bemerkt, dass ich *Die Zeit der Verachtung*[44] von Malraux verschlinge, das ich direkt nach seinem Erscheinen schon im Gefängnis habe erhalten können. Französisch zu lesen ist nicht allzu üblich.

»Hier, lies das!«, empfiehlt er mir eines Tages und reicht mir *Reise ans Ende der Nacht* von Louis-Ferdinand Céline in zwei Bänden, verblasster Einband, quadratisch, das Deckblatt mit hübschen Holzschnitten dekoriert.

Oh Freude, mein Herz ist erleichtert: Er hat es mir nicht übelgenommen, dass ich ihn so unbeholfen angesprochen habe. Ich verstehe dieses Buch als Botschaft, nachdem ich das Motto auf der ersten Seite gelesen habe.

Unser Leben ist eine Reise
Durch den Winter und durch die Nacht,
Wir suchen, was den Weg uns weise
Am Himmel, wo kein Stern uns lacht.
(Lied der Schweizer Garden, 1793)

Für mich ist dieses Buch eine Offenbarung: Alltagsfranzösisch dazu zu benutzen, über die wesentlichen Dinge, über die Poesie der Welt und über all die mörderische Heuchelei der Gesellschaft zu sprechen. Ich sauge diese Worte buchstäblich in mich hinein, diese Worte, die Vaterland und Religion – und mit welcher Wucht! – entweihen: »Die Anbetung der Fahne ersetzte prompt die des Himmels, diese alte, schon von der Reformation geschwächte Wolke, die sich längst in die Sparschweine der Bischöfe abgeregnet hatte.«

Er kracht wie ein Blitzschlag in die Monotonie des Gefängnislebens, dieser mächtige Wutschrei: »Ich sage euch, ihr kleinen Leute, ihr vom Leben Geprellten, Geschlagenen, Erpressten, seit jeher Schuftenden: Hütet euch, wenn die Großen der Welt anfangen, euch zu lieben, denn dann wollen sie euch zu Kanonenfutter verarbeiten ...«

In der gewaltvollen und klarsichtigen Darstellung des Arbeiterlebens entdecke ich die ganze Bedeutung meiner eigenen Revolte wieder: »So ein Studium nutzt Ihnen hier überhaupt nichts, mein

Junge: Sie sind hier nicht zum Denken da, sondern dazu, genau die Bewegungen zu vollführen, die man von Ihnen verlangt ... Wir brauchen in unserer Fabrik keine Phantasie. Schimpansen brauchen wir ... Noch ein guter Rat. Erzählen Sie uns nie wieder was von wegen Ihrer Intelligenz! Wir denken hier schon für Sie, Freundchen! Lassen Sie sich das gesagt sein.«

Inmitten des bizarren Gefängnisfriedens setze ich die *Reise* im Land der Träume fort:»Schließe deine süßen Augen, denn die raschen Stunden spürst du kaum ...

In dem Wunderland, das du besuchst in deinem Traum.«[45]

Dies wird mein einziges und letztes Zusammentreffen mit Nguyễn an Ninh bleiben. 1937 geht er erneut für zwei Jahre ins Gefängnis, 1939 wird er nach Mỹ tho gebracht und 1940 schließlich ins Straflager Poulo Condor deportiert. Am 15. August 1943 stirbt er im Alter von 43 Jahren.

Tạ thu Thâu habe ich zum ersten Mal 1933 auf den Versammlungen anlässlich der Stadtratswahlen in Saigon gesehen. In der Gesellschaft für gegenseitigen Unterricht habe ich mit Begeisterung an den Gesprächen teilgenommen, die er mit zahlreichen Angestellten, Arbeitern und Schülern über Dialektik geführt hat.

Ich freue mich, ihn wiederzutreffen, obwohl ich weiß, dass er die Aktionen unserer zu der Zeit von Lavals und Stalins Beistandsabkommen 1935 gegründeten klandestinen Liga als Kindereien beurteilte. Er hat ein offenes, lebenslustiges Gesicht. Er verweigert sich der zerstörerischen Wirkung des Gefängnisaufenthalts. »Wenn ich mich einmal eingerichtet habe«, sagt er, »kann ich hier bleiben, solange es dauert« (*Sắp đặt an bài, ở bao lâu cũng được*). Nach der ersten Annäherung schließen wir Freundschaft. Er hilft mir, einen französischen Brief aufzusetzen, der in einem trockenen, nicht unterwürfigen Ton und in aller Form den Richter auffordert, meine von der Sûreté beschlagnahmten Bücher zurückzugeben, »die mein gesamtes Vermögen bilden«. Er erklärt uns auch einige ökonomische Begriffe.

Eines Morgens bringt eine Diskussion über die Volksfront alle auf dem kleinen Hof zusammen. Als veritables ›Imitat‹ des

Staatsanwalts Wyschinksi im Moskauer Prozess behandelt der Stalinist Trần văn Giàu den Trotzkisten Lư sanh Hạnh wie einen ›tollwütigen Hund‹. Tạ thu Thâu versucht, die Situation zu beruhigen. Die Stalinisten willigen ein, uns das Wort zu überlassen, und meine Freunde bitten mich, für unsere Gruppe zu sprechen. So gut ich es eben vermag, erkläre ich, wie die Kommunistische Partei Frankreichs, indem sie unter dem Vorwand der Verhinderung des Faschismus ein Bündnis mit den Radikalen und den Sozialisten eingegangen ist, den revolutionären Elan der Arbeiterklasse nach den machtvollen Generalstreiks und Fabrikbesetzungen gebrochen hat. Für uns ist es die Volksfront, die dem Faschismus den Boden bereitet, indem sie die revolutionäre Mobilisierung verhindert, die einzig zum Ziel führen kann. Und was Indochina angeht, führt da die Volksfrontregierung nicht, wie übrigens in allen Kolonien, die traditionelle Unterdrückungspolitik fort? Liefern wir nicht den lebenden Beweis dafür?

Einige im anderen Lager scheinen mir zuzustimmen, doch ihr Anführer Trần văn Giàu verteidigt die Volksfront, spricht von ›Konjunkturen‹ und ›Realismus‹ ...

Tạ thu Thâu, Nguyễn văn Tạo und Nguyễn an Ninh verlassen uns Ende Oktober 1936: Sie werden nach einem Hungerstreik ins Chợ-quán-Krankenhaus gebracht. Auch heute kann ich die drei noch vor mir sehen, wie sie Seite an Seite auf der Matte liegen, im Halbdunkel auf dem Zementboden der kleinen Zelle 7, und Tạ thu Thâu dem von Oberaufseher Agostini begleiteten französischen Arzt entgegenschreit: »Scheren Sie sich zum Teufel!«

Mit den Bildern im Kopf, die uns das Brausen von draußen zuträgt, fühlen wir uns im Innern unserer vier Wände manchmal wie Wölfe im Käfig. Der Preis für einen Liter Reis ist von 40 auf 70 Cent gestiegen. Wir werden enthusiastisch, als wir erfahren, dass in ganz Indochina Streiks ausbrechen. In den Reisfeldern streiken die Reispflanzer für höhere Löhne. Die Baustellenkulis in den Arbeitsbeschaffungsmaßnahmen von Bạc liêu verweigern die Arbeit, um gegen das Eintreiben von Schmiergeldern zu protestieren. Auf den Michelin-Kautschukplantagen in Dầu tiếng, Quảng lợi und

Bình trước haben die Kulis die Arbeit niedergelegt, um gegen die schlechte Bezahlung, die Brutalität der Aufseher, das Einsperren im privaten Plantagenkerker und die tödlichen Prügelstrafen für Ausbrecher zu protestieren. Bei der Plantagengesellschaft in Bến củi kommt es zu Streiks und explodiert die Wut über den Prügeltod eines Ausreißers. Im November und Dezember 1936 schließen sich Schreinereien, Ziegeleien, Zuckerwerke und Seidenfabriken der Bewegung an.

In der Kohlenhölle von Hồng gay-Cẩm phả im Norden des Landes treten im November 1936 mehr als 20 000 Minenarbeiter in den Streik, um ›der körperlichen Misshandlung mittels Rohr, Ochsenziemer, Faustschlägen und Tritten‹ ein Ende zu setzen und höhere Löhne zu erstreiten. Das Gleiche in den Zementwerken von Hải phòng. Ein Besucher berichtet uns aufgeregt, dass in Saigon insgesamt 1200 im Arsenal beschäftigte Arbeiter und Kulis streiken. Sie werden von den benachbarten Dörfern mit Essen versorgt. Mehr als tausend Eisenbahner, Mechaniker, Fahrer, Lokführer und Kulis aus den Eisenbahndepots von Saigon und Dĩ an haben sich ihnen angeschlossen; sogar auf Straßenbahnfahrer und Busfahrer weitet sich der Streik aus. Im Norden Saigons haben die 400 Kulis und Arbeiter der Sägewerke von Biêen Hhòoa die Arbeit niedergelegt und *ihre Werkstätten besetzt!* Das hat man in den Kämpfen in Indochina bisher *noch nicht* gesehen, und es zeigt zu unserer Begeisterung, wie tief dieses Mal die Unruhe dringt.

Die Volksfrontregierung unter Blum-Moutet ändert durch einen Paragraphen des Arbeitsgesetzes heuchlerisch die Bezeichnung ›verbindliche gemeinnützige Arbeit‹, die in Indochina unbezahlt ist, in ›leistungserbringende Arbeit‹. Das Gesetz erlaubt weder gewerkschaftliche Organisation noch die Anerkennung von Arbeitervertretungen. Alle Gewerkschafter bleiben wie früher wegen Bildung eines Geheimbunds verurteilt und verurteilbar.

Am 11. Januar 1937, dem Tag der Ankunft des von der Volksfront ernannten neuen Generalgouverneurs, Jules Brévié, beginnen wir einen Hungerstreik, um eine bessere Nahrungsversorgung, das Recht auf Zeitungen und die Beendigung der schlechten Behandlung auf der Krankenstation des Gefängnisses sowie im Chợ-quán-Krankenhaus zu erreichen. Doch vor allem ist es eine Geste, dass auch wir an der Bewegung außerhalb der Mauern teilhaben.

An diesem Tag, so berichtet *La Lutte* am 17. Januar, lässt der Gouverneur von Kotschinchina Hunderte von Arbeitern des Botanischen Gartens präventiv einpferchen und im Außenbezirk Saigons die Massen an Bauern festnehmen, die, um zu demonstrieren, aus Gia định, Hốc môn, Thủ dầu một, Bà Điểm, Bà Quẹo, Bà Hom oder Cholon gekommen sind. Überall gibt es Polizeisperren. Die Straßenbahnen müssen am Bahnhof umkehren. Busse werden durchsucht. Trotz alledem gelingt es zehntausend Demonstranten, gegen Nachmittag in Richtung Anlegebrücke vorzurücken. Auf Spruchbändern fordern sie: Generalamnestie! Demokratie und Gewerkschaftsrecht! Arbeitslosenunterstützung! Als der Dampfer *Aramis* mit dem Generalgouverneur an Bord in den Hafen einläuft, schlagen Polizei und Miliz mit unerhörter Brutalität auf breiter Linie in die Menge und treiben sie in die angrenzenden Straßen zurück. Festgenommene bringt man zur Sûreté in die Rue Catinat, um sie dort zu foltern.

Und so beginnt die Herrschaft des neuen Satrapen der Volksfront. Zehn Tage später wird er vier Genossen von der Gruppe um *La Lutte* einbestellen und sie mit leeren Reformversprechen überschütten ... während sich die Streiks im ganzen Land ausbreiten.

Die Proletarier von fünfunddreißig Reisfabriken in Cholon begrüßen ihn mit einer Arbeitsniederlegung, durch die sie höhere Löhne und Anwendung der Sozialgesetze erstreiten wollen. Die Bosse geben nach zehn Tagen Komplettstillstand in den Fabriken klein bei. Ein Zeichen der Zeit: Die chinesischen Kulis haben sich mit den Annamiten solidarisiert. Streiks auch bei der Brennerei Distilleries de l'Indochine in Bình tây. Auf dem Land zerstören unzufriedene Bauern Reisdreschmaschinen.

Nicht einmal eine Woche später treten wir im Zentralgefängnis in den Hungerstreik.

Anfang Februar bereiten wir uns darauf vor, die Ankunft des neuen Jahres zu feiern, Jahr des Büffels, das den Tamarindenbäumen, die das Gefängnis säumen, ein neues Blattkleid schenkt. Die beim letzten Besuch in Mengen erhaltene Verpflegung, Tết-Kuchen und Zigaretten teilen wir untereinander.

Wie die Landbevölkerung, die zum Tết-Fest ihre Behausungen mit kalligrafierten Segenssprüchen auf roten Papierbändern dekoriert, zeichnet Vi, der frühere Dorfschreiber, zwei Sätze in chinesischen Schriftzeichen:»In Gemeinschaft können wir etwas ohne Rückgriff auf die Außenwelt erschaffen.«»Mit Kunst könnten wir alles erschaffen.« (*Cộng đồng kiến trúc vô cầu ngoại, Sản xuất toàn tri hữu nghiệp trung.*) Setzt man die beiden Satzanfänge *Cộng* und *Sản* zusammen, kommt ›Kommunismus‹ dabei heraus.

Für den Neujahrstag haben wir ein riesiges Schachspiel aus Brotkrumen und Pappe gebaut. Die Schachpartie auf dem Hof wird zwischen zwei Mannschaften ausgetragen. Mein Freund Don und ich auf der einen Seite, zwei Bauern aus Bến tre auf der anderen. Unsere Taktik besteht darin, den Gegner in eine Diskussion über unser Spiel zu verwickeln. Unsere Gegenspieler besprechen ihre Züge nur unter sich. Dem Ausspruch Sunzis in *Die Kunst des Krieges* folgend,»greifen wir dort an, wo der Gegner unvorbereitet ist, plötzlich, wenn er es nicht erwartet«.

* * *

Die Feier ist vorbei. Wir erhalten die schreckliche Nachricht von einem neuen Moskauer Prozess gegen die ›alten Bolschewiken‹ am 23. Januar 1937. Er richtet sich gegen das ›trotzkistische anti-sowjetische Zentrum‹ und, damit verbunden, eine ›Verschwörung zur Sabotage‹ durch hohe Funktionäre des Transportwesens und der Kohleindustrie. Immer dieselben ›umfassenden Geständnisse‹: Pjatakow erklärt detailliert die Beziehungen‹ der Verschwörer zu Trotzki und dessen Beziehungen zu den Nationalsozialisten; Radek erklärt gegen Prozessende:»Wenn sie unser Beispiel nichts lehrt, dann werden es die Trotzkisten in Frankreich, Spanien und anderen Ländern teuer bezahlen!« Die Tragödie nimmt im Morgengrauen des 1. Februar 1937 mit dreizehn Exekutionen ihren Lauf.

Die trotzkistisch-stalinistische Front in La Lutte erscheint uns mehr denn je als wahres Paradoxon. Die russischen Trotzkisten werden in Moskau wie schlüpfrige Schlangen behandelt, eingekerkert, deportiert, massakriert: Wie lange werden die Trotzkisten in Indochina der Verurteilung durch Stalin und seine Getreuen vor Ort noch entgehen?

Obwohl Tạ thu Thâu und seine Gruppe trotz dieses Pferdefußes von La Lutte auf einer einheitlichen Linie beharren, erfahren wir im März 1937, dass sich unser Kampfgenosse Hồ hữu Tường angesichts des der Zeitschrift auferlegten Schweigens an *Le Militant*, »Organ der Verteidigung des Proletariats und des marxistischen Kampfs«, gewandt hat, um das *Testament Lenins*[46] zu veröffentlichen, das vor der Brutalität und Illoyalität Stalins warnt.

Wieder ein wenig warm ums Herz wird uns, als uns Tạ thu Thâu irgendwann im Mai 1937 die Nachricht von einem neuen Streik im Arsenal überbringt. Dazu muss gesagt werden, dass er und Nguyễn văn Tạo wieder unter uns weilen! Obwohl beide im vorigen Monat erneut in den Saigoner Stadtrat gewählt wurden, hat Gouverneur Pagès keine Sekunde gezögert, sie angesichts einer vom Arsenal-Streik ausgelösten neuen Welle von Arbeitskämpfen hinter Schloss und Riegel zu bringen. Der Streik dauert fünf Wochen, vom 6. April bis zum 12. Mai 1937. Die Streikenden werden von Genossen aus anderen Betrieben unterstützt und von den Dorfbewohnern aus der Umgebung versorgt. Sie erreichen die Wiedereinstellung entlassener Kollegen und die Zusicherung, dass ihre Löhne angehoben werden. In Nhà bè streiken die Kulis der Franko-Asiatischen Ölgesellschaft gegen die Entlassung eines Kollegen. Eintausend Kulis revoltieren auf der Michelin-Kautschukplantage in Dầu tiếng. Auf dem Land demonstrieren die Bauern in Cần đước und Bà Điểm gegen die neue Tabakverordnung.

Als eines Sonntagnachmittags plötzlich mein alter Freund Anh Già, den ich seit 1932 aus den Augen verloren habe, auftaucht, bewegt mich das sehr. Er war 1933 zu einem Jahr Gefängnis verurteilt und zur Zwangsarbeit in die Steinbrüche von Châu đốc geschickt worden. Dort hat er den normalen Gefangenen beigebracht, die Fronarbeit zu verweigern, und einen Hunger-streik durchgeführt.

Wie er mir anvertraut, kam es zu seiner Festnahme anlässlich eines von den Trotzkisten organisierten wichtigen Geheimtreffens am Abend des 29. Mai 1937. Zum ersten Mal versammelten sich Arbeitervertreter von rund 40 Unternehmen und Werkstätten aus Saigon-Cholon (aus dem Arsenal, den Werkstätten der Artillerie, der Eisenbahn, der Straßenbahn, den Hüttenbetrieben, Werkstätten und Werften Indochinas, der Post, der Ostasiatischen Gesellschaft, der Kautschukfabrikation, aus den Wasser- und Elektrizitätswerken, den Druckereien Portail, Ardin und l'Union, den drei großen Kfz-Werkstätten der Stadt, der Brennerei Distilleries de l'Indochine sowie Vertreter der Reistransporteure aus den Reisfabriken Hiệp xương, Đức hiệp, Hàng thái, Extrême-Orient in Cholon ...), um den Arbeitergewerkschaftsverband (*Liên đoàn thợ thuyền*) zu gründen. Anh Già wurde geschnappt, als die Polypen von der Sûreté mit vollem Einsatz in die Versammlung von etwa 60 Arbeitern preschten.

Ins Gefängnis kamen außer Anh Già noch Tạ khắc Triêm und Nguyễn văn Kim, beide Streikaktivisten im Arsenal, Võ bửu Bính und Nguyễn kim Lượng, deren Haus in der nördlichen Vorstadt Saigons als Versammlungsort gedient hatte, sowie Võ thị Vân (Partnerin von Lư sanh Hạnh).

Die Trotzkisten zeigen deutlicher als je zuvor Präsenz in der Arbeiterbewegung. Die Sûreté ist alarmiert:»In Kotschinchina hat der Einfluss der revolutionären Agitatoren mit dem Ziel einer IV. Internationale zugenommen, insbesondere unter Arbeitern in der Region Saigon-Cholon ... Die Arbeiter sind eher in der Trotzkistischen Partei als in der KPI verortet.« Die Stalinisten sind nicht bereit, sich durch den Aufbau von Gewerkschaften gegen die Politik der Volksfront zu stellen, und preisen in dieser Phase stattdessen die Gründung von Unterstützergruppen.

***

Ich verlasse das Zentralgefängnis an einem sonnigen Junimorgen. Trauer wegen der Freunde mischt sich in meine freudige Stimmung. Ein Aufseher führt mich zur Sûreté, wo mich ein Inspektor befragt, was ich als Nächstes vorhabe, und mich warnt: »Passen Sie auf, wir haben ein Auge auf Sie!«

Ich kehre ins Dorf zurück, um meine Mutter zu besuchen. Diese, durch unser Wiedersehen ganz beschwingt, bringt dem Schutzgeist des Dorfes Opfergaben dar. In ihrer Hilflosigkeit erschien ihr die Welt der Menschen ganz ohne Ausweg, und so hat sie sich manches Mal an die unsichtbaren Geister gewandt. Als Nächstes begebe ich mich zu meiner Schwester Nummer fünf, die im Außenbezirk Saigons wohnt.

Ihr Ehemann, ein Asthmatiker, arbeitet als umherziehender Maurer. Ihre Mittel reichen kaum zum Leben, doch wie immer beherbergen sie mich mit großer Gastfreundlichkeit.

In einem armen Viertel Cholons besuche ich Hồ hửu Tường zu Hause. Ein weiterer Genosse ist zugegen, er macht einen bescheidenen, reservierten Eindruck. Tường stellt uns vor: »Der lebt im Untergrund«, sagt er schlicht, ohne mir die Identität des ›dritten Mannes‹ zu offenbaren. Wir teilen uns eine spärliche Brattaube zum Reis. So treffe ich zum ersten Mal – nach meiner Entlassung aus dem Gefängnis – Phan van Hùm, dessen Bericht *Im Zentralgefängnis* mich so sehr beeinflusst hat. Es ist zugleich das letzte Mal.

Am 19. Mai 1937 schreibt Gitton von der Kolonialsektion der Kommunistischen Partei Frankreichs an die Stalinisten der Gruppe La Lutte:»Was Euch betrifft, ist aufgrund neuer Direktiven keine weitere Zusammenarbeit zwischen der Partei und den Trotzkisten möglich. Wir haben den Brief eines Genossen über die Situation in Indochina und über die Zusammenarbeit mit den Trotzkisten erhalten. Diesen Brief haben wir zusammen mit unserer eigenen Einschätzung nach Hause (Moskau) weitergeleitet.«

Lustigerweise wird diese geheime Botschaft an die Zeitschrift *La Lutte* von einem französischen Seemann überbracht, der den Empfängernamen Tạo – ein Stalinist – falsch ausspricht, so dass der Brief dem Trotzkisten Thâu in die Hände fällt.

Ende Mai verlassen die Stalinisten die Gruppe La Lutte und beeilen sich, eine Zeitung mit dem Titel *L'Avant-garde* herauszubringen, in der sie ganz auf der Linie Moskaus und der KPF schreiben:»Die Volksfront ist keine Form von Klassenkollaboration zwischen dem Proletariat und der Bourgeoisie, wie es die verlogenen Trotzkisten, diese Zwillingsbrüder des Faschismus, behauptet haben. In seiner Rede vor dem Zentralkomitee der KPdSU am 3. März 1937 hat Genosse Stalin davon gesprochen, dass der Trotzkismus nicht länger eine Strömung der Arbeiterklasse darstelle, wie er es vor sieben oder acht Jahren noch war. Der Trotzkismus ist ein Verbündeter, ein Vertreter des Faschismus.«

Dieser gewaltsame Bruch zwischen Trotzkisten und Stalinisten in der Gruppe La Lutte hat gründlich Verwirrung unter den Sympathisanten gestiftet, die die Unterschiede zwischen Đệ Tam (III. Internationale) und Đệ Tứ (IV. Internationale) kaum oder gar nicht durchschauen.

Als ich im Juni 1937 aus dem Gefängnis komme, erscheint in unserer Zeitung *Le Militant* eine Bilanz der zwölf Monate Blum-Regierung: 30 Milliarden Budget für den Krieg, unterlassene Intervention in Spanien, Festnahme revolutionär gesinnter Journalisten, die Auflösung des Étoile nord-africaine[47], der ersten

Partei Algeriens, die Unterdrückung der Streiks in Indochina. Außerdem wird daran erinnert, dass die Polizei von Dormoy (sozialistisch) im März bei einer Demonstration in Clichy auf die Arbeiter schoss, wodurch fünf Menschen starben und über 150 verletzt wurden, und dass die mobilen Polizeieinheiten im nordafrikanischen Métlaoui 21 Streikende erschossen und Hunderte verletzt haben.

In Saigon reißt man sich um André Gides *Zurück aus Sowjet-Russland*.[48] Der Dichter Bích Khê hat schnell eine Übersetzung in *quốc ngữ* angefertigt. Dieses Buch lässt mich nicht nur Gide entdecken, sondern bestätigt auch, was mir bereits die Moskauer Prozesse gezeigt haben, und führt mir noch deutlicher den unvermeidlich explosiven Charakter unserer Beziehung zu den Stalinisten vor Augen, trotz aller brüderlichen Verbindungen, die wir zu einigen von ihnen im Gefängnis geknüpft haben.»›Trotzkismus‹«, schreibt Gide,»so nennt man heutzutage dort *den Geist der Konterrevolution*. Was man heute verlangt, ist der Geist der Unterwerfung, des Konformismus. Als ›Trotzkisten‹ werden all jene betrachtet, die sich unzufrieden zeigen.«

Ich suche mir Arbeit und komme als Korrektor bei *Flambeau d'Annam* unter, einer französischsprachigen Zeitung des unermüdlichen Konstitutionalisten Nguyễn văn Sâm, deren Vorgängerzeitung in annamitischer Sprache *Đuốc Nhà Nam* von der Zensur verboten wurde. Anh Già, der sich als Schildermaler seinen Reis verdient, bietet mir Unterkunft in seiner Behausung in der Rue Lacotte in Saigon an. In der Gesellschaft für Kautschukverarbeitung hat die Polizei vier Arbeiter, Aktivisten der klandestin organisierten Gewerkschaft, festgenommen, um einen Solidaritätsstreik für die Eisenbahner zu verhindern. Ich versuche, einen kurzen Artikel darüber für *Le Flambeau d'Annam* zu verfassen. Der Chef gibt ihn mir mit den Worten zurück:»Was für ein Tonfall – wollen Sie wirklich, dass sie die Zeitung dichtmachen?«

In der Presseschau des *Flambeau* schiebe ich Abschnitte französischer Zeitungen ein, die die juristische Fassade der Moskauer Prozesse anprangern. Also lassen die Stalinisten der Zeitung ganze Bündel von Kopien der umfangreichen Prozessberichte zukommen. Natürlich enden diese Unterlagen alle in meinem Papierkorb.

Auf die Schnelle stelle ich eine Broschüre in annamitischer Sprache, *Vụ án Moscou* (Die Moskauer Prozesse), zusammen, in der ich diese fast zwanzig Jahre nach der Oktoberrevolution von der stalinistischen Justiz begangenen Morde aufs Schärfste kritisiere ... Anh Già kümmert sich um die Umschlaggestaltung. Wir veröffentlichen die Broschüre unter dem Verlagsnamen *Chống trào lưu* (Gegen den Strom). Unmittelbar nach Erscheinen wird sie verboten, entgeht aber knapp der Beschlagnahmung und verbreitet sich dann im Samisdat. Bei Razzien in Annam und Tonkin fallen der Sûreté später einige Exemplare in die Hände. In derselben Reihe bringen wir weitere Broschüren, alle auf Vietnamesisch, über den Syndikalismus und die Aktionskomitees heraus.

Im Juli 1937 ziehen etwa einhundert Hafenarbeiter mit erhobenen Fäusten durch die Rue Catinat, um vor dem Arbeitsaufsichtsamt gegen die Kündigungen zu protestieren. Hundertfünfzig Arbeiter der Saigoner Schifffahrtsgesellschaft legen in Reaktion auf die Entlassung dreier Kollegen die Arbeit nieder. Sechzig Arbeiter des Stacindo-Werks demonstrieren vor dem Polizeirevier des Dritten Bezirks und fordern die Freilassung festgenommener Kollegen. Bald darauf kommt es allerorten zu Streiks.

Ich unterstütze, soweit es mir möglich ist, die streikenden Arbeiter der Fleischerei Guyonnet. Ihre Vertreter bitten mich, ihnen dabei zu helfen, ihre Forderungen auf Französisch zu formulieren.

Der Gouverneur von Kotschinchina, Pagès, hat der Sûreté einen Freibrief ausgestellt »für jegliche Hausdurchsuchungen und Festnahmen, die sie für nötig erachtet«, und so erfolgt ein Zugriff auf die Aktivisten der Gruppe La Lutte, die sich seit dem Ausstieg der Stalinisten ganz in trotzkistischer Hand befindet. Die Polypen durchsuchen den Treffpunkt der von Trần văn Thạch angestoßenen Gewerkschaftsinitiative in der Rue Lagrandière 133. Dort haben sich am Dienstagabend, den 22. Juni 1937, 45 Werksdelegierte zu einem Geheimtreffen versammelt. Die Sûreté kreuzt auch bei den

Nhà xuất-bản «CHỐNG TRÀO-LƯU»

Những sách sắp xuất-bản :

1. — LIÊN-BANG SÔ VIẾT 1937.
2. - CUỘC TRANH-BIỆN GIỮA TẠ-THU-THÂU
    VÀ NGUYỄN-AN-NINH VỀ MẶT-TRẬN
    BÌNH - DÂN.
3. — SỰ THAY ĐỔI CỦA ĐỆ-TAM QUỐC-TẾ.
4. TROTSKY.
5. — TỪ LÉNINE ĐẾN STALINE.
6. — LỊCH-SỬ ĐỆ-TỨ QUỐC-TẾ.

Hãy đọc :

TIẾN TỚI CÔNG - HỘI . . . . 0 $ 08
CÁCH LÀM VIỆC CỦA MỘT ỦY-BAN
HÀNH - ĐỘNG. . . . . 0 $ 10

Thơ và Mandat đề cho :

Ngô-văn-Xuyết
108, Rue Lacolte
SAIGON

NHÀ XUẤT BẢN
CHỐNG TRÀO - LƯU
1937

In tại nhà in Bảo-Tồn, 175 Bd de la Somme — SAIGON

Giá : 0 $ 20

Deckblatt der Broschüre »Die Moskauer Prozesse«

Aktivisten der Gruppe L'Avantgarde auf. Trotzkisten wie Stalinisten werden vor Gericht gebracht und wegen Mitgliedschaft in Geheimbünden mit Gefängnisstrafen belegt.

Das Ausmaß der Repression hat die Eisenbahner nicht davon abgehalten, auf der gesamten Eisenbahnverbindung zwischen dem Norden und dem Süden des Landes einen Generalstreik auszurufen. Zum ersten Mal ist die Transindochinabahn, die Saigon mit Hanoi verbindet, lahmgelegt – vom 10. Juli bis zum 9. August 1937. Die Streikenden erreichen eine 15-prozentige Lohnerhöhung und die Aufhebung der Strafen für Schäden am Arbeitsgerät, allerdings müssen sie dafür bei der Forderung nach Wiedereinstellung Hunderter entlassener Kollegen einlenken. Gouverneur Brévié will die Delegierten nicht anerkennen und lehnt auch die Einführung von Gewerkschaftsrechten ab. Die chinesischen Arbeiter aus dem Depot in Saigon, die sich mit den Streikenden solidarisiert haben, werden gefeuert. Dieser Kampf bildet den Höhepunkt der Streikwelle von 1936/1937.

Anlässlich einer Reise Bréviés nach Cần giuộc im August 1937 richten sich tausend Bauern mit ihren Forderungen nach Aufhebung der Personensteuer und Einführung demokratischer Rechte an den Gouverneur. Der lässt ihre Delegierten einsperren, wie er es auch bei seiner Ankunft in Rạch Giá getan hat. Am Abend des 23. August 1937 erhebt sich im Zentralgefängnis ein Höllenlärm, der durch die Straßen der Stadt schallt. Die Insassen protestieren gegen die Fesselung eines jungen Gefangenen und schreien: »Nieder mit der Unterdrückung! Lasst die Bauern von Cần giuộc frei!« Stockschläge, gefolgt von Wasser aus Feuerwehrspritzen bringen sie zur Ruhe.

Im August streiken außerdem 500 Arbeiter der städtischen Werkstätten und Baustellen erfolgreich gegen Entlassungen. Im Oktober und November legen 300 Kulis von Texaco und Socony in Nhà bè die Arbeit nieder. Die Hafenarbeiter verlassen den Hafen. In der Provinz streiken die Tilbury-Kutscher von Trảng bàng (Tây ninh) gegen die Behördenschikanen.

**

In der ersten Morgendämmerung wird die Tür gewaltsam aufgebrochen, Schreie reißen mich aus dem Schlaf. Die Polente strömt in die Hütte. Ein französischer Polizist packt mich am Arm und zerrt mich aus dem Bett; mein Leib zittert, mein Kopf steckt noch ganz im Nebel.

»Haben Sie Fieber?«, fragt er mich.

»Nein«, antworte ich.

Andere Büttel legen Anh Già, seiner Gefährtin sowie zwei jungen Freunden Handschellen an. Sie stellen die ganze Wohnung auf den Kopf, beschlagnahmen die verbotenen Broschüren und bringen uns in einem mit Plane überspannten Pritschenwagen in die Sûreté in der Rue Catinat.

Im Hof eingepfercht, treffen wir auf ein Dutzend Genossen samt Angehörigen, die in der Nacht festgesetzt worden sind. Unter ihnen erkenne ich Võ bửu Bính, Tạ khắc Triêm, aber auch Đoàn văn Trương und den jungen Nguyễn văn Soi wieder. Bei Letzterem haben die Polypen Utensilien für das Hektografieren und Flugblätter mit dem *Aufruf* des Arbeiterbunds Saigon-Cholon entdeckt sowie, in der Hüttenwand versteckt, eine Auflistung bei diversen Unternehmen und im Arsenal gesammelter Gelder. Eine Mitteilung der Sûreté, immer über trotzkistischen Einfluss im Arbeitermilieu besorgt, nennt dies »am 2. September 1937 durchgeführte Rechtshandlungen gegen die Partisanen der IV. Internationale in Kotschinchina«.

Im Zentralgefängnis, in das man uns überführt hat, verbringe ich die Nacht mit einem Dutzend Unbekannter in der Todeszelle. Die einzige Öffnung bildet ein Spion aus kleinen Löchern im oberen Teil der Eisentür. Das fahle Licht einer elektrischen Lampe breitet sich über dieses riesige Verlies aus.

Am nächsten Tag komme ich in Isolationshaft. »Sträflingskleidung!«, befiehlt mir in aggressivem Ton der französische Gefängnisaufseher, als ich aus der Zelle geholt werde, um dem Untersuchungsrichter vorgeführt zu werden.

Es stellt sich ein vertrautes Gefühl ein, als ich in den Naturstoff schlüpfe: Natürlich ist der Sträflingsanzug zu klein. Im Stillen muss ich lachen, als ich meinen Freund Anh Già im selben lächerlichen Aufzug zu Gesicht bekomme, wie er von einem Aufseher gepackt und hochgehoben wird, während wir über die Rue Lagrandière zum Gericht geführt werden.

Nach einer Nacht im Kerker komme ich wieder in die Zelle der politischen Gefangenen. Ich bin gerührt, die Freunde wiederzutreffen, die ich im Juni hier zurückgelassen habe. Nun mache ich auch Bekanntschaft mit den vier Arbeitern der Gesellschaft für Katuschukverarbeitung, Dương văn Tư, Nguyễn văn Tiền, Nguyễn văn Mẫn und Nguyễn văn Nho.

Nachdem ich etwa einen Monat mit ihnen zusammen verbracht habe, kommt eines Morgens ein Gefängnisaufseher und ruft Anh Già und mich auf. Wir haben gerade noch Zeit, uns von den Zellengenossen zu verabschieden.

Meine neuen Freunde werden am 18. November 1937 zu hohen Strafen verurteilt: Lê văn Oánh zu zwei Jahren Gefängnis und zehn Monaten Aufenthaltsverbot; Dương văn Tư, Nguyễn văn Tiền, Nguyễn văn mẫn, Đoàn văn Trương und Tạ khắc Triêm zu einem Jahr Gefängnis und fünf Jahren Aufenthaltsverbot; Nguyễn văn Nho, Nguyễn văn Trọng, Dương văn Tương und Nguyễn văn Soi zu sechs Monaten Gefängnis. Sie alle waren mit Leib und Seele an den Streiks und der geheimen Gewerkschaftsbewegung 1937 beteiligt.

Als ich aus dem Zentralgefängnis entlassen werde, bietet mir Chị Sáu, Võ bửu Bính Partnerin, die auf dem Zentralmarkt Sojasprossen verkauft, großzügig Unterschlupf. Ihre kleine Wohnung dient häufig als Zuflucht für Freunde in Schwierigkeiten.

Zunächst gilt meine ganze Sorge der täglichen Reisschale. Ich ziehe durch die Stadt auf der Suche nach Anstellung.

Schließlich bietet mir Comptoirs généraux de l'Indochine – eine Eisenwarenhandlung – eine Stelle in ihrer Niederlassung im kambodschanischen Phnom Penh an. Meine nach dem Gefängnisaufenthalt gerade erst wiedergewonnenen Freunde verlassen zu müssen, betrübt mich zwar, doch die Perspektive, ihnen nicht mehr auf der Tasche zu liegen, lässt mich aufatmen. Außerdem beglückwünsche ich mich dazu, mich auf diese Weise der Polizeiüberwachung zu entziehen. Was sich als reichlich naiv herausstellt. Denn kaum habe ich mich Ende 1937 in der Khmer-Hauptstadt niedergelassen, als mich mein Vermieter, ein junger annamitischer Rikschabesitzer, warnt, dass die Sûreté ein Auge auf mich hat. Und eines Morgens sagt mir mein französischer Chef:»Sie wissen, dass Sie unter Beobachtung stehen. Ich werde Ihnen helfen, sich hier ein Leben aufzubauen, aber betreiben Sie auf keinen Fall Agitation – damit würden Sie eine Ausweisung aus Kambodscha riskieren.«

Ich bin erstaunt über seine unter den Kolonialisten höchst seltene Einstellung. Später erfahre ich, dass er radikaler Sozialist und mit einer Laotin verheiratet ist.

1938 lerne ich Từ văn Hơn, der Büromaschinen bedient, und weitere Redakteure der Zeitung *Tranh đấu-La Lutte* und der Zeitschrift *Tháng mười* (Oktober) kennen: Diệt, der beim Zoll arbeitet, den jungen Hương und Bình, die beide bei Descours et Cabaud in Phnom Penh angestellt sind, sowie einen Journalisten. Alle sympathisieren mit der Strömung der IV. Internationale in Kotschinchina.

Allen Bemühungen zum Trotz gelingt es unserem Zirkel nicht, Kontakt mit den Einheimischen aufzubauen. Zum einen liegt das an der Sprachbarriere, zum anderen am tiefen Misstrauen, das auf die Eroberungszüge der Annamiten Richtung Süden im 17. Jahrhundert zurückgeht, auf denen sie das Territorium der Khmer in Kotschinchina unter ihre Kontrolle brachten und ihre Herrschaft über das gesamte Königreich errichteten. Der revanchistische Ausdruck *Cap youn* (den Annamiten den Kopf abschneiden) ist noch lebendig und erinnert an die Massaker, die Kambodschaner in den 1920er-Jahren an Annamiten begangen haben. Die Kolonialmacht hat es nicht versäumt, diese Feindseligkeit aufrechtzuerhalten, indem sie den Annamiten eine bessere Stellung als den schlechter ausgebildeten Einheimischen zukommen ließ. Wir gehören zu den etwa 27 000 Annamiten, die als Funktionäre, kaufmännische Angestellte, Arbeiter, Handwerker und Geschäftsleute in Phnom Penh leben. Es gibt ein ausschließlich annamitisches katholisches

Viertel, dessen alter französischer Pfarrer, indem er zu Wucherzinsen an seine Schäfchen Geld verleiht, die Eigentumstitel der überschuldeten Fischerboote auf sich überträgt und so die Enteigneten seiner Gnade unterwirft.

Ich lerne den Anwalt Lascaux kennen, der wegen seiner kritischen Einstellung gegenüber den Herren nicht sehr wohlgelitten ist. Als die Sprache einmal auf die absurden ›Geständnisse‹ der alten Bolschewiken im letzten Moskauer Prozess kommt, bemerkt er:»Das ist, als hätten sie gestanden, die Glocken von Notre-Dame gestohlen zu haben!« Da ich über Notre-Dame nichts weiß, bleiben mir seine Worte ein Rätsel ... Als ich mich verabschiede, schenkt er mir eine alte Schreibmaschine.

Ein Genosse, der in der Transportschifferei auf dem Mekong zwischen Saigon und Phnom Penh arbeitet, bringt uns ab und zu verbotene Zeitungen und Broschüren mit. Lư sanh Hạnh kommt mich häufig in Phnom Penh besuchen, wir halten uns über die Geschehnisse in Kotschinchina auf dem Laufenden.

Im Februar 1938 legen 4 000 streikende Lastenträger die gesamte Reisproduktion in Cholon lahm. Sie weigern sich, die Reissäcke aus 300 am Kai festgemachten Dschunken zu transportieren. Nach drei Tagen geben die Vorgesetzten nach. Sporadisch kommt es auch noch 1938 zu Streiks in den Handwerksbetrieben, in Ziegeleien, Töpfereien, Glaswerken, Seidenfabriken und im Flusstransport.

In diesem Jahr der Tigers fällt die Ernte katastrophal aus, nachdem die Rostkrankheit bei den Reispflanzen um sich gegriffen hat. Das Gespenst der Hungersnot sucht die armen Bauern im Westen Kotschinchinas heim. Im September 1938 demonstrieren 1500 Bauern mit ihren Frauen und Kindern in Phước long, sie fordern Arbeit und Nahrung. Der annamitische Behördenvertreter alarmiert den Verwaltungsbeamten von Rạch giá, improvisiert ein paar ›Nothilfestellen‹, verteilt einige Hilfsgüter und verriegelt dann seine Tür ›wegen Krankheit‹. In der Provinz Bạc liêu machen sich innerhalb einer Woche Hunderte von Hungerleidern über Dutzende Kornkammern her, die sich im Eigentum von Grundbesitzern befinden. Am 4. Oktober 1938 demonstrieren 500 Bauern in Càmau. Die Miliz

schreitet gewaltsam ein, es gibt zahlreiche Verletzte. Diese Zwangs-
arbeiter der Reisfelder bekommen Monate und Jahre Freiheitsentzug für Verletzung des heiligen Eigentumsrechts und der
öffentlichen Ordnung.

Mit meinem Freund Diệt teile ich mir eine Unterkunft direkt
am Markt. Er besitzt – oh Wunder – ein Grammophon, das uns,
ohne jemals langweilig zu werden, abwechselnd Lieder von Tino
Rossi – *Guitare d'amour … Apportez-lui l'écho des beaux jours … Va
lui chanter pour moi … La chanson de mon rê-ê-ê-ve …* – oder Melo-
dien von Louis Armstrong spielt.

Einen Samstagabend bringt Diệt uns, das heißt zwei andere
Freunde und mich, in einen Schuppen, der sich RO (Régie d'opium)
nennt. Wir bekommen freien Eintritt, der chinesische Betreiber
hat ›Geschäfte‹ mit ihm in der Zollbehörde. Schon am Eingang
erschnuppere ich den unvergleichlichen Duft der Droge, so sanft
und beruhigend. Es gibt keine weitere Beleuchtung außer dem
Schimmer der Öllampen, die einen schwachen Glanz auf die Gesichter der Rauchenden werfen. Zuvorkommend bietet uns der
Betreiber einen Platz im hinteren Bereich an, in einer ruhigen
Ecke in einiger Entfernung von den Dauergästen. Wir strecken uns
auf der Holzliege hin, den Kopf auf eine Ablage aus durchbroche-
nem Porzellan gebettet. Hier redet man nicht, man murmelt. Wir
erhalten neben dem Raucherbesteck noch eine kleine Teekanne
mit vier kleinen Tassen. Die Pfeife besteht aus einem etwa 50 Zentimeter langen, an einem Ende geschlossenen Rohr aus patiniertem
Holz. Auf Zweidrittellänge befindet sich der tönerne Pfeifenkopf
mit einem winzigen Loch in der Mitte. Diệt nimmt geschickt mit
der Spitze einer langen Nadel das zähe braune Kügelchen auf und
lässt es über der Flamme brutzeln, die durch ein dickes, konisch
geformtes Glas abgeschirmt wird. Er knetet das Kügelchen auf
dem glatten konvexen Rand des Pfeifenkopfs, wärmt es erneut auf,
knetet es wieder, bis es die Farbe eines Grillenkopfs angenommen
hat … Dann drückt er es im Handumdrehen in den Hohlraum des
Pfeifenkopfes und legt die Nadel fort. Er befestigt den Pfeifenkopf
wieder über der Flamme und reicht mir die Pfeife. Ich nehme

mehrere Züge, blase den Rauch aus. Meine erfahreneren Freunde saugen eine ganze Pfeife mit einem einzigen Zug ein und trinken dann ein Tässchen starken Tees, bevor sie den Rauch wieder ausstoßen. Euphorie ergreift mich.

Ich werde Korrespondent des *Tia sáng* (Der Funke), der ab Februar 1939 in Saigon in der Landessprache erscheint. Im April veröffentliche ich darin unter dem Namen Tân Lộ einen Artikel über *Tạ thu Thâu und die bolschewistisch-leninistische Politik*, in dem ich auf die folgenschweren Widersprüche der alten Gruppe La Lutte zurückkomme und Tạ thu Thâu und die legal agierenden Trotzkisten scharf dafür kritisiere, eine Allianz mit den Stalinisten eingegangen zu sein.

Einmal bitte ich meinen Vorgesetzten um Erlaubnis, zum Familienbesuch für einige Tage nach Saigon zu reisen. »Ach ja, und es sind ja auch noch die Wahlen ...«, kommentiert er schelmisch, als er mir seine Zustimmung gibt.

Natürlich weiß er wie ich, dass eine eigene Beteiligung an diesen Kolonialratswahlen nach Zensuswahlrecht für mich nicht in Frage kommt, doch ich brenne auf ein Wiedersehen mit meinen Genossen inmitten jenes Wahlkampfs, der Saigon im April 1939 zum Sieden bringt. Die Stalinisten mit ihrer Zeitung *Dân chúng* (Das Volk) und ihrer Liste ›Demokratische Front‹ machen eine Kampagne für demokratische Reformen als Gegenleistung für die Unterstützung der Kolonialmacht in ihrer indochinesischen Verteidigungspolitik. Die Liste Tranh đấu-La Lutte der Trotzkisten hält dagegen und verurteilt jeden Kompromiss mit der Kolonialherrschaft. Die Trotzkisten orientieren ihre Propaganda an der Notwendigkeit einer ›Arbeiter- und Bauernfront‹ gegen den Krieg, gegen den Aufbau eines Fonds für die Landesverteidigung, gegen Steuererhöhung und die Einführung einer Rüstungssteuer sowie gegen die zwangsweise Aushebung von Hilfstirailleuren. Sie legen ihr Revolutionsprojekt dar: Bildung von Fabrikräten und Bauernräten zur Kontrolle der Banken, der Industrie-, Handels- und Landwirtschaftsunternehmen; Übergabe der Leitung von Transport- und Postwesen an das Proletariat; Aufteilung der Bereiche Banken,

Kirche und Grundeigentümer unter armen Bauern; Beauftragung der Bauernräte mit der Auflösung der feudalen Ausbeutung, und schließlich gegen den Krieg das langfristige Projekt einer Asiatischen Sowjetföderation.

Am 30. April wimmelt der Rathausplatz nur so von Menschen. Hier warte ich mit der Menge auf die Wahlergebnisse. Plötzlich ein Schrei:»Die ganze Liste der IV. ist gewählt!« Ein Ausbruch der Freude. Spontan bildet sich ein Zug in Richtung des Sitzes von *La Lutte*. Rufe erschallen:»Es lebe die Arbeiter- und Bauernfront! Nieder mit der Demokratischen Front!«

Eigentlich hätte das subversive Programm der Anhänger der IV. Internationale die Zahl der Wähler in die Höhe treiben müssen, doch viele haben sich schlicht vom Protest gegen die neuen Steuern und Abgaben für die Landesverteidigung leiten lassen. So werden paradoxerweise Tạ thu Thâu, Phan văn Hùm und Trần văn Thạch von der Gruppe La Lutte nach Zensuswahlrecht zu Mitgliedern des Kolonialrats gewählt. Die Stalinisten Nguyễn văn Tạo und Dương bạch Mai, die im zweiten Wahlgang in geheime Verhandlungen mit den bürgerlichen Konstitutionalisten getreten sind, verlieren die Wahl, unzufriedene Wähler haben ihre Liste sogar als ›Regierungsliste‹ bezeichnet.

Führen wir uns vor Augen, dass bereits im Mai 1938, während die Regierung Daladier eine Anleihe über 33 Millionen Piaster für die Verteidigung Indochinas zeichnet und die zusätzliche Rekrutierung von 20 000 einheimischen Tirailleuren beschließt, einige in der KPI vorschlagen, die Anleihen zu 100 Piastern in Zinsscheine zu 10 und 5 aufzuteilen, die dann auch für den kleinen Geldbeutel erschwinglich wären. Ein Rundschreiben der KPI vom 1. Juli 1938 erklärt den Aktivisten:»Die begehrlichen Blicke, die Japan auf die Insel Hainan geworfen hat, bedrohen unmittelbar die Sicherheit Indochinas. Angesichts dieser territorialen Ziele der Faschisten unterstützt die Kommunistische Partei Indochinas die (von der Regierung) ergriffenen Maßnahmen.« Anders gesagt, die Kolonialmacht ist für die Stalinisten zu einem möglichen Verbündeten geworden. Das Zentralkomitee hat bemerkt, wie unpopulär die

Anleihe ist, und verurteilt schließlich sogar übereifrigen Zuspruch, empfiehlt aber weiterhin, die Regierung zu unterstützen:»Wenn wir dies nicht tun, wird unsere Position zu leicht mit der der Trotzkisten zu verwechseln sein, die gegen den Ausbau der Landesverteidigung protestieren.«

In *Dân chúng* vom 1. April 1939 verkünden die Stalinisten:»Die Trotzkisten verkaufen sich an Japan und an den Faschismus.«

Phan văn Hùm antwortet in *Tranh đấu* vom 19. Mai 1939:»Seit langem leidet das Volk unter Armut und Elend, es hat nichts zu verteidigen. Man zeigt uns die Reisfelder, das Land, die Häuser ... doch wenn wir genau hinsehen, erkennen wir, dass der Glanz, die Schönheit, der Reichtum alle dem Bourgeois vorbehalten sind. Unter den zehn neuen Steuerkategorien finden sich auch solche, die Zucker und Streichhölzer betreffen, die zwei alltäglichen Gebrauchsgüter ... Die ›Landesverteidigung‹? Wieso lädt man sie der armen Bevölkerung auf die Schultern?«

Bei der Rekrutierung der 20 000 Tirailleure ist es zu Schwierigkeiten in den Auslosungsstellen gekommen, insbesondere zu Selbstverstümmelungen und Verurteilungen wegen Anstachelung zur Dienstverweigerung.

In einem Telegramm vom 20. Mai 1939 an Generalgouverneur Brévié begrüßt der Kolonialminister die Position Nguyễn văn Tạos:»Während die stalinistischen Kommunisten mit Nguyễn văn Tạo verstanden haben, dass das Interesse der annamitischen Massen es erfordert, näher an Frankreich heranzurücken, scheuen sich die Trotzkisten unter Führung Tạ thu Thâus nicht, die Einheimischen zu einem Aufstand aufzustacheln, um ihren Profit aus einem möglichen Befreiungskrieg zu schlagen.«

* * *

Die Sûreté in Phnom Penh hat uns nicht aus den Augen verloren. Am Vortag des 14. Juli 1939 werden Từ văn Hơn und ich einbestellt. Ich betrete das Amtszimmer von Arnoux als Erster. Die Tür schließt sich, und ich stehe vor dem Oberpolypen, der hinter seinem massigen leeren Schreibtisch in einem Ledersessel versinkt. Zu seiner Linken Inspektor Brocheton, dem ich bereits gelegentlich über den Weg gelaufen bin, wenn er meinem Chef einen Besuch abstattete. Zu seiner Rechten, die Hände auf den Schreibtischrand gestützt, Inspektor Ouvrard, der teils tonkinischer Abstammung ist und mit mir Annamitisch zu reden pflegte, wann immer er zu Comptoirs généraux kam, um Patronen für sein Jagdgewehr zu kaufen. Das Trio starrt mich schweigend an, zweifellos um mir Eindruck zu machen.

»Wir haben Sie in Ruhe gelassen«, sagt schließlich Arnoux in bedächtigem, gleichmäßigem Tonfall, »wir verlangen, dass Sie uns ebenfalls in Frieden lassen.«

»Aber ich sehe nicht ...«

Er lässt mich nicht ausreden und fährt fort:

»Sie wissen, dass Kambodscha ein ruhiges Land ist, wir tolerieren keinerlei Unordnung, keine Agitation ...«

»Ich bin hier, um zu arbeiten und meinen Lebensunterhalt zu verdienen, außerdem spreche ich kein Khmer und habe keinen Kontakt zu den Einheimischen ...«

»Aber mit Ihresgleichen haben Sie sich getroffen?«, unterbricht mich der Halbtonkine.

»Nein.«

»Selbst nicht mit dem Fahrrad?«

Jetzt begreife ich, dass sie nicht einen Moment von uns abgelassen haben, auch nicht auf unseren sonntäglichen Fahrradtouren in die Phnom Penher Vorstadt, nach Bactouk, wo viele Chinesen wohnen, und möglicherweise selbst nicht, als wir mit dem Sampan zur nahegelegenen Insel Chroui Changwar, Hochburg der muslimischen Malaien, gefahren sind.

In den folgenden zwei Monaten überschlagen sich die Ereignisse: Stalin unterzeichnet den deutsch-sowjetischen Nichtangriffspakt, die deutschen Truppen fallen in Polen ein, Frankreich und England erklären Deutschland den Krieg, und in Frankreich und Indochina kommt es zur Mobilmachung.

Zwei Tage nach Bekanntmachung des allgemeinen Mobilma-
chungsbefehls in Phnom Penh kommen die Polypen frühmorgens
und durchsuchen meine Wohnung. Sie nehmen meine Briefe und
Bücher mit. Am folgenden Tag muss ich bei der Sûreté erscheinen,
um beim Auspacken der beschlagnahmten Papiere zu helfen. Ich
fühle mich wie ein gehetztes Tier und würde am liebsten Reißaus
nehmen. Nur wohin?

Als ich am 4. Oktober 1939 erneut zur Sûreté gerufen werde,
treffen Tử văn Hơn, ein mit uns befreundeter Journalist, und ich
auf etwa zwanzig weitere Personen, größtenteils in Phnom Penh
ansässige Annamiten, darunter ein Schuldirektor, sowie einige
ältere Chinesen, die vermutlich der Bildung eines Geheimbunds
verdächtigt werden. Ein Inspektor, Kunde bei Comptoirs, wo ich
arbeite, fragt mich:

»Sie sind in diese Geschichten verwickelt?«

»Ich werde darin verwickelt ...«

Eine schwere Tür schließt sich hinter uns, wir sitzen in der Falle.
Am Abend erhalten wir von draußen Verpflegung und Decken.
Wir schlafen dicht an dicht auf dem nackten Zementboden. Am
späten Nachmittag bringen uns die Familien Essen. Botschaften
und Neuigkeiten von draußen erreichen uns in Form von Papier-
chen, die zwischen den Wasserlinsenstängeln versteckt werden.

Die Tage vergehen, und nach ein, zwei Wochen fragen sich alle,
wieso man uns hier auf unbestimmte Zeit eingesperrt hat.

Khả, der Schuldirektor, rezitiert den lieben langen Tag französische Literaturklassiker. Das Bild des »in einen Stern verliebten
Regenwurms«[49] ist mir im Gedächtnis hängengeblieben.

Eines Tages wird ein Franzose zu uns verlegt, dem sie Drogenschmuggel vorwerfen. Er ist froh, sich auf Französisch mit uns
unterhalten zu können.

In der dritten Woche Gefangenschaft werde ich eines Morgens
zur Staatsanwaltschaft geführt. Trotz Fesseln an den Handgelenken
freue ich mich, die Straßen und Menschen der Stadt, in der ich seit
zwei Jahren lebe, wiederzusehen.

Der Staatsanwalt ist ein Inder.

Cần thơ in Westkotschinchina, wo ich
die Jahre 1942–1945 verbrachte

»Wir haben einen Haftbefehl gegen Sie von der Staatsanwalt-schaft Mỹ tho. Stimmen Sie einem Erscheinen vor dem Gericht von Mỹ tho zu?«

»Und wenn ich nicht zustimme?«

»Dann werden wir Sie gewaltsam dorthin bringen.«

Mỹ tho im Westen Kotschinchinas? Aus welchem Grund? Ich verstehe nicht. Ich werde ins Gefängnis von Phnom Penh ver-bracht, um dort auf den nächsten Konvoi nach Kotschinchina zu warten.

Es ist Nachmittag. Die Sonne knallt. Der oberste Sträflingsauf-seher, ein altes Wrack von einem widerlichen Kolonialisten, dicht behaart, hat sich auf einer Hängematte hingestreckt und wiegt sich eben in den Schlaf, als er in seiner Siesta gestört wird. Zornig springt er auf. Meine Begleitung tritt an ihn heran und stammelt irgendetwas.

»Nein! Nein! Nein!«, ruft jener, »verziehen Sie sich! Keine ›Poli-tischen‹ hier!«

Ich werde also wieder zur Sûreté zurückgebracht.

Im Morgengrauen des folgenden Tages werde ich in einen Kleintransporter voller Gefangener ›verladen‹. Neben uns sind hier große halbkugelförmige Käfige verstaut, in denen man durch die Gitter Enten, Hühner und Hähne unruhig hin- und herrutschen sehen kann, außerdem Kaninchenkörbe, alles eine Sendung des Kommissars aus Phnom Penh an seinen Kollegen in Saigon – das Viehzeug ist hier günstiger als in Kotschinchina!

Wir werden zu zweit zusammengekettet und stehend einer an den anderen gequetscht, während wir uns, soweit es möglich ist, mit der freien Hand am Eisengestänge festhalten, das die Plane trägt. Die Aufseher hindern uns daran, uns auf die sperrigen Käfige zu setzen. Zweige schlagen uns an die Köpfe, während der Wagen in die Gänge kommt, und so ducken wir menschlichen Sardinen uns, soweit es eben geht. Ich denke mit Bedauern daran, dass ich Kambodscha verlasse, ganz ohne Angkor gesehen zu haben.

In Saigon werde ich zur Sûreté in der Rue Catinat verbracht, wo mir der altbekannte Geruch von Urin und Angst in die Nase steigt. Hier begegne ich dem Opiumschmuggler wieder, meinem französischen Mithäftling aus Phnom Penh. Er teilt sein Mittagessen mit mir, das speziell für die französischen Gefangenen von draußen angeliefert wird. Am nächsten Tag werde ich, die Hände in Fesseln, von einem Milizionär zum Zug nach Mỹ tho gebracht.

IM MEKONGDELTA

In dem kleinen Zug, der uns von Saigon nach Mỹ tho bringt, scheinen die Reisenden, größtenteils barfüßige Bauern, die Anwesenheit gefesselter Gefangener in Begleitung eines Milizionärs – ob nun aus Gleichgültigkeit oder weil ihnen die Situation heikel vorkommt – nicht zu bemerken. Nachdem ich nun fast einen Monat in der Anlage der Sûreté in Phnom Penh eingesperrt gewesen bin und einer ungewissen Zukunft im Gefängnis entgegensehe, erfreue ich mich am Vorüberziehen der sich gleichenden Landschaften, an den unendlichen Reisfeldern, wie sie in der Sonne glitzern, den Herden friedlicher Büffel, den Bambushecken zum Schutz der Strohhütten. Warum nur bringt man mich nach Mỹ tho? Ich bekomme die Frage nicht aus dem Kopf. Bei meiner Ankunft werde ich in das Dienstzimmer des Untersuchungsrichters geführt, einem Inder, dem die Angriffslust ins gerötete Gesicht geschrieben steht:

»Ah! Trotzkist! ... Diese Bande von Saboteuren!«

Sonderbar, wie er mich so in der Sprache der Moskauer Prozesse attackiert. Er zieht einen Brief aus den Unterlagen und fordert mich auf zu bestätigen, dass er aus meiner Feder stammt. Ich erkenne ihn wieder: Es handelt sich um einen Brief, den ich an Cảnh geschickt habe, einen bei der Steuerbehörde in Mỹ tho angestellten Freund, der mich gefragt hatte, ob man Trotzki lesen müsse. Zwischen den auf *quốc ngữ* geschriebenen Zeilen finden sich auf Französisch nur die Titel von Trotzkis *Die permanente Revolution* und *Die Dritte Internationale nach Lenin*. Cảnh hatte ihn zwischen den Seiten eines Registers vergessen. Dort war der Brief seinem französischen Vorgesetzten in die Hände gefallen und sofort an die Sûreté übergeben worden. Ich erfahre zudem von der Verhaftung Cảnhs.

»Sie werden subversiver Aktivitäten beschuldigt«, erklärt mir der Richter.

Dann führt mich die Wache zum Gefängnis im Zentrum Mỹ thos. Hier finde ich mich in der überfüllten Zelle für Angeklagte wieder. Alle hier warten auf die Beweisaufnahme oder ihr Urteil.

Im erstickenden Urinmief und Abortgestank sitzen oder schlafen sie auf den vor Schmutz starrenden Pritschen. Meine nackten Füße scheuen vor dem schleimigen Boden zurück. Ein Gefangener erledigt sein Geschäft auf der Plattform im hinteren Teil des Raums und versucht, über dem Loch hockend, seine Blöße mit einer Holzplatte zu verdecken, die als Abdeckung für die Abortgrube dient.

Sieben oder acht Bauern umringen mich einladend, als ob sie meine Ankunft erwartet hätten. Vielleicht sind sie wie ich anlässlich der Kriegserklärung festgenommen worden.

Wir sind hier permanent eingesperrt. Zweimal am Tag, am Vormittag gegen 11 Uhr und am Nachmittag gegen 16 Uhr, wenn sich die einzige, aus Eisen gefertigte Tür öffnet, flutet die Herde auf den schmalen Hof, eilt auf den Bewegungsplatz, hockt sich nieder und stopft die auf den blanken Boden verteilte Verpflegung in sich hinein. Dann kehrt sie unter den wachsamen Blicken der Gefängnisaufseher geschwind in die Zelle zurück. Kein Ausgang auf den Hof, keine Sekunde Frische-Luft-Schnappen.

Zu den Essenszeiten sehen wir die weiblichen Gefangenen auf der Schwelle ihrer Zelle hocken. Unter ihnen befindet sich auch die zu drei Jahren Freiheitsentzug verurteilte ältere Schwester meiner Lebensgefährtin, die einzige ›politische‹ Gefangene in diesem Gefängnis. Sie ist der KPI in ihrem heroischen Zeitalter, 1930, beigetreten.

Bald werden wir von den gewöhnlichen Gefangenen getrennt. In einer Zelle, nicht breiter als ein Korridor, werde ich mit meinem unglücklichen Briefpartner Cảnh, den Bauern aus Thạnh lợi sowie vier Mystikern zusammengelegt, die ebenfalls politische Gefangene sind.

Abgesehen von zwei kurzen Austritten zur Nahrungsaufnahme, bei denen wir uns wegen Raummangels ebenfalls nicht groß bewegen können, sitzen oder hocken wir auf den Pritschen. Draußen, direkt unter dem vergitterten Fenster zum Hof, befindet sich ein Wasserkrug. Der Zugang erfordert einige Akrobatik. Wir müssen uns auf den Fenstersims – zwei Meter über dem Boden – stellen, um durch das Gitter hindurch mit einer leeren, an einer Schnur befestigten Konservenbüchse Wasser aus dem Krug zu schöpfen. Wir helfen uns gegenseitig, wenn es ums Trinken oder eine gelegentliche notdürftige Körperreinigung geht.

Die Urteile über Cảnh und mich werden im November gefällt. Ohne Anwalt müssen wir uns um unsere Verteidigung selber kümmern. Das Dossier enthält vermutlich nicht mehr als meinen Brief an Cảnh und Unterlagen der Sureté über meine Vergangenheit. Ich erkläre, dass ich nach meiner Entlassung aus dem Gefängnis 1937 in Phnom Penh gearbeitet, mich jeglicher politischer Tätigkeit enthalten habe und sich meine ›subversive Aktivität‹ darin erschöpft, einem Freund die Titel zweier Werke von Trotzki mitgeteilt zu haben.

»In Saigon hat man Sie aber dabei beobachtet, wie sie Tạ thu Thâu auf der Straße gegrüßt haben«, erwidert der Vorsitzende Richter.

»Tạ thu Thâu habe ich im Gefängnis kennengelernt, selbstverständlich grüße ich ihn, wenn ich ihm begegne.«

Das Urteil: sechs Monate Gefängnis für Cảnh, acht Monate für mich. Wir entscheiden, keine Berufung einzulegen.

An diesem Tag vor demselben Gericht, Sitz der Strafkammer. In der Abenddämmerung zerreißen mir die Schreie, das Heulen und Klagen der Frauen das Herz, die unter Tränen gemeinsam mit ihren Kindern ihren in Ketten gelegten Männern in Richtung Gefängnis folgen. Diese zur Zwangsarbeit Verurteilten wird man in die düsteren Zellen neben der unseren sperren. Dort müssen sie dann ihrer Verschickung in die Strafkolonie Poulo Condor harren. Am selben Abend langt bei Anbruch der Nacht der Schurkenrichter im Gefängnis an. Dieser Nachfahre von Sklaven, gestern noch ›kolonisiert‹ wie seine späteren Opfer, heute aber dank Geburt auf den Antillen zur Würde eines französischen Bürgers erhoben, scheint sich in seiner Lakaienrolle pudelwohl zu fühlen, als er diejenigen inspiziert, die er ganz ohne Skrupel in den langsamen Tod der Strafkolonie schickt.

Isoliert in einem Kerker sitzt ein Flüchtling aus Poulo Condor Tag und Nacht in Ketten; sein Schädel ist von der Stirn bis zum

Hinterkopf rasiert, die Gefängniswärter nennen ihn abschätzig ›Huhn‹.

Ich freunde mich mit dem jüngsten von den Mystikern an und baue Stück für Stück auch Kontakt mit den drei älteren auf, die sich noch schweigsamer und distanzierter verhalten. Der Älteste von ihnen, Nguyễn ngọc Diện, ein untersetzter Mann jenseits der dreißig mit traurigem Blick und bleichem Gesicht, mutet außergewöhnlich an neben seinen Begleitern mit ihren sonnengebräunten und vom Schlamm der Reisfelder ausgelaugten Gesichtern.

»Er glaubt, ein Nachfahre des Kaisers Minh Mạng zu sein«, erklärt mir ein alter Bauer aus Thạnh lợi, »und er fordert von den Franzosen die Wiederherstellung des annamitischen Reiches.«

Mir fällt wieder ein, dass mich im August 1937, jenem aufgewühlten Jahr in Saigon, eine Zeitungsmeldung verblüffte: Der ›General‹ Nguyễn ngọc Diện, Oberhaupt einer caodaistischen Sekte, der seine Anhänger zur Verweigerung der Kopfsteuer aufgefordert hatte, war im Zentralgefängnis inhaftiert worden.

Ausschnitthaft erzählt mir der junge Mystiker ihren Leidensweg. Wie sie vom Zentralgefängnis in Saigon in die psychiatrische Abteilung des Chợ-quán-Krankenhauses überstellt wurden. Er berichtet mir detailliert vom beängstigenden Schauspiel des täglichen Dahinscheidens von Mitgefangenen; wenn die Füße des mit dem Tode Ringenden steif werden, sagt er, ist das ein Zeichen für das Ende, das Ende des Lebens, das Ende des Leidens. Der Oberarzt des Chợ-quán-Krankenhauses schrieb in seinem Arztbericht: »Nguyễn ngọc Diện scheint, jedenfalls aktuell, keine Gefahr für sich selbst darzustellen ... Vor einem Leben im Rahmen der Familie ist ausdrücklich abzuraten, da er keinen Abstand von der Verbreitung seiner wahnhaften Ideen nehmen wird und folglich eine Gefahr für die Gesellschaft darstellt.«

Nguyễn ngọc Diện ist bereits dreimal in die psychiatrische Anstalt Biên hoà eingeliefert worden. Dieses Mal hat man ihn in den Provinzknast gesteckt, zusammen mit uns, den politischen Gefangenen. Es quälen die Macht noch immer Erinnerungen an die Bauernaufstände, die 1916 von Mystikern ins Rollen gebrachten wurden.

Unsere Mystiker gehören der Sekte *Tuyệt cốc* (Verzicht auf Getreide) an. Sie bekennen sich zur neuen Religion des Caodaismus, Cao Đài (Hoher Altar), der zur Zeit der Entstehung der National-bewegungen, 1925–1926, aufgekommen ist. Eine Fraktion der heimischen Bourgeoisie – hohe Funktionäre, unzufrieden mit ihrer untergeordneten Rolle im Kolonialapparat – suchte ihr Heil in der Schaffung einer transzendenten Sphäre, in der sie am Rande der Kolonialgesellschaft eine soziale Vorrangstellung genießen konnte. Diese neue Religion integriert neben den drei traditionellen philosophisch-religiösen Strömungen (Buddhismus, Taoismus und Konfuzianismus) auch christliche Elemente und den Geisterkult. In ihrem Pantheon sitzen neben Buddha, Laozi und Konfuzius auf unterschiedlichen Rängen Jesus Christus, Mohammed, Brahma, Vischnu, die Dichter Lý thái Bạch, Nguyễn bỉnh Khiêm, Victor Hugo sowie die Politiker Gandhi und Sun Yat Sen ... Der heilige Cao Đài-Tempel befindet sich in Tây ninh, 90 Kilometer nördlich von Saigon.

Der Caodaismus hat, begünstigt durch die Wirtschaftskrise und die Zerschlagung der ›kommunistischen‹ Bauernbewegung der Jahre 1930–1931, großen Zulauf von Bauern erfahren, die von den Grundherren und Notabeln zerrieben werden. 1932 zählt die neue Kirche ungefähr 350 000 Anhänger. Die konstitutionalistisch eingestellte Bourgeoisie konvertiert in ihrem Streben nach Macht zum Caodaismus.

Zwei Jahre vor unserer Begegnung hatte sich der Mystiker-Rebell Nguyễn ngọc Diện, gefolgt von seinen Anhängern, nach West-kotschinchina in die Diözese der Cao-Đài-Sekte in Bạc liêu begeben, wo er Priester und Gläubige hieß, ihre Steuerkarten zu verbrennen und nur noch den Weisungen des Himmels zu folgen. Da hat man ihn ins Gefängnis geworfen. Der Name Nguyễn an Ninh fand sich auf einer bei ihm beschlagnahmten Spenderliste der Sekte, und als er verhört wurde, antwortete Nguyễn ngọc Diên naiv:

»Ich kenne Nguyễn an Ninh. Ich habe ihn vergangenen Juni in Gia định kennengelernt. Ich habe ihn zu einem Teil meiner Mission der Rückeroberung Annams gemacht. Er hat mir einen Piaster gegeben und mir außerdem anvertraut, dass die Sûreté nach ihm fahnde, aber dass ich ihn jederzeit aufsuchen könnte, wenn ich ihn bräuchte.«

Ein unglaublicher Glücksfall: Papier, einige Umschläge und ein Bleistiftstumpf fallen mir über die Wäsche zu. Mir kommt die Idee, für die Zeitung *Điển tín* einen improvisierten Artikel zur Verteidigung der Mystiker zu schreiben, ihr Einverständnis natürlich vorausgesetzt. Die Mutter meiner Lebensgefährtin, Tante Nummer zwei, die häufig im Gefängnis ihr anderes Kind besuchen kommt, hat Bekanntschaft mit Sergeant Khanh geschlossen, dem annamitischen Oberaufseher. Sie weiß, dass dieser passionierte Opiumraucher ein Auge zudrücken wird, wenn sie ihm unter der Hand ab und zu ein wenig Opium zukommen lässt. Auf diese Weise gelangt mein Text aus dem Knast und kann veröffentlicht werden.

Meine kommunistischen Genossen vom Land scheinen die Mystiker nicht ernst zu nehmen. Doch uns, den Trotzkisten Cảnh und mir, bringen sie Sympathien entgegen. An einem unvergesslichen Abend im November 1939 improvisiert Đấu, ein Bauer um die 25, auf der Pritsche stehend eine flammende Rede zum zweiundzwanzigsten Jahrestag der Oktoberrevolution. Einer der Älteren stimmt auf Annamitisch ein mündlich überliefertes antifranzösisches Lied aus den 1920er-Jahren an: *Im Sturm sitzen wir gemeinsam im selben Boot.* Ich kenne diese schier endlosen Strophen auswendig, es handelt sich um ein Klagelied zu Ehren des 1916 deportierten Kaisers Duy Tân und zur Schande Khải Địnhs, des Vaters von Bảo Đại.

Unser Land Annam lebte in Frieden,
Als die Tây (die Franzosen) es an sich rissen ...
Armer Kaiser Duy Tân,
Der nach Frankreich ging, um die Nation zu verkaufen
und die Herrscher um Gnade zu bitten ...

»Komm zu uns nach Thạnh lợi«, sagen mir meine Freunde vom Lande. »Wir werden dir helfen. Wir werden ein Stück Land für dich mieten und dir eine Hütte bauen. An Betelnussbäumen und

Nipapalmblättern mangelt es nicht in dieser Ecke. Du wirst von uns lernen, Zuckerrohr anzubauen. Wir werden dir Ableger geben. Wenn es mittags zu heiß wird und der Schweiß fließt, werfen wir uns in den Fluss, schwimmen im klaren, funkelnden Wasser, das ist großartig.«

Diese Leute begreifen den Kampf nicht getrennt von ihrem gewöhnlichen Landleben; die Veränderung der Welt, der Gesellschaft stellen sie sich ausgehend von ihrer Dorfgemeinschaft vor. Ihre Brüderlichkeit hat mich sehr bewegt. Doch es sind nichts als Träumereien. Bei jeder Entlassung aus dem Gefängnis zerstreuen sich die Zukunftsprojekte, der Strom des Lebens trägt uns zu unerwarteten Ufern.

Was wird aus meinen Freunden vom Land in den Wirren des kotschinchinesischen Bauernaufstands im November 1940? Thạnh lợi, heißt es, verschwindet am Rande der Binsenebene im Kugelhagel und Bombenregen.

Eines Morgens im Juni 1940 sage ich meinen Leidensgenossen Adieu. Ich lasse die eiserne Gefängnistür hinter mir, schlendere leichten Herzens durch die Straßen von Mỹ tho, meine Schritte tragen mich zum sonnenüberfluteten Marktplatz. Ich möchte mich bei Phụng, dem Bruder Nummer sechs, bedanken gehen, dem alten Automechaniker der Stadt, der mir durch seine Kontakte mit den Gefängnisaufsehern bei der geheimen Kommunikation mit der Außenwelt behilflich gewesen ist.

Plötzlich hält eine junge Frau auf einem Fahrrad direkt neben mir:

»Mein Onkel lädt Sie ein, ihn zu besuchen.«

Ich bin perplex, aber nach kurzem Zögern folge ich ihr. Ich lande vor Trần Chánh, dem Inspektor der politischen Abteilung der Sûreté.

»Saigon hat uns aufgefordert, Sie hierzubehalten«, lässt er mich wissen.

Dann lässt er mich von einem Polypen ins Quartier der Sûreté bringen. Dort treffe ich auf einen alten französischen Kommissar in gar nicht gemütlicher Stimmung.

Meine Lebensgefährtin, ein kleines Mädchen auf dem Arm, bringt mir Essgeschirr. Ich nehme es, auf der Türschwelle sitzend, entgegen. Der Kommissar steht hinter mir und brüllt, ich weiß nicht von welcher Laus gebissen, los:

»Nicht ich war das, der agitiert hat!«

Ich nehme das Essen zu mir, ohne mit der Wimper zu zucken. Dann verschwindet er. Der annamitische Dolmetscher versichert mir: »Im Krieg hat er Giftgas abbekommen. Mich schnauzt er manchmal wegen nichts an!«

Mit Schrecken treffe ich nun Chín Ngọc wieder, der mich bei der Sûreté in Saigon gefoltert hat. Mit beiden Füßen trampelt er bei vollem Gewicht auf der Brust eines armen Teufels herum, der auf den Fliesen liegt.

»Gestehe und du kriegst ein paar Jahre Arbeitslager aufgebrummt, danach kommst du zurück. Wenn du nicht gestehst, wirst du krepieren ...«

Am folgenden Tag bringt man mich zur Sûreté nach Saigon. Auf politische Fragen, die die Sûreté mir schriftlich vorlegt, lasse ich mir möglichst unverfängliche Antworten einfallen. Ich begreife nun, dass meine nächste Station entweder die Lager für ›spezielle Arbeiterausbildung‹ in den Wäldern von Biên hoà oder Hausarrest in der Provinz sein könnten.

Am Ende wird es dann Tràvinh auf einer Insel im Mekongdelta. Ein Milizionär bringt mich dorthin. Wir fahren, ich in Handschellen, mit einem übel schwankenden öffentlichen Reisebus, der für die 150 Kilometer einen ganzen Tag benötigt. Tràvinh hat für mich einen heroischen Klang, und zwar wegen eines beliebten Gedichts, das meiner Mutter heimlich auf dem Dorfmarkt zugeflüstert worden war und das ich im Alter von zehn Jahren begeistert auswendig gelernt habe.

In Tràvinh
Gab es einen einzigartigen Menschen,
Chánh, einen Mann mit großem Mut.
Nachts grübelte er über seine Rache am Staatsanwalt.

Chánh, Mörder des Staatsanwalts Chaboin, im Jahr 1893

Er ließ seinen Plan reifen,
Er wird keinen Frieden finden, bevor er ihn umgelegt hat.

Später erfahre ich, dass der Held dieses Gedichts eine wirkliche Person war und 1893 mutig den Staatsanwalt umgebrachte. Bereits 1889 hatte ein Einheimischer den französischen Verwaltungsbeamten, der sich eben mit seiner Frau beim Abendessen befand, mit dem Messer verletzt.

Wir erreichen Tràvinh am Abend. Ich verbringe die Nacht auf den dreckigen Brettern eines Schuppens neben dem Wachtposten. Am folgenden Tag werde ich in das Büro des Provinzgouverneurs geführt:»Kommunist!«, brüllt mir der Verwaltungsbeamte Montaigut ins Gesicht, während er mich mit seinen Raubtieraugen fixiert. Dann lässt er mich zur Polizeiwache bringen, wo ich mich alle fünfzehn Tage melden muss. Der Milizionär, der mich hergebracht hat, schlägt vor, ich solle mir eine Hütte in der Nachbarschaft suchen.

Ich schlendere durch die Straßen, um mich erst einmal mit der Stadt vertraut zu machen. Plötzlich kommt jemand auf mich zu und ergreift meine Hand: Es ist Trần hữu Độ, ein betagter Intellektueller, der ebenfalls hier im Exil lebt. Er führt mich in eine Spelunke, auf deren Schild *Liên lạc* geschrieben steht (›Verbindungen‹, was den Eingeweihten zu verstehen gibt: Dies ist ein Treffpunkt für den Untergrund). Der Lokalbetreiber, Anh Sáu, weigert sich, Geld für das Mahl anzunehmen, und lädt mich freundlich ein wiederzukommen: Wir werden es schon irgendwie hinkriegen ... Er schenkt mir noch eine kleine Öllampe. Diese Zuflucht der Verbannten, deren brüderliche Herzlichkeit ich an diesem Abend kennenlerne, steht, wie ich erfahren muss, auf der Abschussliste dieses Aases Montaigut, der nicht davon ablässt, Anh Sáu Schwierigkeiten zu bereiten.

Man muss von irgendetwas leben. Die Freunde aus Phnom Penh lassen mir ein wenig Geld zukommen. Ein armer Nachbar, der auf die Polypen nicht gut zu sprechen ist, zeigt mir, wer die brutalsten unter ihnen sind, und hilft mir dabei, Reisfladen für den

Verkauf auf dem Markt herzustellen. Für einige Zeit betreibe ich einen kleinen Stand für getrockneten Fisch, dann verkaufe ich auf dem Bürgersteig Kaffee und Aperitif, den ich mit Wurzeln färbe. Ich stelle auch nach traditionellen Rezepten, die ich im Gefängnis kennengelernt habe, Medikamente her.

Durch die unfreiwillige Beschränkung meines Lebens auf die kleine Siedlung Tràvinh isoliert, bekomme ich von dem, was im Land und auch nur in der Umgebung passiert, nichts mit. So trifft es mich unvorbereitet, als in einer dunklen Novembernacht zahlreiche Laster eintreffen, auf denen sich Dutzende getöteter und verwundeter Bauern stapeln. Französische Gendarmen und annamitische Milizionäre flankieren den blutigen Konvoi. Ich befinde mich, ohne es zu wissen, inmitten des Bauernaufstands, der im November 1940 über ganz West-Kotschinchina fegt und bis Mitte Dezember 1940 andauert. Die Aufständischen haben die Posten der annamitischen Miliz angegriffen, um Waffen zu erbeuten, haben Gemeindehäuser, die Sitze der Notabelnräte, in Brand gesteckt, und Polypen, die als Folterer bekannt waren, verprügelt. Sie haben auch versucht, überall Straßen und Kanäle zu blockieren sowie Brücken zu zerstören; sie haben Patrouillen angegriffen.

Das Kriegsrecht wurde verhängt, französische Truppen und die Fremdenlegion, unterstützt von der französischen Gendarmerie, annamitischen Milizen und Sûreté-Leuten, durchkämmen die Dörfer, nachdem diese von Flugzeugen aus bombardiert und beschossen worden sind. Tonkinische und kambodschanische Tirailleure werden ebenfalls auf die Landbevölkerung Kotschinchinas losgelassen. Mehr als hundert Aufständische bringt man im Kampf um. Die Tausenden Zivilisten, die in den Dörfern durch Bomben, Gewehrfeuer oder Folter umkommen, werden nicht gezählt. Von den 5 800 Festgenommenen werden 221 zum Tode verurteilt – und, um Exempel zu statuieren, öffentlich hingerichtet –, 216 werden in Arbeitslager geschickt. Da die Gefängnisse überfüllt sind, werden die übrigen in Frachtkähne gepfercht, wo sie unter von der Sonne überhitztem Blech wie die Fliegen sterben. Später erfahre ich, dass in einem dieser Fracht-Gefängnisse auch mein Freund Trịnh văn Lầu, ebenfalls Mitglied unserer Liga, zu Tode gekommen ist.

***

Neun Monate sind vergangen seit meiner Ankunft in Tràvinh. Da ich neuerdings Blut spucke, erhalte ich die Erlaubnis, zur Behandlung nach Saigon zurückzukehren. Zwei Tage vor meiner Abreise erscheint meine Mutter. Ich halte meine Augen gesenkt: Sie hat ganz allein die Reise durch Reisfelder und Städte zu ihrem Sohn unternommen, der sich in Gefahr befindet. Auf der Schaluppe nach Saigon haben wir uns einen Tag und eine Nacht lang wieder.

Nach einem Monat im Gia-định-Krankenhaus komme ich bei Schwester Nummer fünf unter und suche Arbeit.

Saigon hat sich merklich verändert. Hinter der Kathedrale prangt ein gewaltiges Porträt Pétains vor der Trikolore mit der Inschrift: EIN EINZIGER FÜHRER: PÉTAIN. EINE EINZIGE PFLICHT: GEHORCHEN. EINE EINZIGE DEVISE: DIENEN. Man spürt die Faust im Nacken. Es ist der Faschist Decoux, der von Vichy[50] zum Generalgouverneur ernannte Admiral, der in Sorge um die Wahrung der ›Interessen der weißen Rasse‹ angesichts 25 Millionen Einheimischer in Indochina die Dörfer bombardieren und die aufständischen Bauern in Kotschinchina massakrieren lässt.

Ich gehe zu Dr. Phạm ngọc Thạch, der für seine Unversöhnlichkeit gegenüber der Kolonialmacht bekannt ist. Er entdeckt auf meinem Röntgenbild dunkle Knötchen in den Lungenspitzen und verschreibt mir Kalziumspritzen und Ruhe. Geld nimmt er nicht von mir.

Ich muss unbedingt Arbeit finden. Nur bei den französischen Eisenwarenhandlungen versuche ich es nicht: Aus Frankreich kommt nicht einmal mehr Schrott, der Seeweg zum Mutterland ist komplett abgeschnitten. Die französischen Handelshäuser in Saigon überleben mehr schlecht als recht dank der Kollaboration mit den Japanern. Mein Freund Lâm thành Thị, der sich in dieser kargen Zeit als Makler durchschlägt, findet in der japanischen

Firma Dainan Koosi einen Job für mich. Die Arbeit besteht im Aussortieren von Büffelfellen, die für den Export nach Japan bestimmt sind. Ich plage mich mit diesen trocken mit Arsen imprägnierten Fellen in staubiger Luft ab, in der man kaum atmen kann. Ein betagter ambulanter Krankenpfleger, mit dem sich mein Freund in Opiumhöhlen angefreundet hat, empfiehlt mir Crisalbine, ein zu dieser Zeit gegen Tuberkulose verabreichtes Goldsalz. Ich verschaffe es mir zu horrenden Preisen auf dem Schwarzmarkt. Der Alte setzt mir die Spritzen unentgeltlich.

Ich halte es einige Monate lang aus, bis die Erschöpfung handnimmt. Schließlich versetzt mich der japanische Chef in die Buchhaltung. Ab und zu muss ich in die Provinz reisen, um Abrechnungen mit den Ziegeleien entlang des Mekong zu machen. Das bietet mir Gelegenheit, etwas mehr vom Westen Kotschinchinas kennenzulernen, insbesondere Vīnhlong, Cần thơ und Sađéc. Mein Fahrer auf diesen Rundreisen ist sehr entgegenkommend, und ich nutze die Gelegenheit, Autofahren zu üben. Seit über zehn Jahren besitze ich die Fahrerlaubnis, ohne auch nur einmal ein Lenkrad angefasst zu haben. Ich habe immer die Idee gehabt, in Paris als Taxifahrer mein Studium zu finanzieren. Als Dainan Koosi eine Zweigstelle in Cần thơ eröffnet, werde ich dorthin versetzt. Meine Lunge scheint sich stabilisiert zu haben, auch wenn ich schwer atme.

In den Ziegelmanufakturen beobachte ich die Ausbeutung des Proletariats durch profitgierige ländliche Unternehmer, die im völligen Einvernehmen mit der örtlichen Notabelnherrschaft agieren. Diese Parias, Männer, Frauen und Kinder, schuften im Akkord. Dreckig von Kopf bis Fuß zerstoßen sie vom Morgengrauen bis zur Bettzeit den Ton. Häufig reicht ihr Lohn nicht einmal, um die mit Wucherzinsen belegten Vorauszahlungen ihrer Herren zu begleichen. Manches Mal ist auf diese Weise eine ganze Familie zur lebenslangen Sklaverei verdammt. Die Notabeln des Dorfes fangen Ausreißer wieder ein, und ihr Ausbeuter schlägt sie so lange mit dem Stock, bis er die Lust daran verliert. Ich vergesse nie die Rochenschwanzpeitsche, die in der Ziegelei Vạn Xương in Vīnhlong an der hinteren Wand des Büros des Eigentümers hing.

Eines Tages bekomme ich bei Dainan Koosi Besuch von einem untersetzten Mann mit markantem Gesicht, Knebelbart und graumelierter Mähne. Es handelt sich um Năm Lửa (Fünftes Feuer), ein in der Gegend um Cần thơ gefürchteter Bandenchef. Nachdem er begeisterter Anhänger des ›Narren-Bonzen‹ geworden ist, sucht er, da er sich von den Franzosen bedroht fühlt, den Schutz der Japaner. Hier erfahre ich zum ersten Mal von der Existenz der religiösen Sekte Hòa Hảo – benannt nach dem Geburtsort ihres Gründers Huỳnh phú Sổ. Dieser junge Erleuchtete alias Narren-Bonze predigt seit 1939 einen neuen, auf Einfachheit ausgerichteten Buddhismus, der sich mit dem Ahnenkult verbindet, was ihn mit der bäuerlichen Armut in Einklang bringt. Das weltweite Schlachten bekräftigt seine Prophezeiungen über das Ende der alten Welt; seine *Litaneien fürs Volk* spielen auf das nahende Ende der französischen Besatzung an, und die Vorhersage der Ankunft des Buddha-Königs verheißt den unruhigen ländlichen Massen eine Zukunft allgemeinen Glücks. In ihrer Not haben Unmengen an Armen Trost in seiner Religion gefunden und Unmengen an Unterdrückten ihren Widerstandsgeist aus seiner Mystik gespeist. Die Anhänger des Propheten haben sich entlang des Mekong rapide vermehrt, die Macht wird unruhig. Die französische Sûreté hat den Narren-Bonzen als Geistesgestörten im Chợ-quán-Krankenhaus einsperren lassen ... bis er auch seinen Arzt bekehrt! Danach steht er im äußersten Westen, in Bặc liêu, unter Hausarrest. Die japanische Gendarmerie stellt ihn schließlich unter ihren Schutz.

Ich erfahre, dass die ältere Schwester meiner Lebensgefährtin, Chị Năm Thìn, der ich einige Male im Gefängnis von Mỹ tho begegnet war, nach drei Jahren Haft in Bến tre unter Hausarrest genommen worden ist. Ich weiß, dass sie dort mit ihren beiden Kindern ganz auf sich allein gestellt ist. Wovon soll sie leben? Ich entschließe mich, nach Bến tre zu reisen.

Unterwegs, auf der Fähre über den Mekong, begegne ich Đức. Wir haben uns 1936 im Zentralgefängnis von Saigon kennengelernt. Ich freue mich, ihm mit ein paar Piastern aushelfen zu können. Er ist Mitglied der kommunistischen Zelle in Bến tre. Von ihm erfahre ich auch Neuigkeiten über seinen Genossen Tống, mit dem ich mich im Gefängnis angefreundet hatte. Wie hätte ich voraussehen können, dass schon in naher Zukunft, im Oktober 1945, ebendieser Tống, mittlerweile zum Polypen des vietnamesischen Geheimdienstes befördert, versuchen wird, mich in der Region Thủ đức dingfest zu machen? Wie soll man begreifen können, dass diejenigen, mit denen man gemeinsam dem Feind gegenübergestanden und ein gemeinschaftliches Leben im Gefängnis geführt hat, es eines Tages auf das eigene Leben abgesehen haben?

Bei einer Firmenreise zu den Ziegeleien am Ufer des Mekong treffe ich auf Phạm văn Kỉnh, einen stalinistischen Kader und ehemaligen Poulo-Condor-Insassen. Noch ein Leidensgenosse aus dem Gefängnis. Er streift ziellos im Untergrund umher. Ich finde für ihn eine Anstellung in Vīnhlong. Er lässt sich in einer Strohhütte am Ufer des Mekong nieder. Eines Abends gibt es eine Überraschung. Wen sehe ich in der Baracke? Trần văn Giàu, der mir erzählt, er habe aus dem Lager Tà lài (Biên hoà) fliehen können. Er sieht mir entspannt und gar nicht so aus, als beunruhigte er sich über seinen Flüchtlingsstatus. Wir baden gemeinsam im Mekong, dann verschwindet er.

Balsam auf mein Haupt ist die Ankunft meines Freundes Trần văn Thạch, der bei seiner Rückkehr von Poulo Condor Ende 1944 in Cần thơ unter Hausarrest kommt. Er hat mir bei meiner Entlassung aus dem Gefängnis 1937 die Anstellung als Korrektor bei *Flambeau d'Annam* vermittelt. Nun hat er ein Zimmer am Ufer des Mekong. Ich bringe ihm Seife und meine Zuneigung. Manchen Abend schnuppern wir beide frische Luft am Fluss. Einmal erzählt er mir seinen Traum, er benutzt Englisch: *I would like to go abroad after the war.* Dieser Traum wird für ihn nicht Erfüllung gehen. Im Oktober 1945 wird er als Mitglied der militanten Résistance von Bến súc von zwei Auftragsmördern der Stalinisten, Trần văn Giàu und Dương bạch Mai, hingerichtet.

In dieser Zeit sehe ich auch Hồ hữu Tường wieder, der nach seinem Aufenthalt im Arbeitslager von Poulo Condor ebenfalls in Cần thơ unter Hausarrest steht. Ein irritierendes Wiedersehen: Er lässt mich an seinem Bruch mit der Vergangenheit teilhaben, den er nach Jahren der ›Besinnung‹ in der Strafvollzugsanstalt vollzogen hat. Für ihn ist die Emanzipation der Menschheit durch das Proletariat der größte Mythos des 19. Jahrhunderts und die mögliche Revolution durch das Proletariat in Europa und Nordamerika der größte Mythos des 20. Jahrhunderts. Ich finde keine Worte, die ich gegen seinen Standpunkt einwenden könnte, den er so hochmütig vorträgt und der so weit weg ist von den Gedanken, in die er mich einst eingeführt hat. Ich fühle mich, als wäre ich aus seiner Vergangenheit bereits getilgt ... Ich sehe unsere Freundschaft verfließen wie die Wasser, die den Mekong hinabströmen ...

***

Am 10. März 1945 erwacht Cần thơ unter Kriegsrecht. Während sich die überraschte Menge vor den über Nacht angebrachten großflächigen Plakaten sammelt, entdecke ich die Bekanntmachung des Oberkommandeurs der japanischen Armee, die ungefähr Folgendes mitteilt: »Angesichts der Entwicklungen der militärischen Lage und in Reaktion auf die angloamerikanischen Angriffe sieht sich die Regierung Großjapans in der Pflicht, alleine die Verteidigung Indochinas auf sich zu nehmen, und erklärt, dass keine Absicht besteht, das Territorium zu erobern. Die Regierung Großjapans wird alles in ihrer Macht Stehende tun, um den bisher unterjochten Völkern Indochinas beizustehen, damit sie ihren sehnlichen Wunsch nach Unabhängigkeit erfüllt sehen. Die japanischen Streitkräfte zerschlagen ausschließlich die gegenwärtige Regierung und ihre Streitmacht und erachten die einheimischen Tirailleure nicht als Feinde ...« und all das Blabla.

In der Nacht hat die Kempeitai (die japanische Gendarmerie) den Verwaltungsleiter sowie die Mitarbeiter von Sûreté und Gendarmerie festgenommen. Alle Franzosen sind aufgegriffen worden und werden von den Japanern nun in überwachte Areale in den großen Zentren verbracht.[51] Die französische Kolonialherrschaft, die mittels Terror, Gewalt und Korruption alle Versuche der Sklaven, sich ihrer Ketten zu entledigen, gebrochen hat, fällt in einer einzigen Nacht, vom 9. auf den 10. März 1945, in sich zusammen. Die Japaner, obwohl sie sich ganz als Befreier inszenieren, ersetzen die Franzosen an der Spitze des Unterdrückungssystems. Der Befehlshaber der japanischen Armee, Tsuchihashi, tauscht Decoux als Generalgouverneur Indochinas aus. Der Kaiser Annams Bảo Đại[52] erklärt unter japanischer Schirmherrschaft am 11. März 1945 die ›Unabhängigkeit‹ Vietnams und beauftragt Trần trọng Kim, einen Schulinspekteur im Ruhestand, in Hué eine Regierung zu bilden.

Eines Abends steht Lư sanh Hạnh, den ich seit Phnom Penh nicht mehr gesehen habe, vor meiner Tür. Er erzählt mir im Vertrauen von seinen Abenteuern, die er während sechs Jahren im Untergrund erlebt hat. Nachdem er der Massenverhaftung zu Beginn des Kriegs im September 1939 entgangen war, gelang es ihm, Unterschlupf im äußersten Westen Kotschinchinas zu finden, wo er als Hauslehrer der einzigen Tochter jenes mutigen Bauern aushalf, der ihn versteckte. Ich bin ergriffen von der Erzählung über seine Romanze mit der Tochter der Reisbauern: Als er den Ort verlassen musste, vertraut er mir an, habe nicht viel gefehlt und sein Herz wäre zerbrochen … Er bringt mich mit Nguyễn văn Lịnh in Kontakt, einem älteren Genossen, der in Cần thơ privaten Unterricht erteilt. Früher hat er die indochinesische Abteilung der linkskommunistischen Opposition in Frankreich betreut, doch bei Kriegsbeginn ist er ins Land zurückgekehrt. Eine gute und glückliche Begegnung: Wir treffen uns bei ihm, um die Situation zu besprechen, ohne weitere Aktionspläne zu schmieden. Ich habe meine Brüder im Geiste wiedergefunden, ich beginne wieder zu atmen. Lư sanh Hạnh will die überlebenden Genossen versammeln, um die Liga der internationalistischen Kommunisten aufleben zu lassen.

In Saigon beginnen sich die nationalistischen Gruppierungen, die unter Decoux verboten waren, zu rühren. Die Nationalpartei für die Unabhängigkeit Vietnams (PNI), die von Intellektuellen getragen wird, fordert ebenso wie die mystisch-religiösen Sekten Cao Đài und Hòa Hảo, auf die Straße zu gehen, »um die Dankbarkeit der Nation gegenüber der japanischen Armee zum Ausdruck zu

bringen, die uns von unseren französischen Feinden befreit hat«.
Doch die Japaner untersagen die Demonstration. Die Sekte Cao
Đài – die über eine paramilitärische Truppe von einigen Tausend
durch japanische Ausbilder trainierten Adepten ländlicher Herkunft
verfügt – hat sich neben den japanischen Truppen am Staatsstreich
beteiligt. Die bis dato kaum bekannten Hòa Hảo treten mit der
Stimme ihres Meisters, des Narren-Bonzen, auf die Bühne, der
sein Versteck in der japanischen Zone verlassen hat. 1945 stellen
seine Anhänger in ihrer Hochburg Châu đốc Lanzen, Messer und
Säbel her und lernen, wie man sie benutzt. Die Sekte bildet eigene
Sicherheitstrupps und übt zu einem gewissen Grad tatsächliche
Macht aus. Im Juli 1945 werden sich einige ihrer Mitglieder an
den Hilfskorps der japanischen Armee beteiligen.

Mit dem Segen Minodas, des neuen japanischen Generalgouverneurs Kotschinchinas, und unterstützt von einer ganzen Schar von
Intellektuellen gründet Dr. Phạm ngọc Thạch die Avantgardejugend
(JAG), *Thanh niên Tiênphong*. Diese von Hurrapatriotismus trie-
fende Bewegung (von der Art des stalinistischen Komsomol oder der
Hitlerjugend) hat ihren Anteil an der Aufrechterhaltung der japanischen Ordnung und der Zivilverteidigung. Sie mobilisiert in den
urbanen Zentren, aber auch bis in die entferntesten ländlichen
Gegenden, alle Gesunden ab einem Alter von dreizehn Jahren,
um sie in eine Organisation einzugliedern, in der der Treueschwur
gegenüber den Ranghöheren absolute Geltung beansprucht. In Uniform gekleidet und mit gespitztem Bambusstab bewaffnet, marschieren diese ›Pfadfinder‹ unter einer gelben Fahne mit rotem Stern
auf und singen *En route*, eine Hymne auf die alten Helden, die die
Chinesen am Flusse Bạch đằng und bei Chi lăng besiegten. Nicht-
beitritt zur dieser Organisation »heißt das Vaterland nicht lieben«.
Dann erscheinen die Avantgardefrauen, die die weibliche Jugend
formieren. In den Städten schwingt sich die Bewegung bald in jeder Fabrik, jedem Büro, jeder Werkstatt, jeder Schule zur Macht auf.
Ebenso sieht es auf dem Land aus, in den Kreisverwaltungen bis
hinab zum kleinsten Dorf. In Cần thơ veranstaltet JAG Anfang August 1945 eine große Versammlung zur Vereidigung neuer Mitglieder.

Zur gleichen Zeit kommt es zu massiven Luftangriffen der Briten und Amerikaner. Der Westen des Landes ist fernab vom Kriegsgetöse. Doch als ich während der Bombardements für einen Tag nach Saigon komme, finde ich mich unversehens in einem Schützengraben wieder. Auf schrilles Pfeifen folgen Explosionen. Die Erschütterungen lassen mich schwanken. Die großen Bäume entlang des Boulevard Norodom werden buchstäblich zersägt. Die Hüttenviertel stehen in Flammen. Überall Tote und Verletzte unter der Flut von Eisen und Feuer. JAG-Mannschaften sammeln die Leichen auf und räumen Trümmer fort. Es kommt täglich zu solch heftigen Angriffen. Die B-29 fliegen hoch, außerhalb der Reichweite der japanischen Flak. Die Flammen aus den Treibstoffdepots schlagen bis in die Wolken.

Als ich meine Mutter und meine Brüder im Dorf besuche, zeigen mir befreundete Bauern aus der Siedlung die Patronenhülsen, die sie aufgesammelt haben, nachdem Jagdflugzeuge im Tiefflug die Dorfbewohner, möglicherweise weil sie sie für getarnte Japaner hielten, mit Kugelhagel eingedeckt haben.

»Deine Jungen sind in Gefahr«, hat mein erleuchteter Bruder Nummer sieben unseren Cousin gewarnt.

Der denkt bei sich, Bruder Nummer sieben hätte das Unglück vielleicht dank der Flak *geschaut*, die unter den Bäumen, die sein Haus säumen, von den Japanern in Stellung gebracht worden ist. Doch nichts Verhängnisvolles ereignet sich, bis zu jenem Tag, an dem – nach dem Rückzug der Japaner – die Soldateska des französischen Expeditionskorps sich bei einer ›Säuberungsaktion‹ alle Söhne des Cousins greift und sie bei Cầu sắt (Eisenbrücke) erschießt, bevor sie ihre Leichen in den Fluss wirft.

Am 15. August 1945 kapituliert die japanische Armee. Die siegreichen Alliierten lassen die Besiegten noch bis zur Ankunft der Besatzungstruppen die Ordnung in Indochina aufrechterhalten. Doch am 18. August rücken die Truppen der Việt minh in Hanoi ein.

In Saigon brodelt es. Es hält mich nicht mehr, und so schmeiße ich die Arbeit in Cần thơ hin und mache mich, von den Ereignissen angezogen, zusammen mit Nguyễn văn Lịnh auf den Weg. Als ich Tân an betrete, treffe ich bei einem Kontrollposten auf Nguyễn văn Tạo, den stalinistischen Anführer, den ich im Gefängnis kennengelernt habe. Auch er kehrt nach Saigon zurück. Kein Wunder! Er klopft mir auf die Schulter: »Pass auf, du, mach keine Dummheiten! Und überlege dir gut, was du tust!« Seine Beschützerattitüde ist ganz die eines Älteren gegenüber einem verirrten jungen Revoluzzer. Er hat nicht vergessen, dass ich einer trotzkistischen Untergrundgruppe angehöre.

Ich begebe mich in das Dörfchen Tân lộ, etwa fünfzehn Kilometer nördlich von Saigon, zu meiner Mutter. Schnell entwickelt sich ihr Haus zum Treffpunkt der Liga. Es kommen Lư sanh Hạnh, Nguyễn văn Nam, Nguyễn văn Lịnh sowie neue Genossen, darunter Liu khánh Thịnh, der bei Chinesen in Cholon angestellt ist, und Lê Ngọc, der Mitglied in einem Arbeitskampfkomitee ist, das die 400 Arbeiter der Straßenbahnwerke in Gò vấp gegründet haben. Dieses außerordentlich kämpferische Komitee hat unter japanischer Militärverwaltung Lohnerhöhungen und die Anerkennung ihrer gewählten Vertreter durchsetzen können. Unsere Liga verfügt dort über einen sehr aktiven Kern.

* * *

Eines Tages schneit von Hanoi der Dichter und Schriftsetzer Trần đình Minh mit aufregenden und zugleich beunruhigenden Neuigkeiten aus dem Norden ins Haus. Er selbst hat 1944–1945 als ›Samisdat‹ Cờ Đỏ (Die rote Fahne) herausgebracht. Der Schrift steller Nguyễn tế Mỹ hat ein *Manifest* veröffentlicht, in dem er der stalinistischen Việt minh Kontakte mit den imperialistischen Alliierten vorwirft: Die Việt minh, so seine Kritik, verbreite die Illusion einer möglichen Übereinkunft mit dem französischen Imperialismus und den Alliierten, um die ›Befreiung der Nation‹ zu erreichen. In der Region Đan phượng (Hà đông) haben Lương đức Thiệp und seine Freunde das Blatt *Chiến đấu* (Kämpfe) mit dem Aufruf an Arbeiter und Bauern verteilt, sich ebenfalls gegen alle Imperialisten, japanische wie alliierte gleichermaßen, zu erheben. Die Studenten Nguyễn tôn Hoàn, Phan thanh Hoà und Tuân sind zu den Minen gegangen, um mit den Minenarbeitern über die Probleme des Kampfs zu diskutieren. Sie wollten etwas gegen die hurrapatriotische Propaganda der Việt minh unternehmen und den allein auf nationale Unabhängigkeit ausgerichteten Kampf kritisieren. Denn wäre dies am Ende wirklich auch ihre Befreiung, die der Kuli-Sklaven auf den Plantagen, der Arbeiter in den Minen und Fabriken, der Leibeigenen auf den Reisfeldern?

Dann erhalten wir wie eine mächtige Antwort auf unsere verzweifelte Hoffnung die Nachricht, dass 30 000 Kumpel aus den Kohlebergwerken von Hòn gai-Cẩm phả ihr Schicksal selbst in die Hand genommen und eigene Räte gewählt haben, um die Minen zu betreiben. Sie kontrollieren die öffentlichen Dienste, die Eisenbahn und das Telegraphenamt. Sie verfahren nach dem Prinzip ›Gleiche Bezahlung für alle‹ in allen Dienstgraden körperlicher wie geistiger Arbeit. Sie organisieren sogar Bildungskurse untereinander, um den Analphabetismus zu bekämpfen. So ist das Leben in dieser Arbeiterkommune organisiert, ohne Chefs, ohne Polypen.

Schon befürchten wir, dass die Kommune keinen Bestand haben wird. Denn alle Berichte Trần đình Minhs deuten darauf hin, dass nicht nur die soziale Revolution im Moment nicht auf jener Tagesordnung steht, die die aktuell im Norden herrschende stalinistische Việt minh aufgestellt hat, sondern dass Letztere auch bereit ist, sie um jeden Preis zu unterdrücken, um die politische Macht selbst in der Hand zu behalten. Die Việt minh hat übrigens gar nicht erst ihre ›Ernennung‹ abgewartet, um ›die Trotzkisten,

Vaterlandsverräter‹ physisch zu vernichten. Trần đình erzählt uns vom Tod eines sehr aktiven jungen Trotzkisten, Nguyễn hữu Dung, der nach Verfolgung mit einem Sampan durch Wasserreisfelder von einem jungen Việt minh umgebracht wurde; ebenso vom Foltertod seines Freundes, eines gegen Trần tiên Chinh aufbegehrenden Lehrers, in einem Gefängnis der Việt minh in Bắc kạn. Was wird aus der Gemeinschaft der Minenarbeiter in Hòn gai-Cẩm pha werden? Zwischen Hoffen und Bangen bleiben wir lange im Ungewissen, selbst wenn wir nun dank ihnen besser verstehen, wofür wir kämpfen.

***

Im Süden sind die Parteien und politischen Gruppen, die sich während der japanischen Besatzung gebildet haben, vereint gegen die drohende Rückkehr der Franzosen. Die Nationale Unabhängigkeitspartei und alle anderen nationalistischen Gruppen (die Sekten Cao Đài und Hòa Hảo, die Avantgarde-Jugend, der Beamtenbund, die Gruppe der Intellektuellen und die Einsiedlerbuddhisten) schließen sich in der Vereinigten Nationalfront (FNU) zusammen und rufen die Bevölkerung zur Demonstration am 21. August 1945 mit der Parole auf: NIEDER MIT DEM FRANZÖSISCHEN IMPERIALISMUS! ES LEBE DIE UNABHÄNGIGKEIT VIETNAMS!

Zu dieser Versammlung gehen wir mit unseren eigenen Spruchbändern: BEWAFFNUNG DES VOLKS! BILDUNG VON VOLKSKOMITEES! DEN BODEN DEN BAUERN! DIE FABRIKEN DEN ARBEITERN! Welch eine Freude, unter der Menge von Kulis, Arbeitern und Bauern, die sich Schulter an Schulter eifrig und brüderlich zu uns gesellen, meine Genossen wiederzutreffen! Doch wie schnürt sich mir das Herz zusammen angesichts der plötzlich ins Bewusstsein tretenden Abwesenheit all jener, die im Sturm dieser vergangenen Jahre ihr Leben gelassen haben: Trịnh văn Lâu, Võ văn Dơn, Văn văn Ky …

Aus Lautsprecherwagen, die die Straßen Saigons hinauf- und herabfahren, tönt es an diesem Abend: »Alle hinter die Việt minh!«

Auf ihrem Flugblatt lesen wir:»Die Việt minh hat eng mit den Alliierten zusammengearbeitet, um die Franzosen und die Japaner zu bekämpfen. Für uns wird es ein Leichtes, (die Unabhängigkeit) auszuhandeln!« Prahlereien des Stalinisten Trần văn Giàu auf dem Weg an die Macht.

Dr. Phạm ngọc Thạch an der Spitze der Avantgarde-Jugend (JAG) sieht die Việt minh im Aufwind, also verlässt er die Nationale Einheitsfront, tritt in die stalinistische Partei ein und unterstellt ihr jenes ausgezeichnete Kontroll- und Machtinstrument, zu dem sich die JAG gemausert hat. Deren Spruchbänder erklären von nun ab: ALLE MACHT DER VIỆT MINH!

Der Beamtenbund bildet ein Bündnis mit der JAG: Das Fundament für die Machtübernahme der Stalinisten ist gelegt. Auch die Sekten Cao Đài und Hòa Hảo scharen sich um die Việt minh.

Am Abend nach der Demonstration begegne ich Kỉnh Ấn độ, meinem ehemaligen Arbeitskollegen in Vĩnhlong. »Wir sind bereit, die Macht zu übernehmen«, vertraut er mir an, »die Proklamation ist schon gedruckt.« Er hält also mit Trần văn Giàu die Nase in den Wind. Im großen Stadtpark treffe ich auf Gruppen der JAG, die sich, mit gespitzten Bambusstangen bewaffnet, in Guerillaaktionen und Militärmärschen üben.

Am Abend des 24. August 1945 steht vor dem Rathaus eine riesige rechteckige, mit roten Blüten drapierte Säule, die in großen Lettern verkündet: »Provisorisches Exekutivkomitee von Nam Bộ[53]: Präsidentschaft und militärische Angelegenheiten, Trần văn Giàu; Außenpolitik, Phạm ngọc Thạch; Inneres, Nguyên van Tạo; Staatssicherheit, Dương bạch Mai«. Hier hat sich die De-facto-Regierung unserer neuen Herren selbst eingesetzt. Diese ungeteilte stalinistische Herrschaft – ein paar Komparsen sind für die Galerie dabei – organisiert am Folgetag eine Demonstration, die als Plebiszit herhalten soll. Wir beschließen teilzunehmen und unserer Kritik Gehör zu verschaffen.

In den frühen Stunden des 25. August strömen alle Einheimischen Saigons, die Hüttenbewohner vom Stadtrand, die kleinen Leute der nahegelegenen Vorstädte Giađịnh, Gò vấp, Thị Nghè und

Khánh hội ins Zentrum, in dem sich schon die bereits in der Nacht eingetroffenen Bauern aus den widerständigen Ballungsgebieten Bà Điểm, Hốc môn, Đức hòa und Chợ đệm drängen. Sie sammeln sich auf dem Boulevard Norodom, wo hinter der Kathedrale – eine neuerliche Inszenierung – ein Podium aufgebaut ist. Niemals hat man eine solch gewaltige Masse gesehen. Die Hoffnung hat enormen Zulauf. Das berauschende Gefühl großer Einmütigkeit liegt in der Luft: Alle wollen das Ende des Kolonialregimes feiern und sind bereit, sich in die Kämpfe einer unsicheren Zukunft zu stürzen. Die Liga mit ihren radikalen Parolen:»Der Boden den Bauern! Die Fabriken den Arbeitern!« schürt die Begeisterung der Ausgebeuteten, die mit der Hoffnung gekommen sind, mit allen Herren, seien sie weiß oder gelb, Schluss zu machen. Den Stalinisten, die»Alle Macht der Việt minh!« rufen, antworten wir mit»Alle Macht den Volkskomitees« und singen die Internationale in Reaktion auf das *En route* der JAG, deren Parolen das»jahrtausendealte Heldentum der Việts« preisen. Nicht umsonst waren es die Stalinisten, die bekräftigt haben, dass»die Kommunisten als Vorkämpfer der Rasse gewillt sind, die Interessen des Vaterlands über die Interessen der Klasse zu stellen«.

Auf der Pressekonferenz, die Trần văn Giàu am folgenden Tag im Rathaus gibt, fragt ihn Trần văn Thạch von der Gruppe La Lutte:»Wer hat das provisorische Exekutivkomitee von Nam Bộ gewählt?« Aufgebracht poltert Trần van Giàu los:»Wir haben in dieser Phase vorübergehend die Regierung übernommen, später werden wir sie euch übertragen. Meine politische Antwort ...«, er greift zu seinem Revolver,»... werde ich Ihnen bei anderer Gelegenheit geben.« In der Tat stirbt Trần văn Thạch im Oktober 1945 durch die Kugeln der Killer Trần văn Giàus.

In Vorbereitung auf die bevorstehende Ankunft der Alliiertenkommission zur Entwaffnung und Rückführung der japanischen Truppen fordert Trần văn Giàu von der Bevölkerung,»mit der Regierung zusammenzuarbeiten, um ihnen einen feierlichen Empfang zu bereiten, und jedes Gebäude, ob öffentlich oder privat, in den englischen, amerikanischen, russischen und chinesischen

Landesfarben zu beflaggen, in der Mitte die rote Fahne mit dem gelben Stern, die Flagge Vietnams«.

Am 2. September 1945 organisiert Trần văn Giàu eine Heerschau. Hoch auf seinem Podium wendet er sich mit einer Rede ans Volk; er gibt sich nicht damit zufrieden, die Unabhängigkeit zu feiern, sondern beklagt schon »eine Zahl von Landesverrätern. Man muss diese Banden bestrafen, die Unruhe in der demokratischen Republik Vietnam stiften und unseren Feinden Gelegenheit verschaffen, uns zu überwältigen«. Diese Drohungen zielen zweifellos auf uns und warnen außerdem andere potenziell widerständige Elemente. Uns wird klar, dass die Eliminierung der revolutionären Opposition, die im Norden bereits im großen Stil begonnen hat, sich ebenso bedrohlich auch im Süden ankündigt.

Noch stärker überrascht uns, in dem bewaffneten Aufmarsch eine Gruppe Männer mit nackten tätowierten Oberkörpern zu entdecken. Ihr Spruchband trägt die Inschrift »Mordkommando Sturmangriff«. Es handelt sich um die Piraten von Bình xuyên, die von Trần văn Giàu und Bương Bạch Mai als Polizisten und Leibgardisten angeworben wurden. Man nennt sie Bình xuyên nach dieser dünn besiedelten ärmlichen Region im Süden Cholons, einem berüchtigten Schlupfwinkel für Gesetzlose. Wie es scheint, hat sich ein Großteil der Bande bei der Y-Brücke zwischen Saigon und Cholon festgesetzt und kontrolliert den Arroyo-chinois-, den Entwässerungskanal, den Süden Saigons und fast den gesamten Ballungsraum Cholon. Die ›Volksarmee‹ Trần văn Giàus umfasst zusätzlich vor allem Brigaden der mobilen Einsatzkräfte, Milizionäre und Hilfstruppen der alten Gendarmerie – von den Japanern beibehaltene Aufstandsbekämpfungseinheiten –, die nun in den Dienst der neuen Potentaten treten. Die JAG trägt bei ihren Aufmärschen das *Welcome to our Allies!*, das der Regierung Trần văn Giàus so wichtig ist, in englischer, russischer und chinesischer Sprache zur Schau. Unter ihrem eigenen Kommando schreiten die Truppen der Sekte Cao Đài voran, ebenso die ›Dritte Division‹[54] genannte mächtige Nationalistenarmee und die Hòa Hảo, bewaffnete Anhänger des Narren-Bonzen, die im Glauben an die baldige

Ankunft des Buddha-Königs marschieren. Überall Spruchbänder auf Französisch und Annamitisch: NIEDER MIT DEM FRANZÖSISCHEN KOLONIALISMUS! LIEBER TOT ALS SKLAVE! VOLLSTÄNDIGE UNABHÄNGIGKEIT VIETNAMS! Gegen 16 Uhr, als der Aufmarsch um die Kathedrale zieht, fallen Schüsse.»Die Franzosen schießen!«, schreit die Menge und läuft panisch auseinander. Bewaffnete Gruppen stürzen in Richtung Botschaftsgebäude auf den Vorplatz, wo der Kaplan Tricoire, den ich im Gefängnis kennengelernt habe, niedergestochen wird. Erneut sind ungeordnet Schüsse zu hören, von überallher, auf dem Boulevard Bonard, auf dem Zentralmarkt. Der Regenguss bringt Ruhe über die einbrechende Nacht. Es geht das Gerücht um, dass fünf Franzosen erschossen worden sind.

Am Tag nach dieser Machtdemonstration erlässt Trần văn Giàu ein Dekret, das das Tragen von Waffen in den Straßen verbietet, natürlich mit Ausnahme seiner Polypen und Gefolgsleute. Glücklicherweise pfeifen alle auf das Verbot.

Auf dem Zentralmarkt verteilen wir ein Flugblatt unter dem Namen der Liga der internationalistischen Kommunisten, in dem wir die Bevölkerung dazu aufrufen, sich zu bewaffnen, sich in Volkskomitees zu organisieren und Volksmilizen aufzubauen. An dieser Stelle ist die Bemerkung angebracht, dass die herrschaftshörigen Schreiberlinge des 1994 in Saigon veröffentlichten Bandes *Histoire de la Résistance, Saigon-Cholon-Giadịnh 1945–1975* der internationalistischen Liga verleumderisch eine rassistische Parole in den Mund legen:»Vernichtet die Weißen!« Arme, korrumpierte Skribenten ...

Alle versuchen, sich Waffen zu beschaffen. In Saigon bilden sich überall spontan Volkskomitees (eine Reminiszenz an die Aktionskomitees von 1936), die die lokale Verwaltungsorganisation in die Hand nehmen. Bereits im August haben die Arbeiter des Bezirks Phú nhuận ihr Komitee gewählt, das sich zur»einzigen legalen Macht des Bezirks« erklärt. Der Bezirk Bàn cờ schließt sich gleich am nächsten Tag an. Überall sprießen die Keime von Volksräten; die Dynamik scheint unaufhaltsam. Die Liga wird in der Koordination dieser Bewegung tätig. Wir eröffnen in der

Rue Doclos 9 im Bezirk Tân định eine Räumlichkeit, in der sich die Delegierten, von bewaffneten Arbeitern beschützt, versammeln können. Diese Delegierten verbreiten eine Erklärung, in der sie ihre Unabhängigkeit von den politischen Parteien bekräftigen und jeden Angriff auf die Entscheidungsautonomie der Arbeiter und Bauern scharf verurteilen.

Ich verbleibe im Untergrund und verbringe meine Zeit damit, immer wieder ins Dorf zu eilen, um dort die Waffen zu deponieren, die wir mal hier, mal da, größtenteils jedoch auf dem Schwarzmarkt erlangen.

In der Stadt treffe ich auf Kỉnh Ấn đô, der mir erzählt, dass sich die Bauern in den Provinzen Mỹ tho, Tràvinh, Sađéc, Long xuyên und Châuđốc selbsttätig den Boden von ihren Ausbeutern angeeignet haben. »Der Boden gehört denen, die ihn bearbeiten«, hatte die Kommunistische Partei 1930 erklärt. Nun wären die stalinistischen Aktivisten von den Enteignern – bei dem Versuch, diese davon abzuhalten – beinahe gelyncht worden. In der Presse erscheint eine Mitteilung des Kommissars für innere Angelegenheiten, bei dem es sich um keinen andern als ›meinen‹ Nguyễn văn Tạo handelt: »Diejenigen, die die Bauern zur Aneignung von Grundeigentum gedrängt haben, werden unerbittlich bestraft werden. Die kommunistische Revolution, die die Bodenfrage lösen wird, ist noch nicht an der Zeit. Unsere Regierung ist eine demokratische und bürgerliche Regierung, auch wenn die Kommunisten an der Macht sind.« Da unser früherer Leidensgenosse Nguyễn văn Tạo nun an den Hebeln der ›Planierraupe‹ der ganz neuen Macht sitzt, verfügt er ab jetzt über unser Leben und unseren Tod. Sein mir bei Tân an aus Sympathie erteilter Ratschlag, Vorsicht walten zu lassen, klingt von nun an wie eine ernste Warnung in meinen Ohren.

* * *

Am 6. September 1945 kommt die Alliiertenkommission unter dem Vorsitz des britischen Generals Douglas Gracey in Saigon an. Obwohl sie von der Việt minh feierlich empfangen wird, jagt sie die Regierung gleich aus dem Gouverneurspalast, um sich selbst dort einzurichten. Trần văn Giàu und seine Truppe ziehen also ins Rathaus um. Auf Anweisung Graceys arbeitet der japanische Befehlshaber Terauchi mit Trần văn Giàu zusammen, um die bewaffneten Gruppen aufzulösen und das Verbot des Tragens von Waffen durchzusetzen.

Trần văn Giàu findet schnell seinen Sündenbock, er wettert gegen die Liga: »Eine unverantwortliche Gruppe hat die Bevölkerung zur Demonstration auf dem Marktplatz Saigons und zur ›Bewaffnung des Volkes‹ aufgerufen; sie hat die demokratischen Rechte missbraucht, die wir, das Exekutivkomitee, erlassen hatten. Diese Gruppe hat dem Ausland Gelegenheiten verschafft, unsere Souveränität anzugreifen.«

Eine Hasskampagne gegen uns beginnt. In *Dân chúng* werden Trotzkisten von den Stalinisten als *Việt gian* (Vaterlandsverräter) bezeichnet. Am 7. September macht die Gruppe La Lutte die Verhaftung Tạ thu Thâus vor ihrem Versammlungsort in Quảng ngãi bekannt. Trần văn Giàu reagiert mit einer Pressemitteilung: »Das Exekutivkomitee von Nam Bộ hat das Recht, ein Urteil über Tạ thu Thâu zu sprechen.«

Tatsächlich verfügt Trần văn Giàu über bewaffnete Gruppen, eine Art GPU unter der Befehlsgewalt seines Kameraden Dương bạch Mai, Polizeistellen und das Gefängnis. Am 14. September 1945 schickt Dương bạch Mai seine Polypen aus und lässt den Versammlungsort des Volkskomitees von Tân định umstellen, wo die Liga sehr aktiv ist, um dort etwa dreißig Delegierte sowie unsere Freunde Lư sanh Hạnh und Nguyễn văn Chuyên festzunehmen und die Waffen zu beschlagnahmen. Sie werden im Zentralgefängnis eingesperrt, das fast allen von ihnen noch aus der französischen Zeit vertraut ist.

Der Umsturz beschleunigt sich mit Ankunft eines Gurkha-Bataillons mit britischen Offizieren, das die Aufgabe hat, die Japaner zu entwaffnen und die Ordnung in der Südhälfte Vietnams aufrechtzuerhalten. Am 17. September ruft die Regierung zum Generalstreik auf. Am 20. verbietet Gracey die annamitische Presse und lässt die Proklamationen der Việt minh von den Mauern der Stadt reißen. Die Việt minh ermuntert die Bevölkerung nun dazu, sich aufs Land zu zerstreuen und »Ruhe zu bewahren, da die De-facto-Regierung hofft, verhandeln zu können«. Am 21. verhängt Gracey das Kriegsrecht. Am 22. übernehmen die Engländer die Kontrolle über das Zentralgefängnis von Saigon und liefern unsere von den Stalinisten festgenommenen Freunde von der Liga an die französische Sûreté aus.

Die von Gracey befreiten und wiederbewaffneten französischen Gefangenen der Japaner verbreiten Schrecken in der Stadt und machen Jagd auf die Annamiten. Sie übernehmen wieder die Polizeiwachen und die Sûreté. Sonntag, den 23., stürmen sie gegen vier Uhr morgens das Rathaus, das von Trần văn Giàus Stab bereits verlassen wurde, und strecken die annamitischen Wachen nieder. Um die fünfzig Einheimische werden von ihnen aneinandergefesselt und als Gefangene abgeführt. Die Bevölkerung, ein weiteres Mal dem Terror und der Raserei ausgesetzt, improvisiert auf die Schnelle Barrikaden aus gefällten Bäumen, umgestürzten Vehikeln, aufgeschichtetem Mobiliar, um den Patrouillen und Truppen den Weg zu versperren. Eine aussichtslose Gegenwehr. Die Schnellfeuergewehre rattern bis sechs Uhr in der Früh. Das Stadtzentrum fällt in die Hände der von Gurkhas[55] unterstützten Franzosen. Französische Soldaten und Seeleute gehen nun im Zentrum und an den Anlegeplätzen von Tür zu Tür, brechen die Schlösser auf und führen die Bewohner ab, um sie auf den Polizeiwachen und allen möglichen öffentlichen Plätzen einzupferchen. An der Hauptpost kauern unter Bewachung über hundert Männer, Frauen und Jugendliche, die Arme über dem Kopf gefesselt.

Doch das Umland und die Vorstadt, Wohnstätte der Armen, öffnen sich für die Aufständischen. Saigon ist eingekreist. Im Süden sitzen die Bình xuyên entlang des Arroyo chinois bis nach Cholon; im Nordwesten halten die Cao Đài die Straße von Tâyninh und den Flughafen Tân sơn nhứt. Die Milizen der Việt minh operieren gleich in der nördlichen Vorstadt, an den Ufern der Avalanche bis zur Straße von Giađịnh.

Gleichzeitig von zwei Seiten – von den Briten und Franzosen sowie von den Stalinisten – unter Feuer genommen, verstecken wir uns mit Lịnh bei Nam in Cầu kho, einem Wohnviertel in der Peripherie. Eines Morgens werden wir durch den Lärm von JAG-Mitgliedern geweckt, die sich in der Nähe versammeln. Da Nam gut mit den Aufständischen in der Straße bekannt ist, können wir ungesehen verschwinden. Wir erfahren, dass die Stalinisten am Abend des 23. September im Bezirk Dakao den Sekretär des Komitees von Saigon-Cholon der Gruppe La Lutte, Lê văn Vững, und in Cần giuộc den Lehrer Nguyễn thi Lợi, einen Gewerkschafter aus derselben Gruppe, umgebracht haben. Alle unsere bewaffneten Truppen innerhalb der Stadt sind von Trần văn Giàus GPU zerschlagen worden, daher entscheiden wir uns, die Stadt zu verlassen, um uns neu zu formieren. Nam hat ein Transportboot auf dem Arroyo chinois für uns organisiert. Unter Beschuss gelangen wir rennend auf die Barke.

Am späten Nachmittag fährt eine Gruppe von Aufständischen der *bình xuyên*-Piraten den Arroyo chinois in Richtung Boulevard de la Somme herauf, um sich mit einer anderen Gruppe zusammenzuschließen, die über die Rue de Verdun in Richtung Zentralmarkt vordringt. Von dort und vom Boulevard Bonard aus nehmen sie das Stadtzentrum, die Rue Catinat, das Hotel Continental unter Beschuss.

Wir legen uns flach auf den Boden der Barke. Der Schiffer macht das Boot fern von den Ufern in der Mitte des Arroyo fest. Hier warten wir auf die Flut. Im Wasserlauf treiben halb unter Wasser einige Leichen. Ich bin in eine grauenvolle Menschenjagd geraten. Vom Ufer her peitschen in Böen pfeifende Geschosse wie Gewitterregen um das Boot. Die Nacht bricht herein. Auf dem linken Ufer erhellen Feuergarben den Himmel: Das Elektrizitätswerk von Chợquán brennt und lässt die Stadt ins Dunkel abtauchen. Die Aufständischen sprengen das Wasserwerk. Am folgenden Tag erreichen wir den Kinh-Tẻ-Kanal, der in den vom weißen Feind noch nicht unter Kontrolle gebrachten Saigon mündet.

Einige Bình xuyên, die auf dem Kanal patrouillieren, machen an unserer Barke fest. Lịnh legt einen alten Passierschein vor und erreicht, dass sie uns in Ruhe lassen. So kommen wir gerade noch einmal unbeschadet davon.

Wir verlassen den Kanal just in dem Moment, als ein Konvoi von Frachtkähnen unter japanischer Bewachung den Saigon hinauffährt. Als sie sehen, dass unsere in Not geratene Barke auf sie zustößt, werfen sie uns das Seil für Schiffbrüchige zu. So ins Schlepptau genommen, entgehen wir jeglicher Kontrolle, als wir den Hafen von Saigon passieren. Wir verlassen den Konvoi, um in der folgenden Nacht an der Brücke von Bình lợi festzumachen. In der Ferne leuchtet Saigon im Rot der Brände. Unser hilfsbereiter Transporteur setzt uns in der Nachbarschaft von Thủ đức ab. Als wir ihn verlassen, bietet er uns noch herzlich ein Glas mit Sojabrei auf Kosten des chinesischen Kunden an, den er beliefern soll. Lịnh und ich kommen in der Nacht bei meiner Mutter an.

In der Siedlung organisieren wir eine Selbstverteidigungsgruppe. Lịnh bringt den Jugendlichen bei, wie man einen Revolver benutzt. Sie nehmen uns freundschaftlich in ihre Mitte, obwohl sie Mitglieder bei der JAG sind. Ihrem Anführer, einem alten Lehrer, bereitet meine Anwesenheit hingegen Unbehagen: Er fürchtet, den Stalinisten, die in Thủ đức an der Macht sind, ins Gehege zu kommen.

In einem Gebäude am Eingang einer von ihrem französischen Besitzer verlassenen Kautschukplantage in der Nähe der Siedlung entdeckten wir eine riesige Bibliothek, die aufgelöst wurde und deren Bücher über den Boden verstreut liegen. Ich bin sehr erfreut, darunter ein Exemplar von Georges Coulets *Sociétés secrètes en terre d'Annam* und eine Sammlung von Wörterbüchern einheimischer Sprachen zu entdecken. Außerdem finde ich Sepiaabzüge alter Fotografien von im Fort Chí hòa erschossenen Aufständischen, die nach der Niederlage des Angriffs auf das Zentralgefängnis im Februar 1916 zum Tode verurteilt worden waren. Unsere jungen Freunde hängen diese Fotos an ihrem Versammlungsort auf, einer Hütte, die sie auf unserem Gelände errichtet haben.

Auch unserem Freund Nam ist es gelungen, aus dem eingekesselten Saigon herauszuschlüpfen und zu uns zu stoßen. Nach seinen Beschreibungen ist die Stadt ohne Wasser und Elektrizität,

Massaker und Hunger beherrschen die Szene. Die Aufständischen haben die Polizeiwache am Hafen angegriffen, die Gesellschaft für Kautschukverarbeitung und die Depots angezündet und auch den Zentralmarkt sowie die französischen Reislager in Brand gesteckt.

An einem denkwürdigen Abend kreuzt Lê Ngọc mit unglaublichen Neuigkeiten auf. Seine Kameraden, die Arbeiter aus den Straßenbahnwerkstätten von Gò vấp, und er hatten entschieden, sich völlig autonom am Aufstand zu beteiligen. Ganz im internationalistischen Geiste der Liga, deren Aufruf zur Bewaffnung der Bevölkerung sie ganz beim Wort nahmen, haben sie mit dem Allgemeinen Arbeitsbund Việt minh, auch ›Arbeiter des Nationalwohls‹ genannt, gebrochen und sich zu einer ›Arbeitermiliz‹ zusammengetan – eine vom spanischen Bürgerkrieg inspirierte Bezeichnung. Die sechzig Kämpfer organisierten sich in Einheiten zu zwölf Personen, die jeweils einen Verantwortlichen aus ihrer Mitte wählten. Zum Anführer wählten sie Trần đình Minh. Während die Franzosen mit Unterstützung der Gurkhas erfolglos versuchten, die Einkesselung Saigons zu durchbrechen, bezog die Arbeitermiliz eine Stellung bei Cầu Mới (Bà Chiểu-Giađịnh), dem Zentrum der ersten Frontlinie im Osten, die nach rechts entlang der Hàng-sanh-Straße bis nach Thị Nghè verläuft und nach links bis zur Brücke von Bình lợi.

Am 3. Oktober 1945 erreicht ein Befehl des mit General Gracey über eine Kampfpause verhandelnden Komitees der Việt minh an alle Aufständischen die Front, sie sollen nur noch gegen die Franzosen kämpfen und die Briten und Japaner passieren lassen. Eine blutige Kungelei: Gemischte Verbände aus Gurkhas und Japanern, die Gracey als Hilfstruppen dienen, dringen sofort und ohne Feuergefechte in die von den Aufständischen kontrollierten Zonen ein und besetzen die strategischen Positionen. Danach brechen die Franzosen den Widerstand in Bà Chiểu, Bình hoà, an der Brücke von Bình lợi und auf der Straße zwischen Hàng sanh und Thị Nghè. An der Brücke von Thị Nghè werden etwa zweihundert Trotzkisten von La Lutte, die sich an den Kämpfen beteiligt haben, massakriert.

Nach mehreren Tagen heftiger Auseinandersetzungen mit den französischen Panzern ziehen sich die Milizen nach Bàu Tràm zurück. Dort stoßen Jagdbomber mit Maschinengewehrfeuer auf die Siedlung herab und machen sie dem Erdboden gleich. Ein Dutzend Genossen werden niedergemäht, darunter Chị Quý, die Sanitäterin der Miliz, Thiện, Đông, Trần quốc Kiều, Lê văn Hương und Hồ văn Đức. Die Überlebenden ziehen sich nach Westen zurück, wo die ›Dritte Division‹ ihr Lager eingerichtet hat. Um nicht in die Hände der Việt minh zu fallen, schließt sich die Miliz dieser ›Partisanenarmee‹ an. Im Guerillakrieg der Partisanen jenseits der kambodschanischen Grenze findet Trần văn Thanh in einer Gegenoffensive der Franzosen bei Lộc giang den Tod.

Lê Ngọc verlässt uns, um sich der Miliz anzuschließen. Im Gepäck hat er einen Text, der unsere politischen Ziele erklärt.

Was Lịnh und mich angeht, so erhalten wir die alarmierende Nachricht von der Festnahme unseres Genossen Nguyễn văn Vàng durch die GPU der Việt minh bei Biên hòa, wo er ein Volkskomitee aufgebaut hat. Wir beschließen, uns auf die Suche nach ihm zu begeben. In Biên hòà tritt Lịnh mit der Việt minh in Verhandlungen. Ich warte am Ufer versteckt. Bange Stunden verrinnen. Schließlich kehrt er mit leeren Händen zurück. Die Büttel geben vor, von unserem Freund nichts zu wissen. Später erfahren wir, dass er exekutiert worden ist.

Als wir in die Siedlung zurückkommen, werden wir von meiner Cousine gewarnt, dass am Tage die Spürhunde der Việt minh aus der Nachbarschaft da waren, um sich nach uns zu erkundigen. Es bleibt uns nichts anderes, als den Ort zu verlassen. Im Morgengrauen des folgenden Tages übergeben wir unsere Gewehre meinen Brüdern Nummer zehn und Nummer zwölf und meinen Neffen Bô und Xứng für die Selbstverteidigungsgruppe der Siedlung. Still nehmen wir Abschied von meiner Mutter. Nam kehrt nach Saigon zurück, während Lịnh und ich uns entschieden haben, uns der Arbeitermiliz anzuschließen. Auf dem Weg wird Lịnh, der eine blaue Việt-minh-Mütze zur Schau trägt, die er ich weiß nicht woher hat, einige Male unerwartet gegrüßt. Bei Lộc giang finden wir die Arbeitermiliz wieder: Welch eine Freude, uns in dieser kämpferisch-solidarischen Atmosphäre unter die Genossen zu mischen!

Unser Leben spielt sich in der Miliz ab. Wir sympathisieren mit den Bauern der Umgebung und erklären ihnen, dass unser Kampf nicht nur darauf abzielt, »die Franzosen zu jagen«, sondern auch darauf, die einheimischen Grundeigentümer loszuwerden, die Plackerei der Leibeigenen auf den Reisfeldern abzuschaffen und die Kulis zu befreien.

Doch eines Tages kündigen uns Flugzeuge über Lộc giang an, dass eine Offensive unmittelbar bevorsteht. Die ›Dritte Division‹ beschließt, Reißaus zu nehmen. Die Miliz entscheidet sich genauso. Die Landbevölkerung der Umgebung wird mit ihren Ochsenkarren dazu eingespannt, beim Umzug zu helfen.

Während dieses Exodus stoßen wir auf dem Weg auf einen Mann, der mit seinem Gewehr neben einem großen Haufen Fahrrädern postiert steht. Dieser Mensch zwingt alle, die auf einem Fahrrad vorbeikommen, ihm ihr Gefährt zu überlassen. Wer ein Gewehr besitzt, hat die Macht und ist Herr dieses Fleckchens Erde. Als einige von der ›Dritten Division‹ ihm seine Waffe abnehmen, läuft er davon.

Nachdem wir zu Fuß oder auf Karren durch tristes Sumpfgebiet gezogen sind, setzen wir inmitten trostloser Weiten erstarrter Sümpfe durch das kristallklare Wasser eines Kanals mit Barken unsere Odyssee fort. Bereits im 19. Jahrhundert, bei der ersten Ankunft der Franzosen, ist die Binsenebene zum allgemeinen Rückzugsquartier der Aufständischen geworden. Und heute können die Panzer nicht durchstoßen. Allerdings gibt es die Flugzeuge ... Wir bewegen uns auf Wasserstraßen durch die Binsenebene; Hunderte Männer mit ihren Frauen und Kindern auf in Kolonne fahrenden Sampans und kleinen Barken. Wir beschließen, es mit einer Rast bei den Fischern und Bauern der Umgebung zu versuchen. Sie sind verständlicherweise gar nicht erfreut angesichts so vieler Leute, und ihr Leben ist ohnehin schon hart. Wir heben Gräben aus. Und kaum sind wir damit fertig, als schon ein Aufklärungsflugzeug am blauen Himmel auftaucht. In den folgenden Stunden greifen uns französische Jagdbomber im Sturzflug an, werfen Bomben ab und nehmen die Siedlung in mehreren Wellen mit ihren Maschinengewehren unter Beschuss. Die armen Leute, von unserer Gegenwart in Mitleidenschaft gezogen, beweinen ihre verbrannten Hütten, ihre beschädigten Wasserbecken, ihre verwüsteten Gärten. Wir müssen verschwinden. Wir treffen uns weiter entfernt in der Nähe von West-Vaico wieder.

Wir benötigen für die Miliz einen Radioempfänger. Gemeinsam mit einem Genossen versuche ich, einen aufzutreiben. Wachen von der Việt minh, die sich in einer Hütte am Flussufer versteckt halten, stoppen uns. Sie filzen uns und konfiszieren meinen Revolver sowie *Les Sociétés secrètes en terre d'Annam*, das Buch von Georges Coulet. Für die Nacht lassen sie uns aneinander gefesselt auf einer Bank. Am Morgen bringen sie uns ins Landesinnere zu ihrem Anführer. Ich gebe vor, dass wir der ›Dritten Division‹ angehören, und hüte mich, von der Arbeitermiliz zu sprechen.

»Haben *Sie* den Leuten auf dem Fluss damit gedroht, ihnen eine Kugel durch den Kopf zu jagen? Woher kommt dieses Buch? Welcher Religion gehören Sie an?«

»Der Religion Buddhas«, lüge ich.

Die Schergen stoßen uns auf eine Barke, die uns über einen linken Seitenarm des Flusses zu einem Schutzgeist-Tempel bringt, der in ein Gefängnis umgewandelt worden ist. Dort befinden sich bereits etwa dreißig Gefangene, darunter zwei Frauen, eine Fischverkäuferin und eine vom Gefängniswärter als ›verrückt‹ bezeichnete junge Frau, sowie vier japanische Soldaten. Keiner der Gefangenen scheint so recht zu wissen, wieso er eingesperrt wurde.

Ein Ohnmachtsgefühl packt mich beim Anblick der angeblich Verrückten, die auf dem schlammigen Hof in prasselndem Regen mit Händen und Füßen an einen Pfahl gefesselt ist und wild schreit:

»Er will mich umbringen, Trọng, er will mich umbringen ... Diese Sorte Lehrer, die chinesische Medizin verkaufen ... Er will mich umbringen, Trọng. Was habe ich getan, dass dieser Typ so auf mich losgeht? Was habe ich getan?«

Ich brauche nicht lange, um herauszubekommen, dass der Anführer der Bande, Nguyễn văn Trọng, von Trần văn Giàu höchstselbst als Herr über diese Region eingesetzt worden ist.

Als Nguyễn văn Trọng begriff, dass Leclercs Panzer auf dem Weg nach Mỹ tho durch Tân an kommen würden, zog er sich ins Hinterland zurück. Um alle, die den Fluss passieren, kontrollieren zu können, setzt er frühere vietnamesische Mitglieder der französischen Sûreté ein. Nach Zerschlagung der Kolonialmacht durch die Japaner ist es diesen Polypen während des Saigoner Aufstands gelungen, aus der Stadt zu entwischen, ohne dass ihnen die Kehle durchgeschnitten wurde, und aufs Land zu fliehen, wo einige von ihnen ihre Dienste den Herren der Việt minh angeboten haben. Der Exodus lässt die Stadt Tân an verwaist zurück. Ganze Familien fahren in Dschunken gestopft den Fluss hinauf. Die Handlanger von Nguyễn văn Trọng sieben aus diesen Flüchtlingen die Katholiken oder vermeintlichen Katholiken heraus, denn alle diese stehen in den Augen ihres neuen Herrn auf der Seite der Eroberer. Um seine Autorität zu untermauern, braucht Nguyễn văn Trọng Gefangene, an denen er seine Macht über Leben und Tod zur Schau stellen kann.

Gewehrschüsse lassen uns an einen Angriff der Franzosen glauben. Tatsächlich handelt es sich um die Exekution von drei Katholiken. Ich rechne jetzt mit allem. Mit einem mir wie durch ein Wunder erhalten gebliebenen Bleistiftstummel kritzele ich auf ein Stück Papier Auskünfte über meine Vergangenheit, den Kampf gegen das Kolonialregime und die Fortführung meines Kampfs in den Reihen der Miliz der Straßenbahnarbeiter von Gò vấp. Und ich hüte das Papier wir eine letzte Spur von mir, falls mein Leben hier enden muss.

Eine Schreckensnacht ... Durch die Abschirmung des Waldes dringen Schreie zu uns:»Gib zu, dass du für die Franzosen spionierst, gib es zu!«, gefolgt von dem dumpfen Krachen von Tritten gegen den Rücken und Kniestößen gegen die Brust, das Gesicht entstellenden Faustschlägen; wir vernehmen das leidvolle Aufheulen eines Mannes, unter das sich Angstschreie eines Kindes und das herzzerreißende Weinen einer Frau mischen. Und das die ganze Nacht hindurch. Die einzigen Worte, die sie aus ihm herausbekommen, sind:»Welch ein Unrecht! Oh! Himmel!«Am folgenden

Tag führt der Folterer selbst, unser Wächter (ich nenne ihn nach dem Vorbild der Dämonenwesen der buddhistischen Hölle insgeheim ›Büffelkopf‹ und seinen Kollegen ›Sperberschnabel‹), eine Befragung der Ankläger durch, zweier früherer Polypen der französischen Sûreté, die von Trọng in seine Polizeitruppe aufgenommen wurden und nun, um ihrem neuen Herrn ihren Diensteifer zu beweisen, ein Nest von Spionen auf dem Fluss aufgedeckt haben! In dem fragilen Boot, auf dem sich nebst ihrer Ernte die beiden armen Teufel und ihr kleines Kind zusammendrängten, haben diese Agenten Trọngs verstreut unter einem Haufen Süßkartoffeln blaue, weiße und rote Fäden – die französischen Farben – ›entdeckt‹. Neue Opfer für den Folterer.

Zwei Tage später wohnen wir der Tötung eines der Betrüger bei. Für das Schauspiel sind sämtliche Gefangenen und eine Gruppe von Dörflern versammelt worden. Im Morgengrauen wird der Verurteilte, die Arme hinter dem Rücken gefesselt, auf einen Erdwall geführt. Der Scharfrichter, ein Hüne mit nacktem Oberkörper, trägt in der Hand einen Trommelrevolver. Dem Gefangenen sind die Augen verbunden. Umgeben vom schweigenden Publikum hört er Sperberschnabel das Todesurteil verkünden. Ein Teil der Menge spendet schlaff Beifall. Sperberschnabel wendet sich zu den gefolterten Bauern und reicht ihnen weihevoll einen 100-Piaster-Schein als Wiedergutmachung.

Ich wende meinen Blick ab, ein kurzer Knall … Der Gemarterte, eben noch kniend, bricht unter Krümmungen zusammen. Rot fließt das Blut aus seinem aufgeplatzten Kopf und benetzt die niedergetrampelten Grasbüschel …

Drei Tage später ist die Reihe an seinem Komplizen, am selben Ort und in derselben feinen Gesellschaft. Eine Binde über den Augen, muss der Arme niederknien. Ihm gegenüber, in drei Metern Entfernung, kniet Büffelkopf in Schussposition, den Gewehrlauf auf seine Brust gerichtet. Klick, der Schuss löst sich nicht, der Mann zuckt zusammen. Ihm wird seine blaue Strickjacke ausgezogen. Am Oberkörper bleibt ihm ein schmutzig weißes Hemd. Beim dritten Schuss bricht der Mann zusammen. Sperberschnabel, den Revolver in der Hand, bückt sich über den mit dem Tode Ringenden und schießt ihm eine Kugel in den Kopf. Der Mann zappelt noch leicht. Sperberschnabel schießt erneut. Die Familie des Gemarterten wickelt seinen Leichnam in eine Matte und beerdigt ihn neben dem zuerst Exekutierten am Rande des Platzes nah am Fluss.

Einige Zeit später soll an diesem Richtplatz feierliche Stimmung aufkommen. Ein riesiger Altar für das Vaterland wird darauf errichtet – als Teil jenes Zirkus, der für den Besuch des obersten Vertreters der Việt minh der Provinz, Nguyễn văn Trọng, veranstaltet wird. Er kommt in einer feierlichen Prozession, umringt von seiner unterwürfigen Gefolgschaft. Er ahmt mit einiger Übertreibung die alten französischen Verwaltungsbeamten auf Rundreise durch die Dörfer nach. Wir hören ihn eine feurige Predigt in hölzerner Bambussprache brüllen, in der er über die Tränen spricht, die die Kinder für ihr erkranktes Vaterland vergießen. Als sich Nguyễn văn Trọng uns, den Gefangenen, nach der Zeremonie nähert, wagt es mein Genosse, unsere Freilassung von ihm zu fordern.

»Ihr habt bereits das Glück, noch am Leben zu sein!«, brüllt er uns ins Gesicht.

Eines Tages kommen die Gefängniswärter zu meinem Genossen und mir. Wir bemühen uns, gelassen zu bleiben, doch eine heftige Unruhe befällt uns. Zwei Tage und eine Nacht fahren wir auf einer Barke den Vaico hinauf. Schließlich werden wir in einer Strohhütten-Kirche am Ufer des Mangobaumflusses eingebuchtet.

Dort treffe ich, ganz verblüfft und gerührt, meinen Freund Thu, den Landvermesser aus Mỹ tho, wieder. Er erzählt mir, dass die Việt minh ihn festhält, weil er den Bauern dabei geholfen hat, den Boden und die Reisfelder ihrer enteigneten Ausbeuter unter sich aufzuteilen. Damit hat er das von der stalinistischen Kommunistischen Partei nach ihrer Machtübernahme im August ›verkündete‹ Verbot übertreten, sich an den Grundeigentümern zu vergreifen. Mit ihm zusammen sind noch andere Sympathisanten von La Lutte eingesperrt. Unter den vierzig Häftlingen in dem Kirchen-Gefängnis befinden sich auch frühere Funktionäre des Kolonialregimes.

»Wie ist das möglich? Sie saßen bereits unter den Franzosen im Gefängnis, und jetzt, unter der Việt minh, sind Sie immer noch hier?«, spricht mich ein älterer Herr an. Ich erkenne ihn wieder, es handelt sich um den Sekretär des französischen Verwaltungsbeamten von Tràvinh, der mich vor vier Jahren bei meiner Ankunft registriert hat, bevor ich in Hausarrest genommen wurde.

Es gelingt uns nicht im mindesten, Kontakt mit der einzigen weiblichen Gefangenen herzustellen, die getrennt von uns eingesperrt ist. Wie es scheint, sitzt sie wegen Kontakts mit den Franzosen ein. In manchen Nächten ruft unser Wärter – ein Rückkehrer aus Poulo Condor – die Unglückliche in seine geheime Nische hinter der Kirche zur ›Befragung‹.

Es gibt keine Uhr hier in diesem entlegenen Winkel. Man orientiert sich am Sonnenlauf. Morgens hisst die Wache die Fahne der Việt minh auf dem Hof. Einige junge Leute singen die Hymne der Hurrapatrioten, *En route* (Lên đàng), meine Freunde von La Lutte und ich die Internationale. Wir bleiben auf dem Hof bis zur dürftigen Verköstigung zur Mittagszeit. Den Rest des Tages verbringen wir erneut an der frischen Luft, bis wir bei Einbruch der Nacht wieder eingesperrt werden. Wie die Sardinen zusammengepresst schlafen wir auf Matten, die auf dem Boden aus festgeklopfter Erde ausgebreitet liegen. Wenn ein Dröhnen Flugzeuge ankündigt, stürzen alle in die Kirche.

Thu und einige Genossen üben sich in *nei kong*, einer Form von Kampfkunst, um damit die Wachen zu überwältigen und fliehen zu können. Mein von der Tuberkulose ausgezehrter Körper erlaubt mir nicht, an den Übungen teilzunehmen, aber das hindert mich nicht daran, nach Gelegenheiten Ausschau zu halten.

Von Zeit zu Zeit erlauben uns die Wachen, uns im Mangobaumfluss zu waschen. Eines Tages bei gleißender Sonne springe ich in die klare Strömung. Ich strampele wie ein Hund mit den Pfoten, um mich im Strom zu halten, als plötzlich ein Konvoi von Barken auftaucht, ein Truppentransport. Unverhofft der Ruf: »Anh Đức (mein Name in der Miliz)! Himmel sei Dank!« Jemand hebt den Arm, ein Boot löst sich aus der Reihe und kommt zu mir. Freude!

Ich befinde mich mitten unter meinen Freunden von der Arbeitermiliz. Sie rudern mit der ›Dritten Division‹ Richtung Westen. Schnell unterrichte ich sie über mein Abenteuer und darüber, dass sich Freunde von La Lutte unter den Gefangenen befinden. »Wir kommen zurück, um dich zu holen«, sagen sie zum Abschied. Tatsächlich werde ich am folgenden Tag zusammen mit meinem Genossen freigelassen, nachdem sich die Befehlshaber der ›Dritten Division‹ bei Nguyễn văn Trọng energisch für uns eingesetzt haben. Schlicht eine Frage der Kräfteverhältnisse.

Meine Freunde aus der Miliz unterrichten mich über den Tod von Lê Ngọc, Lê Ký und des jungen Nguyễn văn Hương. Diese drei waren aufgebrochen, um wieder eine Basis in Saigon aufzubauen. Auf dem Weg wurden sie von einer französischen Patrouille aufgegriffen und eingesperrt und nach ihrer Entlassung von lokalen Mitgliedern der Việt minh wegen *Việt gian* (Landesverrat) hingerichtet.

Wir entdecken, dass meine ehemaligen Gefängniswärter alle Inhaftierten aus der Kirche in eine große, zu einem schwimmenden Gefängnis umfunktionierte Dschunke verlegt haben. Die ›Dritte Division‹ stoppt und überprüft die Schiffsladung, die da gefangen liegt. Nach ihrer Befreiung passen sich die Gefangenen der Việt minh, darunter Freunde von La Lutte, in die Struktur der ›Dritten Division‹ ein. Wir bleiben die ganze Zeit über auf der Binsenebene, an der Frontlinie zwischen Mỹ tho und Sađéc, wo die Panzerkolonnen von Leclerc fahren.

Von der Tuberkulose ausgezehrt, fühle ich mich in der Miliz wie totes Gewicht. Ein Genosse – Nghì – schlägt im Hinblick auf meine schlechte Verfassung vor, ich solle nach Saigon zurückkehren. Wir müssen denselben Weg zurück durch die Binsenebene nehmen. Zu Fuß und mit dem Sampan inmitten der sumpfigen Weiten unterwegs, gelingt es uns, die Kontrollen der Việt minh zu umgehen und uns vor französischen Patrouillen zu verstecken. Am Rand der Strecke, in stummem Schrei erstarrt, die Gerippe verbrannter Hütten, die Skelette gefällter Obstbäume, das Elend verlassener Dörfer. Hier und dort frisch aufgeschüttete Grabhügel, manchmal mit Inschriften, die die Namen der Opfer verkünden. In einer Siedlung finden sich die Überbleibsel einer einfachen Barrikade: Sandsäcke, Naturkautschukballen ... Mit rührender Herzlichkeit werden wir von einigen überlebenden Dorfbewohnern empfangen, die uns vom Trommelfeuer einer französischen Patrouille berichten, welche mit einem Lastwagen aufgetaucht war. Überall hat die Sodateska der kolonialen Rückeroberung ihre Spuren hinterlassen.

Wir marschieren die ganze Nacht und ernähren uns nebenher von Zuckerrohr. Auf der anderen Seite des Flusses treffen wir auf eine Gruppe Bewaffneter, die uns zunächst festsetzt. Am Morgen taucht ein mächtiger Kerl auf, der mir nicht unbekannt ist. »Woher kommst du denn?«, fragt er mich. Es ist Minh, auch Schwimmer genannt, ein früherer Aktivist der Gruppe von Tạ thu Thâu[56]: Seine Truppe unabhängiger Guerillakämpfer kontrolliert diese Flusswindung. Minh berichtet mir, dass die Việt minh während der französischen Offensive in Thủ dầu một im Oktober 1945, mitten im Widerstandskampf von Bến súc, an die dreißig Gefangene, darunter Mitglieder der Gruppe La Lutte, massakriert hat. Vor seiner Hinrichtung übergab Trần văn Thạch seine Uhr, seine Brille und ein Notizbuch einem jungen Wächter – einer seiner früheren Schüler –, damit dieser sie seinem Bruder überbringe. Unter den Erschossenen waren auch Nguyễn văn Sổ, Phan văn Chánh, mit denen die Stalinisten 1934 bis 1937 an der Zeitung *La Lutte* zusammengearbeitet hatten, sowie Nguyễn văn Tiền, der erst kurz davor von Poulo Condor zurückgekehrt war, Ngôn, ein Arbeiter aus dem Arsenal, und die Ärztin Nguyễn ngọc Sương, die dem Henker angeblich gesagt hat, er möge ihr das Herz brechen. Niedergeschlagen angesichts solcher Neuigkeiten, machen wir uns wieder auf den Weg.

In der Abenddämmerung kommen wir schließlich bei einem Cousin Nghìs an. Nghì selbst findet woanders Unterschlupf, während ich im Fischerboot des Cousins untergebracht werde. Das ist noch der sicherste Ort, um mich zu verstecken. Wenn mein Gastgeber das Netz auswirft, lege ich mich flach unter die Abdeckung.

Sich in Ufernähe haltend, überlässt sich die Barke dem Spiel der Gezeiten. Das erlaubt uns, wenn nötig, in einem der zahlreichen Arroyos des Flusses zu verschwinden. Gelegentlich flüchten wir uns unter dem Lärm von Detonationen an Land, um uns hinter Bambushecken zu verstecken. Mein Begleiter reicht mir eine Zigarette nach der anderen, so dass ich den Gestank der unzähligen am Ufer entlangtreibenden Leichen ertrage, manche ohne Gesicht, einige in Fesseln. Wer sind sie? Woher kommen sie? In welchen Feuersalven haben sie ihr Leben gelassen?

Eines Mittags taucht in Begleitung Nghìs Lịnh auf! Sein Anblick gibt mir neue Kraft. Er bringt Neuigkeiten aus Saigon ... und Zigaretten. Zu dritt machen wir uns in Richtung Stadt auf, die sich im Kriegszustand befindet. Wir kommen durch ein Dorf, das von den Franzosen überrollt worden ist: Nachdem die Dorfbewohner am Ufer eines Wasserlaufs zusammengetrieben worden waren, hat man sie in einer Reihe aufgestellt und mit dem Maschinengewehr niedergemäht.

Nach zwei Tagen Reise erreichen wir Saigon.

In Saigon bringt Linh mich zu einem seiner Verwandten, Dzu, einem regierungskritischen Anwalt, der mich für einige Zeit verstecken kann. Doch seine – bürgerliche – Familie ist zu Tode geängstigt allein durch die Anwesenheit dieses ›Rückkehrers aus dem Widerstandskampf‹. In der prächtigen Villa lebe ich eingesperrt in einem winzigen abgesonderten Zimmer. Dzu ist nie da. Mittags und abends zu den Essenszeiten holt mich ein Hausangestellter. Bei Tische herrscht gezwungene Stille. Ich esse und bringe mich dann schnell in Sicherheit, wobei ich rituell, wie es sich gehört, die Essstäbchen zurücklege. Eines Tages kommt meine Schwester Nummer zwei zu Besuch. Doch die Neuigkeiten aus dem Dorf sind erschütternd.

Sie erzählt mir, dass die GPU von Thù đức, bevor er bei Ankunft der Franzosen flüchten konnte, einen unserer Bekannten, einen hochbetagten Schwarzen, verschleppt und umgebracht hat. Er stammte ursprünglich von den Antillen, war vor langer Zeit schon aus der Infanterie der Kolonialarmee entlassen worden und hatte mit seiner annamitischen Frau zusammen in der Nähe ein Stück Land bestellt.

Eines Tages im Morgengrauen wird die Siedlung von Schreien geweckt: »Die Franzosen kommen!« (*Tây tới!*) und »Franzosen und Terror sind da!« (*Tây đi bố!*), gefolgt von Granatendetonationen. Ganze Bambuswäldchen fliegen in die Luft. Der Ananasbaum explodiert. Alle flüchten oder verkriechen sich. Die Mörder in Uniform fallen ein, durchforsten Strohhütten und andere Gebäude von oben bis unten, brechen Schränke auf, stürzen die Altäre der Vorfahren um, plündern den Tempel des Schutzgeistes. Frauen, Kinder und Alte werden am Straßenrand zusammengetrieben. Die in ihren Verstecken aufgestöberten Männer werden zur Eisenbrücke geführt und erschossen; ihre Leichen lässt man ins Wasser fallen. Meinem Bruder Nummer zwölf gelingt es, mit durchschossenem Knie zu fliehen. In der Nacht will unser Nachbar den Leichnam seines ermordeten Bruders auf dem Kürbisfeld bergen; eine unter der Leiche versteckte Granate explodiert und reißt den Unglücklichen in Stücke.

Meine Schwester hat am Markt von Gò dửa abgetrennte Köpfe, aufgespießt auf dem Zaun des französischen Militärposten gesehen. Es heißt, ein einziger Einwohner habe sich den Mördern, die Machete in der Hand, widersetzt. Ihn hat man auf der Stelle niedergestreckt.

Bei einem solchen Klima der Gewalt, in dem ein Terror auf den nächsten folgt, verstehe ich, dass mich meine Schwester inständig beschwört, nicht ins Dorf zurückzukehren.

Schließlich kann ich mich aus der peinlichen Gastfreundschaft des mutigen Anwalts befreien und mich bei Sửu verstecken, einer neuen Zuflucht, die Linh ausfindig gemacht hat: im Obergeschoss eines Wohnblocks im Zentrum der Stadt, die unter Ausgangssperre steht. Hier fühle ich mich wohler, denn zwei weitere Untergetauchte leisten mir Gesellschaft. Manchmal überrascht uns unser Gastgeber bei Mahlzeiten mit einem trockenen Roten (wir trinken sonst nie Wein), den er auf dem Schwarzmarkt – bei dem Kneipier einer von Soldaten des Expeditionskorps frequentierten Spelunke – ergattert hat.

Es ist Anfang März 1946, die Anlandung französischer Truppen ist in vollem Gange. Von Sửu erfahren wir, was in der Stadt vor sich geht. In Saigon geht das ›neue Frankreich‹ auf die wenigen den Einheimischen wohlgesinnten Franzosen los. Soldaten haben den Redakteur des sozialistischen Blatts *Justice*, in dem die Verbrechen der Haudegen vom Expeditionskorps angeprangert wurden, verprügelt. Seine Wohnung haben sie verwüstet, ebenso die Druckerei und die Redaktionsräume. Eine Gruppe von Franzosen in Saigon, die halbklandestine ›marxistische Kulturgruppe‹, hat einen Antrag auf Unabhängigkeit Vietnams eingebracht. Eine junge Französin von den AFAT (Frauenhilfsverbände der Landstreitkräfte) musste, von zwei Fallschirmspringern mit Peitsche flankiert, um sechs Uhr abends die Rue Catinat hinablaufen, den Schädel geschoren, die Hände nach hinten gebunden und auf dem Rücken ein Schild mit der Aufschrift: »Ich bin eine der Unterzeichnerinnen des marxistischen Antrags.«

In der Nacht hört Sửu mit seinem Radio heimlich Nachrichten aus dem Ausland. Vermutlich aufgrund einer Denunziation dringen die Polypen im Morgengrauen in die Wohnung ein. Langsam bin ich daran gewöhnt: Es gelingt mir, meine Papiere zu verstecken. Nachdem sie alles auf den Kopf gestellt haben, konfiszieren sie das Radiogerät und führen uns in die Sûreté ab. Zusammen mit fünfzig anderen werden wir auf dem Hof zusammengepfercht. Gegen Mittag, nach der Identitätsfeststellung, werden wir freigelassen.

Ich suche Nguyễn văn Lịnh auf, der notdürftig mit seinen betagten Eltern zusammenwohnt, die nach der Ermordung ihres jungen Sohnes durch die französische Soldateska und der Plünderung des Hauses aus ihrem Dorf geflohen sind. Für einige Zeit komme ich bei Nguyễn văn Nam unter. Dieser rebellische Sohn erzählt mir kommentarlos von der Hinrichtung seines Vaters durch die Aufständischen im September 1945. Dieses Ende des sogenannten ›Tigers von Chợ Lách‹, einem in den 1930er-Jahren berüchtigten Mandarin, der aufständische Bauern folterte, überrascht mich nicht im Geringsten. Nams Hütte, ein Stück von der Straße zurückversetzt und von Kokospalmen und Bananenstauden umgeben, bietet uns einen halb verborgenen Unterschlupf.

Dort treffe ich Lư sanh Hạnh wieder. Im September von der GPU interniert, wartete er darauf, vor ein ›Volksgericht‹ Trần văn Giàus gestellt zu werden, als der Zufall ihn rettete: Die Engländer übergaben ihn, nachdem sie die Kontrolle über das Zentralgefängnis übernommen hatten, an die französische Sûreté, die ihn einige Monate später freiließ.

Liu khánh Thịnh von der Arbeitermiliz berichtet uns nach seiner Rückkehr von der Binsenebene vom Tod unseres Freundes Trần đình Minh im Januar 1946 und von der Zerstreuung der überlebenden Kameraden nach der bedingten Kapitulation der ›Dritten Division‹ in Sađéc.

Ich fühle mich unwohl, so auf Kosten meiner Freunde zu leben, als mir Liu khánh Thịnh aus dem Schlamassel hilft. Er kann mich als Übersetzer und Schreiberling an einen chinesischen Kaufmann empfehlen, der in Saigon ein Büro eröffnen möchte. Der Chinese verhilft mir zu einer Unterkunft in der Rue Richaud, ganz in der Nähe meiner Arbeitsstelle. Unter dem Namen einer Import-Export-

Firma sichert sich mein Arbeitgeber im stillen Einvernehmen mit dem französischen Leiter der Einwohnerverwaltung der Region das Monopol auf den Vertrieb des aus den Salinen von Phan thiết importierten Salzes. Sein Handelsgeschäft verbindet er mit dem Schmuggel diverser rationierter Produkte. Dank Korruption erlangt er das Halbmonopol auf Nahrungsmitteltransporte von Saigon nach Phan thiết mit dem Zug, Militäreskorte inklusive. Zudem hat er Verbindungen zu einem Inspektor der Sûreté, der veruntreute humanitäre Hilfsmittel bei ihm einlagert: Mehlsäcke, Decken usw.

Noch nie bin ich der Welt des Feindes, der Welt des Zasters und der Macht so nah gekommen. Einmal, bei einem Treffen meines Chefs mit dem Stellvertreter der Verwaltung von Phan thiết, finde ich mich an einem Tisch mit einem der Großkopferten des Kolonialapparats wieder. Der Chinese überreicht ihm eine kostbare Schweizer Uhr ... und erhält dafür einen Piaster.

Unsere Gruppe ist begierig zu erfahren, was aus der ›Kommune‹ geworden ist, die die Minenarbeiter in Hòn gai-Cẩm phả (Tonkin) gegründet haben. Liu khánh Thịnh, der aus dem Norden des Landes stammt, gelingt es, Informationen einzuholen: Die Bewegung ist isoliert und in sehr bedrohlicher Lage. Um das Gebiet, in dem die Minen liegen, einzukreisen, hat die provisorische Regierung Hồ chí Minhs Truppen unter dem Kommando Nguyễn Bìnhs geschickt, der an die Minenarbeiter appelliert hat, die nationale Einheit sei unumgänglich, und gleichzeitig die Wahrung des Status quo versprach, um sie für sich zu gewinnen. Nun ging alles ruck, zuck: Er ließ nicht nur alle gewählten Arbeiter, darunter Lan, Hiên und Lê, festnehmen, sondern auch die Räte durch eine neue Hierarchie à la Việt minh ersetzen. Nach drei Monaten Selbstverwaltung und Kreativität herrscht in dem Bezirk alsbald die militärpolizeiliche Ordnung der ›demokratischen Republik‹.

Den autonomen Bauernbewegungen des Nordens ergeht es ähnlich. In den Provinzen Bắc ninh und Thái bình in Tonkin sowie Nghệ an und Thanh hóa in Nordannam haben sich die Bauern, von einer noch nicht überstandenen Hungersnot gedrückt, an die Losung der KPI von 1930, »den Boden denen, die ihn bearbeiten«, erinnert und sich der nationalen Einheit der Việt minh mit den Grundbesitzern verweigert. Stattdessen haben sie die Güter der Reichen konfisziert und sich den Boden zurückgeholt: Sie selbst werden in der Lage sein, mehr zu produzieren, und sie werden die Ernte auch nicht in die Spekulation abzweigen. Hồ chí Minh zögert nicht, auch diese Initiativen zu zerschlagen. Ein Rundschreiben vom November 1945 an die Provinzkomitees legt fest, dass »die Reisfelder und Anbaugebiete nicht aufgeteilt werden« sollen. Die Verordnung Nr. 63 über die ›Organisation der Volksmacht‹ erklärt die Wiederherstellung einer Hierarchie, wie sie die Việt minh kennzeichnet: Das Exekutivkomitee jeder Region wird dafür verantwortlich sein, die Anordnungen der Regierung auszuführen, und jedes Organ in der Hierarchiepyramide wird die unmittelbar darunterliegenden Organe kontrollieren. Nun hat die Hierarchie der Việt minh ihre Polizei in Bewegung gesetzt und mit militärischer Hand die Böden und Güter an die Grundbesitzer zurückübereignet.

Aus denselben Quellen erfahren wir, dass die stalinistische Partei in dieser Phase auch gegen uns einen Mordaufruf lanciert hat: »Diese Bande von Trotzkisten muss sofort erschossen werden«, erklärt *Cờ giải phóng* (Fahne der Befreiung), die Zeitung der Kommunistischen Partei in Hanoi, am 23. Oktober 1945. Besagte Partei folgt dem, was Nguyễn ái Quốc (der zukünftige Hồ chí Minh), der sich noch in China befindet, im Mai 1939 in den drei Briefen an seine ›geliebten Genossen‹ in Hanoi empfiehlt, indem er ihnen im Stile Wyschinskis »die widerwärtige Fratze des Trotzkismus und der Trotzkisten« offenlegt. In einem Bericht an die Komintern schreibt er: »Mit den Trotzkisten ist keine Versöhnung und kein Zugeständnis möglich. Man muss sie mit allen Mitteln als Agenten des Faschismus entlarven, man muss sie vom politischen Standpunkt aus ausrotten.«

Die der IV. Internationale wohlgesinnten Aktivisten werden im Norden systematisch ermordet.

Im Süden hat Dương bạch Mai, Chef der GPU, bevor er vor Ankunft der indisch-britischen Truppen im Oktober 1945 aus Biên hoà floh, den Trotzkisten Phan văn Hùm, seinen ehemaligen

Mithäftling in Poulo Condor, unseren Freund Nguyễn văn Vàng (der versucht hatte, Volkskomitees zu gründen) sowie Lê thành Long, Korrespondent der Zeitung *La Lutte*, erschießen lassen; auch andere Anhänger der IV. Internationale sind von seinen Schergen im Wald von Bến súc ausgelöscht worden. Ich erfahre es, als ich durch den Ort des Massakers komme.

In Saigon lässt Trần văn Giàu, um sich ungeteilter Macht zu erfreuen, die Nationalisten und die Anführer der verschiedenen Sekten umbringen. 1979 von dem Historiker Daniel Hémery zu Hồ văn Ngà, dem Anführer der Nationalen Einheitsfront, den die GPU Trần văn Giàus exekutiert hat, befragt, ist dieser zynisch genug zu erklären, Hồ văn Ngà hätte zu seinen Freunden gehört: »Das waren in erster Linie Nationalisten. Das waren keine Korrupten, das waren ordentliche Menschen!«

Nguyễn văn Chuyến, ein Genosse aus der Arbeitermiliz, berichtet mir bei seiner Rückkehr nach Saigon von seiner gefahrenvollen Reise durch die Gebiete der Hoà Hảo im Mekongdelta. Nach Einmarsch von Leclercs Kolonnen in Cần thơ ergehen sich die neu formierten Hòa Hảo unter ihrem Chef Năm Lửa, den ich durch Zufall einmal bei einer Reise durch das Delta getroffen habe, im Niedermetzeln und massenhaften Ertränken von Mitgliedern der Việt minh; eine Folge der Repression gegen die Hòa Hảo, die Trần văn Giàu nach der missglückten Festnahme ihres Meisters im September 1945 veranlasst hat. Andererseits hindert dies die Hòa Hảo nicht daran, die Franzosen zu bekämpfen und in Hinterhalte zu locken. Die Sekte hat sich zur faktischen Macht entlang des Bassac in den Regionen Cânthơ, Sađéc, Longxuyên und Châuđốc bis hin zur kambodschanischen Grenze aufgeworfen. Doch im April 1947, nach Ermordung des Narren-Bonzen durch die Việt minh, werden sich die Hòa Hảo auf die Seite der Besatzer schlagen und sich als Hilfstruppen dem französischen Expeditionskorps anschließen.

Im Oktober 1945, gerade als sich die bewaffneten Gruppen der Religionsgemeinschaft der *cao đài* in den Wäldern von Tâyninh den Panzern Leclercs entgegenstellen, ergreift die GPU deren

Anführer Trần quang Vinh. Der geflohene Priester der *cao đài*
schließt sich im Mai 1946 unter Zwang der Kolonialmacht an.
Kurze Zeit später werden sich einige Tausend seiner Anhänger,
von französischen Ausbildern im Morden gedrillt und in ›Überfall-
kommandos‹ organisiert, an der Seite französischer Streitkräfte
an ›Befriedungsoperationen‹ beteiligen.

Der im September 1945 in Kotschinchina ausbrechende Indochinakrieg erfasst den Norden erst im Dezember 1946.[57] Das Abkommen vom 6. März 1946, dieser Kuhhandel mit Hồ chí Minh,
durch den das ›neue Frankreich‹ Vietnam als ›freies Land‹ in der
französischen Union anerkennt, erlaubt Leclercs Kolonnen, ›ohne
einen Schuss abzugeben‹ in Hanoi einzuziehen und sich an strategischen Positionen des Landes in Stellung zu bringen. Die nationale Einheit – die Vereinigung der drei Kỳ (Tonkin, Annam und
Kotschinchina) – soll per Referendum entschieden werden. In
Wahrheit wirken die Eroberer auf eine Spaltung Kotschinchinas
hin. In Saigon versammelt der Hochkommissar Thierry d'Argen-
lieu eingefleischte Kolonialisten und annamitische Bourgeois in
einem Konsultativrat, der damit beauftragt ist, aus ihrer Mitte ein
Oberhaupt für die provisorische Regierung der ›Republik Kotschinchina‹ zu bestimmen – ein neuer Fassadenputz für die alte Kolonie.

Uns bleibt nichts anderes übrig, als untätig die Ereignisse zu
verfolgen, um ihnen abzulauschen, wie es um uns steht und von
welcher Seite die nächste Attacke kommt.

In Saigon, das sich unter Kontrolle der französischen Sûreté
und unter der Knute der polizeilich organisierten Separatisten-
bewegung der kotschinchinesischen Bourgeoisie befindet, kommt
es zu Sabotageakten und Terrorismus durch die Việt minh. Im
April 1946 geht der Sprengstoff in die Luft: Die Explosion von vier-
tausend Tonnen Munition, die am Ufer des Arroyo de l'Avalanche
gelagert werden, zieht sich über drei Tage hin und vernichtet auch
die angrenzenden Quartiere.

Zwei Mitglieder des Konsultativrats werden erschossen. Das
hindert Dr. Thinh aber nicht daran, am 1. Juni 1946 auf dem Vorplatz der Kathedrale von Saigon die ›Republik Kotschinchina‹

auszurufen und vor französischen Offiziellen seine aus der kotschinchinesischen Bourgeoisie rekrutierte Regierung vorzustellen. Seine Minister? Eine Meute alter Wachhunde der Kolonialmacht; der Untersuchungsrichter Trần văn Tỷ – ›mein‹ Richter von 1936 – findet sich zum Justizminister befördert; Nguyễn văn Tâm, der ›Tiger von Cai lậy‹, als Folterer der aufständischen Bauern in den 1930er-Jahren berüchtigt, ist für die innere Sicherheit zuständig. Die erklärte Feindseligkeit und Verachtung der Kolonialisten gegenüber dieser sklavisch ergebenen annamitischen Regierung ohne jede Macht gewinnt schnell die Oberhand über Dr. Thinh. Er erhängt sich im November 1946. Ein anderer Bourgeois, Dr. Lê văn Hoạch (ein Würdenträger der *cao đài*), nimmt seinen Platz ein. Über den Zeitraum eines Jahres spielt diese Regierung die Rolle des Hilfspolizisten für die sich neu einrichtende Kolonialmacht.

Tag und Nacht sind in Saigon aus der Ferne immer wieder der Lärm von Detonationen, das Knattern von Maschinengewehren, die gedämpften Echos der Zusammenstöße zwischen Guerillakämpfern und Soldaten des Expeditionskorps zu vernehmen. In der Stadt können auch Polizeikontrolle und Ausgangssperre nicht verhindern, dass ab und zu Granaten in Hotels, Kinos oder Cafés explodieren, in denen Europäer ein- und ausgehen.

Die Säuberungsaktionen verbreiten Terror in Saigon-Cholon. Als Mitfahrer eines Salztransports nach Cholon komme ich einmal an einem mit Stacheldraht umzäunten Lager vorbei, in dem die französischen Mörder die während ihrer Operationen festgesetzten Gefangenen wild durcheinander zusammenpferchen. Sie erschießen sie zu Dutzenden wie Geiseln. Eine der Leichen, ein Junge, umklammert noch einen Zettel, auf dem wahrscheinlich sein Name und seine Adresse geschrieben stehen.

Eines frühen Morgens werde ich unfern meiner Arbeit Zeuge einer grausigen Szene: die Bergung mehrerer blutverschmierter Leichen aus einem Wohnblock, in dem Annamiten leben. Gerüchte schreiben diese Morde den Kommandos von Nguyễn Bình zu, der mit richtigem Namen Nguyễn phương Thảo heißt und Abgesandter der Việt minh aus dem Norden ist. Gerade zu der Việt minh übergelaufen, ist dieser Mann von Hanoi damit beauftragt worden, Ende 1945 die Kommune der Minenarbeiter von Hòn gai-Cẩm phả aufzulösen. Jetzt soll er den Widerstand im Süden kontrollieren. Nguyễn Bình hat die Mission, sich die bewaffneten Gruppen der Bình xuyên zu unterwerfen, die nicht nur dem Expeditionskorps die Stirn bieten, sondern auch ihre Autonomie gegenüber der Việt minh wahren. Ihr Anführer, Ba Dương, hat zu den Führern der Nationalisten Kontakte aufgebaut. Im Widerstandskampf 1946 verfügen seine Truppen über zwölf- bis dreizehnhundert bewaffnete Kämpfer, die in sieben Kompanien organisiert sind und von Ba Dương, Mười Trí, Bảy Viễn, Năm Hà und Tư Ty angeführt werden. Nguyễn Bình hat, um sie einzugliedern, einen der ihren, Bảy Viễn, zum zweiten Befehlshaber der Widerstandtruppen ernannt, während Politkommissare der Việt minh in die Ränge der *bình xuyên*-Piraten integriert werden. Ein Großteil derer unter Führung Bảy Viễns lehnt sich gegen die neue Autorität auf und zieht sich in die sumpfigen Wälder Rừng sáts zurück. Nguyễn Bình schickt Truppen gegen sie, um sie auszulöschen. Die Überlebenden folgen schließlich Bảy Viễn ins Expeditionskorps.

Im September 1947 stirbt mein früherer Vorgesetzter bei *Flambeau d'Annam*, der Konstitutionalist Nguyễn văn Sâm, durch die Kugeln eines der Mordkommandos von Nguyễn Bình. Nguyễn văn Sâm versucht, die von der Việt minh unabhängigen Nationalistengruppen in einer neuen nationalen Einheitsfront zu reorganisieren.

Zu dieser Zeit erfahre ich mit Erleichterung von der Rückkehr unserer seit 1941 im madagassischen Exil lebenden Freunde Ngô chỉnh Phến und Anh Già (Đào hưng Long) nach Saigon. Die Neuigkeit ist auf den Seiten von *Tranh đấu* zu lesen, das einige Überlebende der Gruppe La Lutte als ›Organ des Proletariats‹ unter dem Zeichen der IV. Internationale in Umlauf zu bringen suchen.᾽ Sie veröffentlichen darin die Übersetzung des *Kommunistischen Manifests*, erinnern an die Verhaftung Tạ thu Thâus in Quảng ngãi und an das Verschwinden früherer Mitglieder der Gruppe im Wald von Thủ đầu một. *Tranh đấu* wird von seiner zweiten Ausgabe an verboten.

Ich nehme Chị Năm Thìn nach ihrer Flucht aus Bến tre, wo sie nach drei Jahren Haft in Mỹ tho unter Hausarrest steht, zusammen mit ihren beiden Söhnen bei mir auf, die mit meinen eigenen drei Kindern, Đô, Oanh und Đá, die Schule besuchen. Meine Wohnung verwandele ich in so etwas wie eine Bibliothek – unter dem Namen *Tìm Học* (Recherche und Studium) –, sie dient als Treffpunkt und Postfach zugleich. Zu den aus Frankreich eingetroffenen Büchern gehören der Roman *Planète sans visa*[58] von Jean Malaquais und einige subversive Broschüren. Wir müssen als informelle Gruppe von Internationalisten zwischen zwei Fronten überleben und geben uns Mühe, uns nicht der Verzweiflung hinzugeben.

Liu khánh Thịnh gelingt es, Kontakt mit der Kommunistischen Liga Chinas in Hongkong herzustellen. Und so stoßen einige Zeit später die gegen Mao Zedong opponierenden Kommunisten Peng Shuzi, seine sehr aktive Gefährtin Cheng Bilan sowie Liu Jialing zu unserer Saigoner Gruppe. Der 1895 geborene Peng Shuzi zählte zu den Gründern der Kommunistischen Partei Chinas; Liu Jialiang hat *Die Tragödie der chinesischen Revolution* von Harold Isaacs ins Chinesische übersetzt.

Eines Tages erfahre ich, dass sich Polypen über die ›Bibliothek‹ erkundigt haben. Am Tag darauf tauchen die Herren von der Sûreté bei mir auf. Es gibt nichts, was sie konfiszieren könnten, denn der Großteil der Bücher und Broschüren ist bereits am Vortag an einen sicheren Ort gebracht worden. Aber ich darf mich auf Wiederholungen der Razzia gefasst machen. Lư sanh Hạnh und Nguyễn văn Nam setzen sich bald ins Exil nach Frankreich ab.

In der Stadt von der Sûreté heimgesucht und ohne Rückzugsmöglichkeiten auf dem Land, wo von zwei Seiten, den Franzosen und der Việt minh, Terror ausgeht, entscheide auch ich mich, das Land zu verlassen. Meine Ersparnisse – vor allem dank meines Arbeitgebers erwirtschaftet – vertraue ich einem befreundeten Sympathisanten an, der mit *nước mắm*-Sauce handelt. Er verspricht mir, nach besten Kräften die Meinen zu unterstützen, um die sich nach meiner Abreise Chị Năm Thìn kümmern wird.

Der Hafen Saigons 1997

Die Sûreté verweigert mir den Pass nach Frankreich, doch ich kann meinen chinesischen Arbeitgeber davon überzeugen, mir eine falsche Bescheinigung auszustellen, derzufolge er mich einer Angelegenheit wegen nach Paris schickt. Auf diese Weise erhalte ich ein dreimonatiges Visum hin und zurück.

So schiffe ich mich also im Frühling 1948 im Frachtraum eines Schiffs der Reederei Messageries Maritimes Richtung Marseille ein. Mit schwerem Herzen an Achterdeck stehend, blicke ich der Schaumspur nach, wie sie sich in die Ferne allmählich auflöst. Der Horizont vor mir verschwimmt in Rauch und Wolken. Was wird aus denen werden, die ich zurücklasse?

* * *

Der Schlag ist vernichtend, meine Trauer grenzenlos: 1950 werden Nguyễn văn Lịnh, Liu khánh Thịnh und der chinesische Genosse Liu Jialiang zu einer – vorgeblich von trotzkistischen Sympathisanten organisierten – geheimen Konferenz in der vom Militär der Việt minh kontrollierten Zone Biênhòa eingeladen, um die trotzkistische Beteiligung am Widerstand zu diskutieren. In Wahrheit gehen sie der Việt minh in die Falle. Die Gefährtin Nguyễn văn Lịnhs wird von Chị Năm Thìn – die schon für die Việt minh gekämpft hat – davon überzeugt, sich gemeinsam auf die Suche nach ihnen zu machen. Kämpfer der Việt minh in Biênhòa halten die beiden jungen Frauen fest und foltern sie, indem sie sie an Balken aufhängen und die Waden aufschneiden, um mit Benzin getränkte brennende Baumwolle einzuführen, damit sie mehr über ihre Freunde, die ›trotzkistischen Vaterlandsverräter‹, verraten. Chị Năm Thìn wird mir Briefe schreiben können; ich erfahre später, dass unsere drei Freunde umgebracht wurden und der Radiosender der Việt minh – die Stimme der Binsenebene – sie selbstverständlich als ›Agenten des französischen Imperialismus‹ denunziert.

Von denen, die an der revolutionären Oppositionsbewegung beteiligt waren und im Land geblieben sind, hat fast niemand überlebt.

UND DIE FREUNDE?

Die Freunde sind wie Wolken,
das Leben hat uns zerstreut,
nur der Tod hat uns getrennt.

*Was ist aus meinen Freunden, meinen engsten Genossen geworden?
Der gemeinsame Kampf im Untergrund hat uns zueinandergeführt
und traute Verbindungen entstehen lassen, doch die Geheimhaltung
brachte es auch mit sich, dass uns wichtige Facetten des Lebens der
anderen notwendig verborgen blieben … Auf dieses Dunkel möchte
ich an dieser Stelle ein Licht werfen und bedaure nur, dass so viele
unbelichtete Flecken bleiben …*

VĂN VĂN KÝ, der Benjamin unter uns, der junge Schriftsetzer, der
die Typen mitgehen ließ, mit deren Hilfe wir unsere geheime Druckerei aufbauen konnten. Er starb an Tuberkulose. Einem Freund
vertraute er traurig an: »Ich dachte, mich würde eher ein Tod im
Straßenkampf oder auf einer Barrikade erwarten.«

VÕ VĂN DƠN, Kuli bei Descours et Cabaud, der trotz Folter über
unseren ›Freundschaftsbund‹ Stillschweigen bewahrte und nur zugab, Zeitungen verteilt und eines Nachts auf der Straße von Giồng
Ông Tố auf der anderen Seite des Saigon ein rotes Spruchband mit
dem Aufruf zum Generalstreik gespannt zu haben. Er starb an
Tuberkulose. Es hat mich sehr ergriffen, als ich von seiner Schwester erfuhr, dass er in seiner letzten Stunde ganz verzweifelt
darüber war, mich nicht noch einmal wie in den Tagen unseres
Kampfes an seiner Seite zu sehen.

VĂN VĂN BA, Arbeiter und Mitglied der Liga. Er wurde zur selben
Zeit verhaftet wie wir. Er starb im Januar 1939 an Typhus. Mehr als
zweihundert befreundete Arbeiter und Kulis aus verschiedenen
Betrieben begleiteten ihn an seine letzte Ruhestätte.

TRỊNH VĂN LÂU war am Aufbau der Liga beteiligt. Er wurde im Verfahren vom 31. August 1936 zu acht Monaten Gefängnis verurteilt. Er setzte den Untergrundkampf gegen den Krieg fort, wurde von den Franzosen gefangen genommen und starb in einem der Frachtkahn-Gefängnisse, in denen die aufständischen Bauern vom November 1940 eingepfercht wurden.

NGÔ CHỈNH PHẾN war im selben Verfahren wie die Mitglieder der Liga zu einer Gefängnishaft verurteilt worden. Er gehörte zu der Gruppe ›Internationalistische Arbeiter‹ in Gia định, die im September 1939 Flugschriften an die Tirailleure von Thủ dầu một verteilte: »Schießt nicht auf eure Arbeitergenossen, die in der gegnerischen Armee angeworben wurden, schießt nur auf die Imperialisten des Landes!« und die gegen die Rekrutierung der Tirailleure kämpfte. Im Widerstandskampf von Rạch giá gefangen genommen, wurde er zuerst im Konzentrationslager am Berg Bà Rá interniert und dann nach Madagaskar deportiert, wo er bis Ende 1946 bleiben musste. Aus Houston in Texas wurde mir vor einigen Jahren eine Grußbotschaft mit seinem »brüderlichen Gruß an die Genossen« zugestellt. Kurz vor seinem Tod im Januar 1996 immer noch von den Morden an Trotzkisten ein halbes Jahrhundert davor heimgesucht, sagte er zu seinen Kindern: »Ich sehe noch die ganzen Đệ Tam (Stalinisten) um uns herumschleichen ... *Các bùm, các bùm!* (Lautmalerei für das Klicken des Abzugs und Schüsse)«

PHẠM VĂN MUỖÌ, der Oberschüler, den ich nach dem Prozess gegen uns aus den Augen verloren habe: Hat er überlebt?

TRẦN THỊ MƯỜI wurde 1914 in eine Familie kleiner Grundeigner geboren. Ihr Vater war Anhänger des rebellischen Prinzen Cường Đế, ihr älterer Bruder ein ›Moskaurückkehrer‹. Sie kam mit Anh Già zusammen und war an der linkskommunistischen trotzkistischen Opposition beteiligt. Nach ihrer Festnahme im Oktober 1932 landete sie in den Folterkammern der Sûreté und saß sechs Monate im Gefängnis. 1935 half sie mir, die Broschüren und Zeitungen unserer Liga im stalinistischen Milieu auf dem Land zu verbreiten. Ihre Schwester Trần thị Chín, 1912 geboren, wurde im Oktober 1929 im Zusammenhang mit dem Verbrechen in der Rue Barbier verhaftet. 1931 war sie zusammen mit ihrem Gefährten Nguyễn văn Đại an der Kommunistischen Liga (*Liên minh cộng sản đoàn*) beteiligt, der ersten Oppositionsgruppe innerhalb der Kommunistischen Partei Indochinas. Sie starb 1932 in Cà mau.

VÕ THỊ BẰNG, auch NGUYỄN THỊ MỸ genannt, (1915–1934) war Mitglied der trotzkistischen Gruppe Indochinesischer Kommunismus (*Đông dương cộng sản*). Nach der Festnahme im August 1932 wurde sie am 1. Mai 1933 zu vier Monaten Gefängnis verurteilt. Sie starb weniger als einen Monat später an den Folgen der Folter, die sie während ihrer Haft bei der Sûreté erleiden musste.

NGUYỄN HUỆ MINH, 1912 in Bình đại (Bến tre) geboren, war Mitglied der Kommunistischen Liga und kämpfte dann in der Gruppe Oktober[59] (linkskommunistische Opposition). Sie wurde im August 1932 festgenommen und im Mai 1933 zu drei Monaten Gefängnis verurteilt. Sie wurde die Gefährtin Hồ Hữu Tươngs. Außerdem war sie die jüngere Schwester Nguyễn trung Nguyệts, der ›Heldin‹ der Affäre um das Verbrechen in der Rue Barbier.

VÕ THỊ VÂN, 1913 geboren und ursprünglich aus Bến tre, Mitglied der Kommunistischen Partei Indochinas, wurde im September 1933 zu acht Monaten Gefängnis verurteilt. Nach ihrem Übertritt zur linken Opposition war sie mit Lư sanh Hạnh, einer der führenden Figuren in der Liga der internationalistischen Kommunisten, liiert und beteiligte sich 1936 an der Bewegung für den indochinesischen Kongress. Sie war auch am Aktionskomitee der Saigoner Bezirke Chợ quán und Chợ đủi beteiligt. Sehr aktiv in der Untergrund-Gewerkschaftsbewegung, vor allem während der Streiks bei den Eisenbahnern, wurde sie im Mai 1937 ins Gefängnis geworfen.

LÊ VĂN OÁNH ist 1908 in Håidương (Tonkin) geboren. Er arbeitete bei der Eisenbahn, dann als Sekretär im Arsenal von Saigon, wo er während der Streiks 1936/1937 entlassen wurde. Als Aktivist in der Untergrund-Gewerkschaftsbewegung wurde er im November 1937 zu zwei Jahren Gefängnis verurteilt. Ich habe ihn zum letzten Mal 1945 während des Aufstands in Saigon getroffen. Was ist aus ihm geworden?

TẠ KHẮC TRIÊM wurde 1912 in Sơn tây (Tonkin) geboren. Ab 1927 war er in Kotschinchina, wo er zunächst als Buchhalter bei den Magasins Charner in Saigon arbeitete, später als Sekretär im Arsenal. Dort wurde er während der Streiks 1936/1937 entlassen. Der Allgemeine Arbeiterbund, den die Trotzkisten im Untergrund organisierten, trat am 29. Mai 1937 in der nördlichen Vorstadt Saigons zusammen. Delegierte der Arbeiter aus vierundvierzig Betrieben diskutierten darüber, welches Statut sich der Bund geben sollte, als Agenten der Sûreté dazwischenplatzten und zweiundsechzig Aktivisten abführten, darunter Tạ khắc Triêm. Nach seiner Freilassung war er wieder bei den Streiks sehr aktiv. Während des Streiks bei der Transindochinesischen Eisenbahn beteiligte er sich am Aufbau von Bruderschaften in Quảng ngãi (Annam) und in Tonkin. Nach seiner Festnahme im September 1937 wurde er zu einem Jahr Gefängnis verurteilt, da er laut eines Vermerks der Sûreté der »trotzkistische Rädelsführer« war, »der beim Generalstreik der Eisenbahner eine wichtige Rolle gespielt hat«.

VÕ BỬU BÍNH, 1910 in Sađéc geboren, war Mitglied der linkskommunistischen Opposition. Nach seiner Festnahme im August 1932 saß er drei Monate im Gefängnis. Er nahm an der Delegiertenversammlung am 29. Mai 1937 teil und gehörte zu denjenigen, die verhaftet und verurteilt wurden. Seine Gefährtin war es, die mich nach meiner Entlassung aus dem Gefängnis im Juni 1937 so gastfreundlich beherbergte. Ich erinnere mich an den Ausspruch, mit dem er bei meinem Sohn Đô großen Eindruck machte:»Dein Vater ist ein Schlingel, der den Himmel verkauft, ohne den Donnergott zu beschwören!« (*Bán Trời không Thiên lôi*), wie es in einer Redensart heißt.

* * *

Unter denen, an deren ebenfalls schrecklich fragmentarischen ›Biografien‹ ich mich im Folgenden versuchen werde, waren einige sehr enge Begleiter (Nguyễn văn Lịnh, Lư sanh Hạnh, Nguyễn văn Nam, Anh Già). Andere habe ich weniger gut gekannt, weil sich unsere Wege mitunter nur im Gefängnis oder andernorts kurze Zeit gekreuzt haben. Doch auch sie bedeuten meinen Weggefährten und mir sehr viel.

Die Gesellschaft heutiger Tage schwillt über mit Unbill,
Wie nur, dass du unseren Ruf vernimmst, blauer Himmel?
Die die hohen Häuser errichten, wohnen in modrigen Hütten,
Die die Seide weben, tragen arge Kleidung nur.
Die Geschulten nutzen die Arbeit der Unwissenden aus,
Die Kretins verstärken die Banden der Abgefeimten.
Dass nur das Volk sein Unglück erkenne,
Und das zehntausendfaltige Unheil wird überwunden sein.

Phan văn Hùm (ursprünglich auf *quốc ngữ* verfasst)

PHAN VĂN HÙM (1902–1945) wurde am 9. April 1902 im kotschinchinesischen An thành (Thủđầumột) geboren. Sein Vater war ein buddhistischer Intellektueller und Kleingrundbesitzer. Hùm wurde 1924 an der Schule für Tiefbau in Hanoi angenommen und arbeitete später als Techniker in Hué. Abgestoßen vom Elend und der Ungerechtigkeit, fand er Trost in häufigen Besuchen beim alten nationalistisch-antikolonialistischen Rebellen Phan bội Châu[60], der in Hué unter Hausarrest gestellt war, und half ihm in seiner Armut aus. Weil er Schulmädchen, die nach einem Streik von ihrer Schule verwiesen worden waren, beherbergte, musste er selbst seinen Funktionärsposten räumen.

Er machte sich nach Saigon auf, wo er sich mit Nguyễn an Ninh anfreundete. Zusammen reisten sie auf dem Fahrrad durchs Land, um emanzipatorische Ideen unter den Bauern zu verbreiten.

Im September 1928 wurde er verhaftet. Nach seiner Entlassung klagte er mit *Ngồi tù khám lớn* (*Im Zentralgefängnis*) das Gefängnisregime an – diese Schrift, die in Fortsetzung in der Zeitung *Thần chung* erschien, rüttelte die Jugend auf.

Im September 1929 schiffte er sich nach Frankreich ein. Er trat dem Kampfkomitee der indochinesischen Emigranten in Toulouse bei und nahm am 22. Mai 1930 an der Demonstration vor dem Elyséepalast gegen die Todesstrafe für die Aufständischen von Yên báy teil; der Polizei konnte er entkommen und mit Hồ hữu Tường zusammen fliehen. Nach ihrer Flucht nach Brüssel produzieren sie *Tiền quân* (Die Avantgarde), ein hektografiertes Blatt, in dem sie das autoritäre Sektierertum angreifen und vor der Geisteshaltung derer warnen, die glauben, sie hätten sich die Lehren von Marx angeeignet, nur weil sie einige Monate in Moskau verbracht haben ... Im Juli erreichten Phan văn Hùm und Hồ hữu mit Unterstützung Pierre Navilles und Raymond Moliniers eines Nachts ungehindert Paris. Bald darauf gründeten sie mit anderen Emigranten eine indochinesische Gruppe innerhalb der Kommunistischen Liga (Opposition). Hùm arbeitete als Lehrer in Toulouse, bis er wegen subversiver Propaganda seine Stellung verlor. Im Juli 1933 kehrte er nach Saigon zurück, wo er Tạ thu Thâu und Hồ hữu Tường wiedertraf. Er wurde Lehrer für Annamitisch an der Paul-Doumer-Oberschule, wo er im Juni 1935 auf Intervention der politischen Sûreté hin entlassen wurde.

Er beteiligte sich an der Einheitsfront La Lutte in Form philosophischer Arbeiten. Bei der Spaltung von La Lutte 1937 blieb er auf Seiten Tạ thu Thâus und schrieb im *Tranh đấu* (Der Kampf), der nun zum Organ der IV. Internationale geworden war. 1939 beschloss er, zusammen mit den Trotzkisten Tạ thu Thâu und Trần văn Thạch bei den Wahlen zum Kolonialrat im Wahlkreis Saigon-Cholon, Tân an und Mỹ tho gegen die Konstitutionalisten und die (stalinistische) Liste ›Demokratische Front‹ von Nguyễn văn Tạo, Nguyễn an Ninh und Dương bạch Mai anzutreten.

Sie erklärten die Notwendigkeit einer ›Arbeiter- und Bauern-Front‹ gegen den Krieg und richteten ihre Agitation gegen die Steuererhöhung und gegen die Zwangsaushebung zusätzlicher Tirailleure – alles Positionen, die auch von der stalinistischen Demokratischen Front geteilt wurden. *La Lutte* veröffentlichte natürlich ihr Wahlprogramm. Während sie die Konstitutionalisten dafür angriffen, »gleichgültig gegenüber der Ausbeutung derer, die Hunger und Durst leiden«, zu sein, erinnerten sie an die Verantwortung der Stalinisten für die Niederlagen des Proletariats in Deutschland 1923 und 1933, in Estland 1924, in China 1925–1927 und in Spanien 1936–1939; sie prangerten die niederträchtigen Moskauer Prozesse an und wurden nicht müde zu erklären, wieso und auf welche Weise die »Verteidigung Indochinas im Rahmen des französischen Imperialismus und der nationalen Einheit« die Ausgebeuteten Indochinas zu Instrumenten wie auch zu Opfern der russischen Diplomatie zu machen versuchte. Phan văn Hùm, Tạ thu Thâu und Trần văn Thạch wurden trotz Verbots ihrer Versammlungen gewählt; die ›Demokratische Front‹ der Stalinisten dagegen unterlag auf ganzer Linie: Die unzufriedenen Wähler hatten sie als ›regierungstreu‹ abgestempelt. Am 30. April 1939 wurde Phan văn Hùm in den Kolonialrat von Kotschinchina gewählt und am 28. Juni verhaftet. Am 13. Oktober wurde er wegen Agitation gegen das Kriegsdarlehen und die Kriegssteuern zu fünf Jahren Strafkolonie und zehn Jahren Aufenthaltsverweigerung verurteilt. Nach Ablauf der Haftdauer in der Kolonie kehrte er 1944, an Beriberi erkrankt und körperlich sehr geschwächt, zur Gruppe La Lutte zurück.

Am 10. September 1945 bot ihm die (stalinistische und erweiterte) Việt-minh-Regierung zynischerweise einen Stellvertreterposten an (Hùm war seit Erscheinen seines Buches *Im Zentralgefängnis* im Jahr 1929 eine populäre Persönlichkeit). Er lehnte jedoch ab, sich an einer seiner Auffassung nach pseudodemokratischen Maskerade zu beteiligen. In der Zwischenzeit war auch die Nachricht von der Festnahme Tạ thu Thâus durch die Việt minh eingetroffen ... Nach dem Massaker an den Trotzkisten im

Oktober 1945 an der Thị-Nghè-Brücke durch französisch-britische Truppen organisierte Phan văn Hùm mit anderen Überlebenden (darunter Trần văn Thạch, Phan văn Chánh, Ưng Hòa, Lê văn Thử und Nguyễn văn Số) eine neue Gruppe, die zum Kampf gegen die erneute Eroberung durch Kolonialtruppen bereit war.

Der Stalinist Dương bạch Mai ließ Trần văn Thạch, Phan văn Chánh und Nguyễn văn Số festnehmen. Sie wurden im Wald von Bến súc (Thủdầumột) zusammen mit dreißig anderen Gefangenen erschossen, darunter der frühere Geschäftsführer von *La Lutte*, Nguyễn văn Tiền, der gerade aus Poulo Condor freigelassen worden war, sowie Ngôn, ein Arbeiter aus dem Arsenal. Phan văn Hùm wiederum wurde im Oktober 1945 in Biênhoà von der GPU Dương bạch Mais festgesetzt.

Einer von seinen befreiten Mitgefangenen, der Lehrer Tương minh Hải, hat von folgendem Dialog zwischen Dương bạch Mai und Phan văn Hùm berichtet,[61] aufgeschnappt an jenem Abend, als man Letzteren aus seinem Kerker holen kam (Dương bạch Mai und Phan văn Hùm kannten sich gut: Sie hatten in den 1930er-Jahren zusammen in der Gruppe La Lutte gekämpft und waren 1940 zusammen ins Straflager von Poulo Condor deportiert worden):

»In Poulo Condor hast du unter den Schlägen der Gefängniswärter deinen Rücken hingehalten, um die anderen zu schützen, aber jetzt ist Revolution ...«, sagte Dương bạch Mai.

»Wenn du mich umbringen willst«, antwortete Hùm, »bring mich gleich hier um. Wofür soll es gut sein, mich noch zu verlegen?«

Er wurde mit anderen annamitischen Gefangenen in Song Lòng Son (auf der Linie der Transindochinesischen Eisenbahn zwischen Phan thiết und Tour Cham, 232 km von Biênhòa) ermordet; ihre Leichen wurden in den Fluss geworfen.

Werke Phan văn Hùms:
– *Ngồi khám lớn* (Im Zentralgefängnis), Saigon 1929
– Dương Linh, *Mấy đường tơ* (Einige Gedichte)
– *Sa đà du tử* (Tagebuch eines Streuners, Eindrücke vom Reisen und Leben in Frankreich), veröffentlicht in *Thần chung*

– *Biện chứng pháp phổ thông* (Die Dialektik verständlich erklärt),
  Saigon 1936
– *Nguyễn phi Hoanh, Tolstoi,* Saigon 1939
– *Phật giáo triết học* (Die buddhistische Philosophie), Hanoi 1942
– *Vương Dương ming, thân thế và học thuyết* (Wang Yangming,
  Leben und Lehre), Hanoi 1944

TẠ THU THÂU (1906–1945), im kotschinchinesischen Tân bình
(Long xuyên) in eine mittellose Handwerkerfamilie geboren, musste
in jungem Alter schon arbeiten. Als Stipendiat an einer Saigoner
Mittelschule war er Mitglied der Gruppe Junges Annam, die sich
dazu»verschwor«, die Franzosen aus Indochina hinauszuwerfen.
Dem Ruf Nguyễn an Ninhs folgend, der ab 1923 mit seinem Blatt
Die zersprungene Glocke der Kolonialmacht die Stirn bot und die
Jugend aufforderte,»das Elternhaus zu verlassen«, um der»großen Unwissenheit« zu entfliehen, in der sie die Aufklärungsfeind-
lichkeit festhielt (»Unsere Unterdrückung kommt aus Frankreich,
aber auch der Geist der Befreiung«) – schiffte sich Tạ thu Thâu
nach Frankreich ein. Im Alter von 21 Jahren war er in Paris und
studierte an der wissenschaftlichen Fakultät. Zuerst kämpfte er
im Rahmen der Nationalpartei für Unabhängigkeit (PAI), deren
Vorsitz er übernahm, als der Parteigründer, Nguyễn thế Truyền,
Anfang 1928 in sein Land zurückkehrte. Zusammen mit zwei anderen Studenten, Huỳnh văn Phương und Phan văn Chánh, publizierte er *La Résurrection* (Das Wiedererwachen), ›Organ der revolutionären annamitischen Jugend‹, die ab der dritten Ausgabe
verboten wurde. Nach einer Prügelei zwischen der patriotischen
Jugend der extremen Rechten und annamitischen Sympathisanten
der annamitischen Partei der Unabhängigkeit griff Tạ thu Thâu
im Januar 1929 die Kommunistische Partei Frankreichs dafür an,
sich nicht für die dabei festgenommenen Annamiten eingesetzt
zu haben, und deckte die Heuchelei in dem Bericht auf, den die
Humanité über den Vorfall veröffentlichte. Schließlich kritisierte
er die »bezahlten Annamiten der Kolonialkommission der Kommunistischen Partei Frankreichs«, die in die Annamitische Partei

der Unabhängigkeit eingeschleust wurden, um deren Mitglieder in »ihre Erlasse ausführende Automaten« zu verwandeln. In einem Schrei der Verzweiflung beendete er einen Aufsatz mit dem Appell: »In unserer unsäglichen Versklavung rufen wir den Unterdrückten in den Kolonien zu: Vereinigt euch gegen den weißen und roten europäischen Imperialismus, wenn ihr einen festen Platz unter der Sonne haben wollt!«

Das Tribunal de la Seine verbot die Annamitische Partei für Unabhängigkeit im März 1929. Im Juli nahm Thâu am 2. Kongress der antiimperialistischen Liga in Frankfurt teil. In Paris traten Tạ thu Thâu und seine Freunde in Kontakt mit Dissidenten der Kommunistischen Partei Frankreichs – Alfred Rosmer (von der linken Opposition), Daniel Guérin, Maurice Paz' Gruppe Contre le Courant (Gegen den Strom) – und wandten sich von einem kurzsichtigen Nationalismus ab. Der ›Rassengegensatz‹ hatte in den Augen der jungen Nationalisten den Klassengegensatz verschleiert. Tạ thu Thâu begab sich daran, Marx zu studieren, und machte sich mit der russischen Geschichte der vergangenen zwölf Jahre, sprich seit der Oktoberrevolution, sowie mit einem kritischen, durch und durch internationalistischen Kommunismus vertraut.

Nach der blutigen Niederschlagung des Tirailleuraufstands von Yên báy 1930 stellte er in *La Vérité* (April, Mai und Juni 1930) seine Ideen zur Revolution in Indochina vor. Darin kritisierte er die III. Internationale: Der entscheidende Gegensatz war für ihn nicht mehr Sklaverei oder Unabhängigkeit, sondern Nationalismus oder Sozialismus. »Nur das organisierte Handeln einer einheitlichen, gesellschaftlich sich gegen den Imperialismus richtenden Masse ist in der Lage, diesen zu stürzen. Die Unabhängigkeitsfrage muss mit der der sozialistischen Revolution des Proletariats verbunden werden.«

Am 22. Mai 1930, während der Demonstration annamitischer Studenten vor dem Elyséepalast gegen die Verhängung von Todesstrafen in Folge des Aufstands in Yên báy, wurde er festgenommen und am 30. Mai zusammen mit achtzehn jungen Landsleuten aus Frankreich ausgewiesen. Bei ihrer Ankunft in Saigon am 24. Juni

wurden Tạ thu Thâu und seine Genossen von stalinistischen Flugblättern begrüßt, die sie als Konterrevolutionäre denunzierten.
Ende 1931 arbeitete er in Saigon zuerst mit der Untergrundgruppe Tả đối lập (Kommunistische Linksopposition) zusammen
und gründete dann die Gruppe Đông dương cộng sản (Indochinesischer Kommunismus), die mit seiner Verhaftung und der von
65 Trotzkisten und Sympathisanten im August 1932 zerschlagen
wurde. Im Januar 1933 auf Kaution freigelassen, war Thâu in der
Gruppe La Lutte aktiv und arbeitete im legalen Kampf gegen die
Kolonialmacht mit den Stalinisten zusammen. Über diese erste
Erfahrung, Gegenstand des Verfahrens gegen ihn, schrieb er 1934
Drei Monate bei der Sûreté in der Rue Catinat, auch um die Folter
anzuprangern, der politische Angeklagte systematisch unterzogen
wurden.

Während der Streiks 1936–1937 unter der Volksfront-Regierung
wurde er mehrmals inhaftiert. Als es im November 1936 zu wichtigen Streiks in Indochina kam, attackierte Tạ thu Thâu in *La Lutte*
schonungslos die Volksfront, die ihre Reformversprechen bezüg-
lich der Kolonien gebrochen hatte. Die Stalinisten distanzierten
sich daraufhin in ihrem offenen Brief vom 17. Dezember 1936 von
ihm. Im April 1937 brachten die Stadtratswahlen in Saigon ein letztes Mal Tạ thu Thâu und den Stalinisten Nguyễn văn Tạo, die beide
gewählt wurden, zusammen. Nachdem die Stalinisten, übermittelt
durch die Kommunistische Partei Frankreichs, Weisung aus Moskau erhalten hatten, brachen sie aus der Einheitsfront La Lutte
aus und starteten ihre eigene Zeitung *L'Avant-garde*, in der sie die
Trotzkisten als ›Zwillingsbrüder des Faschismus‹ beschimpften (Tạ
thu Thâu und Nguyễn văn Tạo waren beide bereits im Gefängnis
und wurden erst am 7. Juni vorläufig aus der Haft entlassen).

Tạ thu Thâu hatte man 1937 nach dem Bruch mit den Stalinisten in den Stadtrat Saigons gewählt. Nach erneuter Inhaftierung
wurde er im Februar 1939 entlassen. Sein Einzug in den Kolonialrat
bei den Wahlen im April 1939 unter dem Banner der IV. Internationale beunruhigte die Macht. Gouverneur Jules Brévié prangerte
in einem Telegramm vom 20. Mai 1939 an Georges Mandel, den

Kolonialminister,»die Trotzkisten unter Führung Tạ thu Thâus« an, die sich zum Ziel gesetzt hätten,»Profit aus einem möglichen Krieg zu schlagen, um völlige Freiheit zu erlangen«, während er den Stalinisten durchaus etwas abgewinnen konnte, da deren »Einstellung im Konfliktfall loyal wäre«, ganz so wie»die der Kommunistischen Partei in Frankreich«.

Im August 1939 verließ er das Land. Nach Festnahme in Singapur und Überführung nach Saigon im Oktober wurde er für vier Jahre ins Straflager nach Poulo Condor geschickt. Nachdem er seine Strafe in ganzer Härte verbüßt hatte, stellte man ihn in der Stadt Long xuyên, seinem Geburtsort, unter Hausarrest. Von dort schrieb er an Phương Lan, einen Jugendfreund:»Hier bin ich nun an dem Ort, wo ich vor einem Vierteljahrhundert noch sorglos lebte. Vierundzwanzig Jahre sind vergangen, der Junge kehrt mit gebrochenen Flügeln zurück. Als ich auf der Insel (Poulo Condor) war, konnte ich einige Gedichte und den ganzen *Kim Vân Kiêu* auswendig lernen. Ich würde ihn gern erneut lesen, um mich zu vergewissern, dass ich seinen Sinn gut verstanden habe.« (Es handelt sich dabei um ein einzigartig nonkonformistisches und in Vietnam sehr beliebtes langes Liebesgedicht aus dem 18. Jahrhundert.)

1945 analysierte und kritisierte Tạ thu Thâu die Position der Việt minh: Seitens fremder Mächte Unterstützung für die Unabhängigkeit zu erhoffen, schien ihm zweifelhaft und in jedem Fall ohne Perspektive auf eine Befreiung der Arbeiter und Bauern. Er wollte eine neue Arbeiterpartei aufbauen, die sich furchtlos den nationalistischen und stalinistischen Strömungen entgegenstellte. Dies ist, was er mit den alten Genossen von La Lutte ins Auge fasste, als sie sich nach dem 9. März 1945 alle in Saigon trafen.

Ende April brach Tạ thu Thâu heimlich in den Norden auf. Es war die Zeit, als die Hungersnot Tonkin und Nordannam heimsuchte[62], und am 14. Mai 1945 ließ er der Tageszeitung *Saigon* einen Hilferuf zukommen:»Die Katastrophe hat ein Ausmaß, dass ich mir erlaube, meine Brüder aus Kotschinchina inständig zu bitten, nur so viel zu essen, wie wirklich nötig ist, und alles zu sammeln, was möglich ist, um es sofort hierher zu schicken.«

Er hatte das Glück, im Norden eine Schwestergruppe zu finden, die das trotzkistische Blatt *Chiến đấu* (Kampf) publizierte. Er traf Lương đức Thiệp und zahlreiche junge Menschen, die ihr Studium abgebrochen hatten, um sich dem politischen Erwachen der Klasse der Ärmsten zu widmen. Tạ thu Thâu nahm mit ihnen an heimlichen Arbeitertreffen in der Bergbauregion und geheimen Bauernversammlungen teil. Was ihre Besorgnis über die von der Việt minh verbreiteten Verleumdungen anging, die sie als durch und durch »den Arbeiterinteressen feindliche Elemente« brandmarkten, besaß er ein, wie es scheint, unerschütterliches Vertrauen in die Hellsichtigkeit der Arbeiter.

Als sich die Ereignisse von historischer Dimension überschlugen – Atombomben auf Hiroshima und Nagasaki, der Aufruf Hồ chí Minhs zum Volksaufstand am 10. August 1945 –, schlug Tạ thu Thâu den Weg zurück in den Süden ein. Um sich der stalinistischen Beschattung zu entziehen, trennte er sich in Hue von seinem Begleiter, dem jungen Đỗ bá Thế. In Quảng ngãi fiel er der Việt minh in die Hände.

Am 7. September 1945 erfuhr die Gruppe La Lutte von der Festnahme Tạ thu Thâus in Quảng ngãi und machte die Neuigkeit in ihrem Treffpunkt bekannt. Große Aufregung bei den kleinen Leuten von Saigon. Die Gruppe La Lutte richtete eine Anfrage an Trần văn Giàu, der am 9. September mit folgender Bekanntmachung antwortete: »Die Festnahme Tạ thu Thâus in Quảng ngãi steht in keiner Beziehung zum Exekutivkomitee. Das Volkskomitee kann und darf Tạ thu Thâu richten.« Tạ thu Thâu war zu diesem Zeitpunkt wahrscheinlich ohnehin schon ermordet worden.

Knapp ein Jahr später erklärte Hồ chí Minh, in Paris von Daniel Guérin zum Tode Tạ thu Thâus befragt: »Alle, die der von mir vorgegebenen Linie nicht folgen, werden gebrochen werden.«

Tạ thu Thâu hat neben *Drei Monate bei der Sûreté in der Rue Catinat* und seinen Artikeln in *La Lutte* eine Übersetzung von Georges Politzers *Principes élémentaires de philosophie* (Grundlagen der Philosophie) in *quốc ngữ* und die Broschüre *Từ Đệ nhứt đến Đệ tứ Quốc tế* (Von der I. bis zur IV. Internationale) veröffentlicht.

NGUYÊN VĂN SỐ (1905–1945) wurde in eine arme Familie in Cholon geboren. Er war eifriger Schüler Nguyễn an Ninhs und wurde 1926 wegen politischer Agitation von der École normale in Saigon verwiesen; er wurde Schiffsjunge, reiste mehrere Male nach Marseille und kehrte 1928 nach Saigon zurück. Dort arbeitete er in einer Druckerei und schrieb sich in eine Privatschule ein. Als Aktivist der Gruppe La Lutte trat er bei den Stadtratswahlen in Saigon 1933 und 1935 und bei den Kolonialratswahlen 1939 an. 1937 wurde er wegen ›unerlaubter Vereinigung‹ (Komitee der Gewerkschaftsinitiative) verhaftet und ins Saigoner Zentralgefängnis geworfen, wo er in Hungerstreik trat; am 9. September 1937 wurde er entlassen. Mittlerweile schwer an Tuberkulose erkrankt, wurde er erneut verhaftet und am 10. November 1937 wegen ›subversiver Umtriebe‹ zu einem Jahr Gefängnis und zehn Jahren Aufenthaltsverbot verurteilt. Nach neuerlicher Verhaftung im September 1939 wurde er nach Poulo Condor deportiert. Als aktives Mitglied der Gruppe La Lutte gehörte er zu denen, die im Oktober 1945 im Wald von Thủdàumôt von der Việt minh erschossen wurden.

PHAN VĂN CHÁNH (1906–1945) stammte aus einer wohlhabenden Familie (sein Vater war Regierungssekretär) in Bình trước (Biênhòa). Seine weiterführende Bildung erlangte er am Collège Chasseloup-Laubat, am 25. September 1925 verließ er das Land, um sich an der medizinischen Fakultät von Paris einzuschreiben. Er arbeitete am *Journal des étudiants annamites,* der ›Zeitung der annamitischen Studenten‹ von Trần văn Thạch mit, engagierte sich mit Tạ thu Thâu in der annamitischen Unabhängigkeitspartei und trat mit diesem zusammen 1930 der (trotzkistischen) linken Opposition bei. Er gehörte zu den 19, die nach der Demonstration gegen die Todesurteile von Yên báy am 30. Mai 1930 aus Frankreich ausgewiesen wurden.

In Saigon arbeitete er als Lehrer in Privatschulen und beteiligte sich am geheimen Aufbau der linkskommunistischen Opposition. 1932 verbreitete er zusammen mit Huỳnh văn Phương Schriften und Broschüren im Arbeitermilieu, unter anderem Übersetzungen des *Kommunistischen Manifests* und von Friedrich Engels' *Die Entwicklung des Sozialismus von der Utopie zur Wissenschaft*. Nach Festnahme wurde er am 1. Mai 1933 zu vier Jahren Gefängnis auf Bewährung verurteilt. Er war an der Gruppe La Lutte beteiligt und schlug sich nach dem Bruch mit den Stalinisten im Juni 1937 auf die Seite Tạ thu Thâus. Als Kandidat von La Lutte bei den Kolonialratswahlen im April 1939 wurde er am 13. Juli 1939 verhaftet und am 16. März 1940 zu drei Jahren Gefängnis, fünf Jahren Aufenthaltsverbot und zehn Jahren Bürgerrechtsentzug verurteilt. Er wurde ins Straflager von Poulo Condor deportiert. Nach wie vor Aktivist der Gruppe La Lutte, wurde er im Oktober 1945 im Wald von Thûdàumôt von den Killern des Stalinisten Trân văn Giàu erschossen.

TRÂN VĂN THẠCH (1903–1945) wurde in eine wohlhabende Familie in Cholon geboren. Er besuchte das Collège Chasseloup-Laubat, wo er das Abitur ablegte. Im Mai 1926 ging er nach Frankreich, wo er sich in Toulouse und später Paris auf eine Licence in Philosophie vorbereitete. Am 15. März 1927 gründete er das *Journal des étudiants annamites* (›Zeitung der annamitischen Studenten‹), in dem er am 15. Dezember 1927 die politische Vision »Un rêve singulier« (»Ein seltsamer Traum«) veröffentlichte. Saigon stellte er sich darin im Jahr 1955 am Vorabend der Unabhängigkeit als zwischen einer bürgerlichen und einer Arbeiterpartei gespaltene Stadt vor. »Das beste Aktionsprogramm, dem wir folgen könnten, ist eines, das die Lösung des sozialen Problems und die Lösung des nationalen Problems gemeinsam ins Auge fasst«, legt er einem fortschrittlichen Bourgeois in den Mund. In einem anderen Artikel vom Januar 1928 kritisierte er die konservativen Nationalisten. Noch im selben Jahr geißelte er im *Bulletin* der Liga gegen die Kolonialunterdrückung und den Imperialismus »den bösen Willen derer, die uns regieren und deren schändlicher Wunsch es ist, uns zu Individuen zu formen, die immer nur gehorchen ...« Er traf Tạ thu Thâu in der annamitischen Unabhängigkeitspartei, nahm an einem Protest gegen die Verhaftung Nguyễn an Ninhs am 28. September 1928 teil und erklärte im *Manifeste des étudiants annamites* (›Manifest der annamitischen Studenten‹) vom 2. Dezember, dass das Ziel des Auslandsstudiums die Befreiung des eigenen Landes sein müsse. Im Januar 1929 betonte er im *Journal des étudiants annamites*, wie wichtig der Zusammenschluss von Intellektuellen und Arbeitern war. Im Mai wurde er zum Vorsitzenden der Pariser Vereinigung der Indochinesen, deren Protest gegen Abschiebung ›unerwünschter‹ Annamiten er an das Kolonialministerium übermittelte. Im Januar 1930 kehrte er nach Saigon zurück. Bald darauf wurde das Land durch den Aufstand von Yên báy und die große Bauernbewegung, gefolgt von deren blutiger Unterdrückung in den Jahren 1930 und 1931, schwer erschüttert. Während er seinen Lebensunterhalt als Literaturlehrer in Privatschulen verdiente, engagierte er sich in der ersten Gruppe La Lutte. Zusammen mit den ›Frankreichrückkehrern‹ um Nguyễn an Ninh besiegte er auf legaler Ebene die Kolonialmacht in den Saigoner Stadtratswahlen vom April/Mai 1933. Zwar wurde er ebenso wie der Stalinist Nguyễn văn Tạo gewählt, doch gleich darauf erklärte man die Wahl für ungültig. Er gehörte zu denen, die im September 1934 die nach den Wahlen aufgelöste Gruppe La Lutte neu aufbauten. Erneut wurde er neben Nạ thu Thâu, Nguyễn văn Tạo und Dương bạch Mai in den Saigoner Stadtrat gewählt. Er zeichnete in *La Lutte* für die respektlos satirische Rubrik ›Petits clous‹ (Reißzwecken) verantwortlich.

Trần văn Thạch war am Aktionskomitee von La Lutte in der Bewegung für den indochinesischen Kongress beteiligt. Der erste Moskauer Prozess entfremdete ihn fraglos von den Stalinisten; ab diesem Zeitpunkt wandte er sich dem Trotzkismus zu.

Am 2. Februar 1937 wurde seine Wahl in den Stadtrat für ungültig erklärt. Im Juni 1937 veröffentlichte er in *La Lutte* vom 27. Juni und 1. Juli 1937 eine Reportage über den Skandal des Raubs an den Bauern von Rạchgiá, die einigen Staub aufwirbelte. Ebenso widmete sich Trần văn Thạch der Gewerkschaftsarbeit, die ihm im September 1937 eine Verurteilung zu zwei Monaten Gefängnis einbrachte. Im Juni schlug er sich nach dem Ausbrechen der Stalinisten aus der Kooperation mit *La Lutte* auf die Seite Tạ thu Thâus.

Er gehörte bei den Kolonialratswahlen vom April 1939 zu den Kandidaten auf der Liste IV. Internationale der Gruppe Tranh đấu-La Lutte und wurde gemeinsam mit Tạ thu Thâu und Phan văn Hùm in den Rat gewählt; nachdem die Wahl im Oktober für ungültig erklärt worden war, fand er sich alsbald hinter Gittern wieder.

Am 16. April 1940 verurteilte man ihn zu vier Jahren Gefängnis und zehn Jahren Aufenthaltsverbot und ließ ihn ins Straflager von Poulo Condor deportieren.

Nach seiner Haftentlassung 1944 wurde er nach Cần thơ geschickt und unter Hausarrest gestellt. Nach dem Sturz der französischen Kolonialmacht am 9. März 1945 organisierte er mit seinen Genossen von La Lutte die Revolutionäre Arbeiterpartei und brachte nach der Kapitulation Japans *Tranh đấu* neu heraus. Am 23. September, als sich Saigon gegen die Wiederbesetzung der Stadt durch die von den Engländern wiederbewaffneten Franzosen erhob, floh die Việt-minh-Regierung Trần văn Giàus, um den Widerstand zu organisieren, während sie gleichzeitig Jagd auf die Trotzkisten machte. Nach dem Massaker an Mitstreitern von La Lutte durch französisch-britische Truppen an der Thị-Nghè-Brücke zogen sich die Überlebenden, unter ihnen Trần văn Thạch, in die Region Thủ đức zurück, wo Letzterer von Trần văn Giàus GPU gefasst wurde.

Trần văn Thạch wurde an einem Oktobertag 1945 im Widerstandkampf der Việt minh bei Thủ dầu một erschossen.

NGUYỄN VĂN TIẾN wurde 1916 in Saigon geboren. Er arbeitete bei der Gesellschaft für Kautschukverarbeitung und war in einer trotzkistischen Gewerkschaftsgruppe organisiert. 1937 wurde er verhaftet und zu einem Jahr Gefängnis sowie fünf Jahren Aufenthaltsverbot verurteilt. Als letzter Herausgeber der Zeitung *La Lutte* wurde er erneut verurteilt und 1940 ins Straflager von Poulo Condor deportiert. Nach seiner Rückkehr fiel er in die Hände der Việt minh und wurde im Oktober 1945 im Widerstandskampf von Thủ dầu một mit anderen Mitgliedern der Gruppe La Lutte hingerichtet.

HỒ HỮU TƯỜNG (1910–1980) wurde in eine Familie von Kleinbauern geboren. 1926 musste er das Collège von Cần tơ wegen politischer Agitation verlassen. Er ging nach Frankreich, wo er an der Universität von Marseille ein Mathematikstudium aufnahm, das er in Lyon abschloss. Auf den annamitischen Demonstrationen in Paris anlässlich der Todesurteile gegen die Aufständischen von Yên báy traf er im Mai 1930 Tạ thu Thâu wieder. Er entging der Festnahme und floh mit Phan văn Hùm nach Brüssel, wo sie gemeinsam *Tiền quân* (Die Avantgarde) herausgaben. Einige Zeit nach der Abschiebung Tạ thu Thâus organisierten sie sich im Umfeld Pierre Navilles, Raymond Moliniers und Pierre Franks zusammen mit Nguyễn văn Lịnh, Trần văn Sĩ, La văn Rớt, Nguyễn văn Nhì, Nguyễn văn Nam und Nguyễn văn Cử in der indochinesischen Gruppe der (oppositionellen) Kommunistischen Liga.

Nach seiner Rückkehr nach Kotschinchina Anfang 1931 lehrte Hồ hữu Tường Mathematik an Privatschulen. Im Mai traf er Đào hưng Long von der Gruppe Liên minh cộng sản đoàn (Kommunistisches Bündnis) wieder, der nach der Zerschlagung der Land-Sowjets von Nghệ Tĩnh die Opposition innerhalb der Kommunistischen Partei Indochinas gesammelt hatte; Hồ hữu Tường konnte sie für die linke Opposition gewinnen.

Im August 1931 begann er zusammen mit Đào hưng Long die hektografierte Untergrundzeitschrift *Tháng mười* (Oktober) zu veröffentlichen; im November vereinigten sich die Oppositionellen alle in der *Tả đối lập* (Linke Opposition), mit *Tháng mười* als Theorieorgan. Im Oktober 1932 wurde Hồ hữu Tường verhaftet und im Prozess gegen die 21 Trotzkisten am 1. Mai 1933 zu drei Jahren Gefängnis auf Bewährung verurteilt. Seine Lebensgefährtin Nguyễn huệ Minh bekam drei Monate Haft aufgebrummt. Er beteiligte sich an der Kampagne der ersten Gruppe La Lutte bei den Saigoner Stadtratswahlen im April 1933. Von 1934 bis 1937 stand er immer auch mit einem Fuß in der zweiten Gruppe La Lutte und leistete antistalinistische Theoriearbeit.

Als ›geheimer Berater‹ der 1935 von Lư sanh Hạnh gegründeten Liga der internationalistischen Kommunisten für den Aufbau der IV. Internationale besorgte er die einzige Ausgabe der Zeitschrift *Thường trực cách mạng* (Permanente Revolution), die erste gedruckte trotzkistische Untergrundpublikation.[63] Darin sagte er nach dem Sieg der Volksfront in Frankreich eine gewaltige städtische Arbeiterbewegung voraus. Er dachte, dass eine große Welle der Hoffnung die mittellosen Arbeiter und Bauern Indochinas erfassen würde, die dann ihrerseits in Bewegung kämen: Wieso wurden hier keine weiteren Lenins und Trotzkis geboren? (So gingen seine Überlegungen noch immer von ›Anführern‹ aus.) Dennoch befürwortete er eine ›Massenpartei‹ im Unterschied zu einer Partei ergebener Berufsrevolutionäre, wie sie zum Beispiel die stalinistische Schule hervorbrachte. Die Partei, wie sie Hồ hữu Tường sich vorstellte, sollte aus dem wirklichen Kampf des städtischen und ländlichen Proletariats hervorgehen und in Zusammenarbeit mit dem französischen Proletariat den Generalstreik vorbereiten, da es undenkbar war, den Sozialismus innerhalb nationaler Grenzen auszubauen.

Im September 1936 brachte Hồ hữu Tường *Der Aktivist*, die erste legale trotzkistische Wochenzeitung, heraus. Darin kritisierte er die Zusammenarbeit von La Lutte mit den bürgerlichen Konstitutionalisten, die Repression durch die Volksfrontregierung und die blutige Farce des ersten Moskauer Prozesses. Er organisierte Untergrundaktivisten in der Gruppe der Bolschewisten-Leninisten für die IV. Internationale, die das nicht weniger klandestine Blatt *Thợ thuyền tranh đấu* (Arbeiterkampf) herausbrachte.

Nach dem zweiten Moskauer Prozess im März 1937 ließ er, von einer wachsenden Zahl von Sympathisanten unterstützt, erneut *Der Aktivist* erscheinen, veröffentlichte Trotzkis *Die entscheidende Phase* und vor allem das *Testament Lenins* mit dessen Vorbehalten gegenüber Stalin.

Im September 1938 machten sich Hồ hữu Tường und Đào hưng Long die relative Freiheit zunutze, die Daladier der vietnamesischsprachigen Presse gewährte: Sie brachten das Kampfblatt *Thầy Thợ* (Angestellte und Arbeiter) heraus und führten die Theoriezeitschrift *Tháng mười* weiter (fünf Ausgaben allein im März 1939).

Darin kritisierte Hồ hữu Tường »vier Jahre Fehler bei der Einheits-fronttaktik« zwischen Stalinisten und Trotzkisten. Im Januar 1939 veröffentlichte er die Statuten der IV. Internationale und erläu-terte die Theorie der Permanenten Revolution in Anwendung auf Indochina.

Wie alle Gegner der Kolonialmacht wurde Hồ hữu Tường bei Kriegsausbruch festgenommen und nach Poulo Condor deportiert. Bei seiner Freilassung 1944 brach er zur Enttäuschung seiner Kampfgenossen mit dem revolutionären Kommunismus.

Im August 1945 entdeckte man seine Unterschrift neben denen zweier wichtiger Figuren der Việt minh unter einem Telegramm des revolutionären Volkskomitees Hanoi an Bảo Đại mit der Auf-forderung an diesen, abzudanken. Nach Teilung des Landes (1954) kehrte Hồ hurxu Tương nach Kotschinchina zurück und wurde Ratgeber des Piraten Bảy Viễn, dem Anführer der Bình xuyên. 1957 verurteilte ihn Ngô đình Diệm, der Mann der Amerikaner, zum Tode. Auf Intervention Nehrus und Albert Camus' wurde er nach Poulo Condor deportiert. Nach dem Fall Diệms war Hồ hữu Tương Abgeordneter einer Marionettenopposition unter dem Militärre-gime Nguyễn văn Thiệus.

1977, zwei Jahre nach der Einnahme Saigons durch die Truppen Nordvietnams, wurde Hồ hữu Tương in ein ›Umerziehungslager‹ verbracht; 1980 entließ man ihn und starb noch auf der Schwelle seines Hauses. Vier Jahre später erschien in Paris sein kurzer au-tobiografischer Essay *41 năm làm báo, Hồi ký* (41 Jahre Journalismus, Erinnerungen).

ĐÀO HƯNG LONG alias ANH GIÀ, 1905 geboren, stammte aus einer Bauernfamilie in Long trì (Rạchgià). 1926 schloss er sich *Thanh niên* (Vereinigung der Genossen der revolutionären Jugend) an, wo man ihn im Untergrund als Anh Già kannte. 1929 gehörte er dem kommunistischen Flügel der Organisation an und wurde *đặc ủy* (Sonderdelegierter) der Kommunistischen Partei Indo-chinas[64] in Westkotschinchina. Die Niederlage der Bauernbewe-gung 1930–1931 (die Sowjets von Nghệ Tịnh, die Bauernaufstände in Annam und Kotschinchina) ließ in ihm Zweifel an der Politik der stalinistischen Partei aufkommen, an der er kritisierte, dass sich die Führung in der Mehrzahl aus kleinbürgerlichen Intellektuellen und Bauern zusammensetzte. Anfang 1931 organisierte er in Bạcliêu die Gruppe Kommunistisches Bündnis mit einem *ban mạo hiểm* (Komitee der Todesmutigen), das mit dem Auftreiben von Geldern beauftragt war. Im Mai 1931 wurde Anh Già von Hồ hữu Tương für die linke Opposition gewonnen. Nach seiner Verhaftung wurde er 1933 zu einem Jahr Gefängnis verurteilt und zur Zwangsarbeit in die Steinbrüche von Châuđốc geschickt. Die nichtpolitischen Gefangenen überzeugte er davon, die Fronarbeit zu verweigern und in Hungerstreik zu treten; nach brutaler Niederschlagung dieses Kampfes wurde er von seinen Mitgefangenen getrennt und zurück ins Saigoner Zentralgefängnis geschickt.

1934 begann er als Schildermaler zu arbeiten. 1936 schrieb er die Broschüre *Arbeitsweise eines Aktionskomitees*, woraufhin man ihn 1937 für die unter der Volksfront verbotene Aktivität in der Gewerkschaftsbewegung zu zwei Monaten Gefängnis verurteilte. Ende 1938 publizierte er das auf *quốc ngữ* verfasste legale Blatt *Thầy Thợ* (Angestellte und Arbeiter). Er gehörte auch zur Redaktion des *Tia sáng* (Der Funke), der ab Januar 1939 erschien und den Krieg, die Kriegsanleihe und die Steuern zur ›Verteidigung Indochinas‹ anprangerte. Im Oktober 1939 verurteilte man ihn zu zwei Jahren Gefängnis und zehn Jahren Aufenthaltsverweigerung. Während des Kriegs wurde er in den Lagern Tà lài und Bà Rá interniert und dann nach Madagaskar deportiert, von wo man ihn erst Ende 1946 in die Freiheit entließ. Am Ende gab er den Klassenkampf auf und folgte Hồ hữu Tường auf dem Weg eines neutralen Nationalismus.

LƯ SANH HẠNH (1912–1982) wurde in Bến tre in eine wohlhabende Familie geboren und erhielt seine Schulbildung auf dem Collège von Mỹ tho. Als Mitglied der Saigoner Sektion der Kommunistischen Partei Indochinas versuchte er, durch die Thesen der linken Opposition ins Wanken gebracht, seine Partei auf einer kritischen Grundlage neu zu orientieren. Er brachte die Zeitung *Lao Công* (Der Arbeiter) heraus. Nach seiner Verhaftung am 9. Oktober 1932 wurde er zu fünfzehn Monaten Gefängnis verurteilt und zum Lorenschieben nach Cap Saint-Jacques verbracht, wo er seine nichtpolitischen Mitgefangenen zum Streik bewegte. Nachdem man ihn in den Kerker geworfen hatte, begann er einen langen Hungerstreik, so dass man ihn am Ende ins Saigoner Zentralgefängnis zurückschickte.

Nach seiner Freilassung wollte er »sein Leben der Revolution widmen«, löste sein Erbe auf, wurde Wanderfriseur, um für die Revolution zu agitieren, danach arbeitete er als Reporter für den konstitutionalistischen *Đuốc Nhà Nam* (Die Fackel Annams). Im Juli 1935 gründete er im Untergrund mit anderen Genossen die Liga der internationalistischen Kommunisten für die IV. Internationale, die im Jahr darauf von der Sûreté zerschlagen wurde, weil sie zur Bildung von Aktionskomitees zur Vorbereitung des Generalstreiks aufgerufen hatte. Lư sanh Hạnh wurde im August 1936 zu achtzehn Monaten Gefängnis verurteilt. Nach seiner Freilassung setzte er sein Aktivistenleben fort und arbeitete im Januar 1939 an Hồ hữu Tường und Đào hương Longs *Tia sàng* (Der Funke) mit. Im September 1939 konnte er sich der Festnahme entziehen und flüchtete in den Westen Kotschinchinas. 1945 kehrte er nach Saigon zurück, um dort im Geheimen die Liga wieder aufzubauen, deren *Manifest* vom 24. März 1945 Arbeiter und Bauern aufrief, sich auf eine kommende Revolution vorzubereiten.

Nach der japanischen Kapitulation trat die Liga, die bis dahin nur im Untergrund agiert hatte, mit radikalen Parolen, die in offenem Gegensatz zu den Stalinisten standen, nach außen. Die faktisch stalinistische Regierung Trần văn Giàus, die sich von der Ausweitung der Volkskomitees der Liga bedroht fühlte, ließ ihre Truppen am 14. September 1945 dreißig Delegierte von einer Versammlung weg festnehmen. Auch Lư sanh Hạnh war unter den Teilnehmern. Sie wurden alle entwaffnet und ins Gefängnis geworfen. Am 22. übernahmen die Engländer die Kontrolle über das Zentralgefängnis und übergaben die Gefangenen an die französische

Sûreté. Paradoxerweise entgingen Lư sanh Hạnh und seine Genossen auf diese Weise einem sicheren Tod.

Nach seiner Emigration 1947 nach Frankreich kämpfte er mit den annamitischen Kulis, die zur Arbeit in der Kriegsindustrie ›importiert‹ worden waren, und beteiligte sich an der Zeitschrift *Quatrième Internationale* (IV. Internationale), die unter dem Namen Luciens erschien. 1954 kehrte er nach Vietnam zurück. Er starb am 2. September 1982 in Saigon an Tuberkulose.

NGUYỄN VĂN NAM alias ANTONY wurde am 26. Mai 1912 in Bến tre in eine alte katholische Familie geboren, deren ungeheurer Reichtum sich seit Beginn der französischen Kolonisation aufgehäuft hatte. Er war der Sohn des *đốc phủ* Michel Mỹ, eines Verwaltungsabgeordneten mit dem Beinamen ›Tiger von Chợ Lách‹, der wegen seiner Unterdrückung der Bauernrevolten von 1930 berüchtigt war. Dank Unterschlagung im großen Stil konnte Michel Mỹ in Chợ Lách eine dem heiligen Michael geweihte Kirche errichten ... um sich von seinen Sünden freizukaufen. Er wurde im September 1945 von den Aufständischen in Giađịnh getötet.

Als Collègeschüler am Institut catholique Taberd in Saigon, wo sein Bruder – ›ein Schulbruder‹ – wirkte, beteiligte sich Nguyễn văn Nam, ein aufsässiges Kind, 1926 an den Streiks anlässlich des Begräbnisses des alten Nationalisten Phan châu Trinh. 1928 ging er nach Frankreich, wo er als Schüler am Lycée Lakanal in Sceaux in die linke Opposition eintrat und 1932 zusammen mit Trần văn Sĩ, La văn Rớt und Nguyễn văn Lịnh in der annamitischen Trotzkistengruppe von Paris kämpfte. Nach seiner Rückkehr nach Saigon 1935 nahm Nguyễn văn Nam Kontakt mit den Trotzkisten der Gruppe La Lutte auf und veröffentlichte in der Zeitung *La Lutte* Artikel über die Streiks und über Algerien. 1937 arbeitete er mit Hồ hữu Tường zusammen an der Veröffentlichung der halblegalen Zeitschrift *Tháng mười* (Oktober). Im Februar 1939 war er Geschäftsführer der Zeitung *Tia Sáng* (Der Funke), nach deren Verbot er mit dem Herausgeber Edgar Ganofsky, Đào hưng Long und anderen Redakteuren verhaftet wurde. Bis Anfang 1940 saß er im Gefängnis.

Um die Mitte desselben Jahres, nach dem französischen Kriegs-debakel im Mai, fahndete die Sûreté wie nach so vielen anderen ›gefährlichen Individuen‹ auch nach Nguyễn văn Nam, dem es jedoch gelang, sich bei Genossen in Bến súc, Trà vinh, Phnom Penh, Hanoi und schließlich in Quảng ngãi zu verstecken. 1943 kehrte er nach Saigon zurück.

Im August 1945, während des Aufruhrs in Saigon nach der Kapi-tulation Japans, nahm Nguyễn văn Nam seine Aktivität in der wie-derbelebten Liga der internationalistischen Kommunisten wieder auf. Er verfasste die Flugschrift mit dem Aufruf zur Bildung von Volkskomitees und zur Volksbewaffnung: Parolen, die auf den Rie-sendemonstrationen vom 21. August 1945 großen Widerhall fanden.

Als Überlebender der systematischen Ermordung von Trotz-kisten durch die stalinistischen Kommunisten und die Việt minh emigrierte Nguyễn văn Nam Anfang 1948 nach Frankreich. Ende 1949 brach er mit dem Leninismus-Trotzkismus und suchte nach Kontakten, die neue revolutionäre Perspektiven eröffnen könn-ten. »Die sogenannten Arbeiterparteien – besonders die leninisti-schen – sind Staatsembryonen. Gegenüber dem bürgerlichen Staat werben diese Parteien für die Antimacht, die Gegenmacht. Aber damit berauschen sie sich nur an Worten, um besser täuschen zu können; jede Macht übt Zwang aus, unterdrückt. Wenn sie einmal die Macht in der Hand haben, bilden diese Parteien den Kern der neuen Ausbeuterklasse, die ein neues System der Ausbeutung des Menschen durch den Menschen errichtet. Der Staat ist immer der Staat der Ausbeuter. Vom Absterben des Staates zu sprechen, heißt die Massen zu narren. Um den Nicht-Staat zu schaffen, muss man für Nicht-Macht einstehen; die Arbeiterräte (oder die anderer Beschäftigter) könnten diese Art Nicht-Macht darstellen.«

Der Freund Nguyễn văn Nam arbeitete bis 1961 in der Fabrik und später als Buchhalter, ohne sein Studium ruhen zu lassen. Er besitzt einen Abschluss im Englischen und hat eine Abhandlung über Einwanderung in England verfasst.

NGUYỄN VĂN LỊNH alias RENÉ (1901–1951) wurde in Bến súc (Thủdầumột) in eine wohlhabende Familie geboren. 1926 ging er nach Frankreich, wo er am Lycée Michelet de Vanves und dann an der Faculté de Lettres de Paris studierte. Mit Trần văn Sĩ rief er 1931 die Gruppe der indochinesischen Linkskommunisten ins Leben. Mit den französischen Oppositionellen intervenierte er auf dem Amsterdamer Weltkongress gegen den Krieg mit dem Argument, dass man dem Proletariat keine Illusionen machen dürfe, indem man es glauben lasse, der Krieg ließe sich ohne Zerstörung seines Fundaments, des Kapitalismus, verhindern; er hatte an der Selbsthilfevereinigung der Indochinesen und am 1934 gegründeten sozialwissenschaftlichen Kreis teil, in dem er auf ehemalige Mitglieder der Kommunistischen Partei Frankreichs traf, die aus der Partei ausgeschlossen worden waren. Er kritisierte die Volksfront für die Unterdrückung der Bewegung für den indochinesischen Kongress 1936. Im Bulletin *Quốc tế IV* prangerte er 1937 die Diktatur der in der UdSSR herrschenden Partei über das Proletariat an und kritisierte die Kommunistische Partei Frankreichs, die seit dem Laval-Stalin-Pakt (1935) »die annamitischen Massen dazu drängt, den demokratischen Imperialismus zu unterstützen«, und die »in den drei französischen Besitzungen Nordafrikas die Aufrechterhaltung der Ordnung mit allen friedlichen Mitteln« forderte.

Zu Kriegsbeginn kehrte er nach Kotschinchina zurück, wo er in Cần thơ als Lehrer arbeitete. Im August 1945 trat er der Liga der internationalistischen Kommunisten in Saigon bei, beschäftigte sich mit der politischen Bildung der Miliz der Straßenbahnarbeiter von Gò vấp und hielt die Verbindung zwischen den Genossen in den Wäldern und denen in der Stadt aufrecht. Im Juli 1947 nahm er wieder Kontakt zur Internationalistischen Kommunistischen Partei in Frankreich auf. An Raymond Molinier und Yvan Craipeau schrieb er: »Wenn unsere Gruppe die ungezügelte stalinistische Repression überlebt hat, dann weil sie den Kampf fortgesetzt hat«; »die rein intellektualistische Haltung Pierre Navilles und David Roussets«[65] war ihm nicht begreiflich.

1950 wurde er unter dem Vorwand, die trotzkistische Beteiligung am Widerstand zu diskutieren, zu einer vorgeblich von Sympathisanten organisierten Geheimkonferenz in der militärischen Zone der Việt minh in Biênhoà eingeladen. Nguyễn văn Lịnh, Liu Khánh Thịnh und der chinesische Genosse Liu Jialiang gingen am 13. Mai 1950 in die Falle. Sie wurden ermordet und vom Radiokanal der Việt minh zu ›Agenten des französischen Imperialismus‹ erklärt.

TRẦN VĂN SĨ (1907–1941), gebürtig aus Tân thạnh đông (Giađịnh), arbeitete nach seinem Schulabschluss in Hanoi zunächst als Techniker und ging dann im Juli 1929 nach Frankreich. In Paris bildete er zusammen mit Nguyễn văn Lịnh ab 1931 das Herz der Gruppe der indochinesischen Linkskommunisten, die die Fehler der Kommunistischen Partei Indochinas im selben Geiste analysierte, in dem die Linksopposition Trotzki in seinem Kampf gegen die herrschende Bürokratie in Russland unterstützte. Mit Maurice Nadeau kämpfte er in der Zelle der Kommunistischen Liga im 13. Arrondissement in Paris.

Im Februar 1932 präsentierte die Gruppe in dem hektografierten Bulletin *Đuốc vô sản* (Die Flamme des Proletariats) die Thesen der Linksopposition zur Revolution in Indochina und wurde dafür von den Annamiten in der Kolonialsektion der Kommunistischen Partei Frankreichs scharf angegriffen. Nachdem der Gruppe bewusst geworden war, dass sie mit ihren oppositionellen Positionen unmöglich in die Kommunistische Partei Indochinas aufgenommen werden würde, beschloss sie im Oktober 1933, eine neue kommunistische Partei aufzubauen. Trần văn Sĩ gehörte 1935 zu den Gründern der indochinesischen Sektion für die IV. Internationale. Die Gruppe mischte sich in antiimperialistische Gruppierungen und Demonstrationen ein und baute Kontakt zu annamitischen Dissidenten in der Kommunistischen Partei Frankreichs auf.

Nach seiner Rückkehr nach Kotschinchina am 13. September 1937 schloss sich Trần văn Sĩ wieder mit Tạ thu Thâu in der nun trotzkistischen Gruppe La Lutte zusammen und ließ sich über die Liste der IV. Internationale für die Kolonialwahlen vom April 1939 aufstellen. Am 13. Juli 1939 wurde er verhaftet, weil er gegen den Aufbau eines nationalen Verteidigungsfonds der Kolonialmacht gekämpft hatte, und wurde am 16. April zu drei Jahren Gefängnis verurteilt. Er starb im Straflager von Poulo Condor.

LIU JIALIANG (1911–1950) stammte aus der chinesischen Provinz Guangdong. Im Alter von 14 Jahren erlebte er während der zweiten chinesischen Revolution (1925–1927) sein politisches Erwachen. 1931 ging er nach Peking und war dort in der trotzkistischen Bewegung aktiv. Bei seiner Ankunft 1933 in Shanghai wurde er verhaftet und saß bis 1937 im Gefängnis. Nach seiner Freilassung zu Beginn des Japanisch-Chinesischen Kriegs begab er sich nach Hongkong, um sich in der trotzkistischen Organisation Südchinas in der Jugendbildung zu engagieren. In dieser Zeit übersetzte er *Die Tragödie der chinesischen Revolution* von Harold Isaacs ins Chinesische. Nach erneuter Festnahme wurde er von den Engländern nach Shanghai abgeschoben. Obwohl er schwer erkrankt war, setzte er seine politische Arbeit fort. Im März 1949 ging er zurück nach Hongkong und setzte sich wegen staatlicher Verfolgung im Januar 1950 nach Saigon ab. Im Mai dieses Jahres geriet er mit zwei vietnamesischen Genossen von der Liga der internationalistischen Kommunisten in einen Hinterhalt der Việt minh im Wald von Biên hoà nördlich von Saigon und wurde dort zu Tode gefoltert.

TRẦN ĐÌNH MINH alias NGUYỄN HẢI ÂU (1912–1946) war Dichter und Verfasser des Romans *Người con gái câm* (Die stumme Tochter), dessen junge Heldin – arm, hässlich und stumm – Sprache und Schönheit erlangt, als sie Liebe erfährt: ein Symbol für die Unterjochten, die dank der sozialen Revolution zu einem wirklichen Leben geboren werden. Daneben schrieb er auch ökonomische Bücher: *Kinh tế học phổ thông* (Politische Ökonomie verständlich erklärt, Hanoi 1944) und *Kinh tế thế giới* (Weltwirtschaft 1929–1934, Hanoi 1945). Den Lehrerberuf hängte er an den Nagel, um Schriftsetzer in der Druckerei Lê văn Tân in Hanoi zu werden, wo er 1944/1945 mit anderen Genossen das Untergrundblatt *Cờ đỏ* (Die rote Fahne) produzierte. Er kehrte 1945 zur Liga der internationalistischen Kommunisten in Saigon zurück.

Von der Arbeitermiliz (*Đoàn công binh*) aus den Straßenbahn-werkstätten von Gò vấp als einer der ihren anerkannt, wurde er ebenso wie Nguyễn văn Thưởng dazu auserkoren, das Kommando während des Aufstands in Saigon zu übernehmen. Er fiel am 13. Januar 1946 an der Front von Mỹ Lợi bei Cao lãnh (Sađéc) im Kugelhagel einer einheimischen Hilfstruppe der französischen Armee, die sich als Widerstandskämpfer verkleidet hatte; die Dorfbewohner von Mỹ tây haben ihm ein Grab errichtet.

EDGAR GANOFSKY (1880–1943) war ein auf La Réunion geborener Franzose, der früher als Lehrer gearbeitet hatte, dann aber aus politischen Gründen seines Amtes enthoben worden war. Aus tiefstem Herzen antikolonial eingestellt, publizierte er von 1923 bis 1932 *La Voix libre* in Saigon. Als Libertärer lebte er annamitisch, von einer Kulifamilie beherbergt, in einem heruntergekommenen Wohnabteil in Dakao. 1933 unterstützte er die Gruppe La Lutte, indem er als französischer Staatsbürger die Herausgeberschaft von deren gleichnamiger Zeitung übernahm. 1936 beteiligte er sich an der Bewegung für den Indochina-Kongress, jenen Konvent, der die Forderungen des annamitischen Volkes der Volksfrontregierung vorzulegen versprach. Außerdem war er im Aktionskomitee des Bezirks Dakao aktiv. 1939 wurde er, nun als Herausgeber des trotzkistischen Blatts *Tia sáng* (Der Funke), zu einem Jahr Gefängnis und fünf Jahren Aufenthaltsverbot verurteilt. Im Juni 1940 wurde die Strafe noch erhöht: auf drei Jahre Gefängnis und zehn Jahre Aufenthaltsverbot. Während des Kriegs unter Hausarrest in Cần thơ starb er 1943 im Elend.

THÁI VĂN TAM, einer der Gründer der Hanoier Zeitung *Bạn Dân* (Der Volksfreund), brach 1937 mit den Stalinisten, nachdem die Bewegung für den Indochina-Kongress von der Volksfront verboten worden war. In Tonkin rief er die Gruppe Tia Sáng (Der Funke) ins Leben, die im August 1938 Arbeiter und Bauern dazu aufrief, »in einer Front für Reis, Freiheit und Demokratie vereinigte Volkskomitees« zu bilden, die sich im Verlauf des revolutionären Kampfs in

Arbeiter- und Bauernräte verwandeln würden. Nach dem Ende des Blattes brachte er im November 1938 *Chánh trị tuần báɔ* (Die politische Woche) heraus und besorgte die Übersetzung von Trotzkis Buch über Lew Sedow. Wegen seiner kriegskritischen Artikel in *Thời đàm* wurde er neben seinen Genossen Bùi duy Từ und Nguyễn uyển Diễm im April 1939 zu fünf Monaten Gefängnis verurteilt. Thái văn Tam starb während des Kriegs in einem Gefängnis in Zentralannam.

LÊ QUANG LƯƠNG alias BÍCH KHÊ (1915–1946) war Lehrer und Volksdichter. Er stammte aus Thu xà in der Provinz Quảng ngãi in Annam. Er übersetzte André Gides *Zurück aus Sowjetrussland* nach Erscheinen im Jahr 1936 und galt der stalinistischen Partei von da an als Vorreiter der Gruppe Đệ tứ (IV. Internationale) in der Region. Er starb 1946 einunddreißigjährig an Tuberkulose; die Bevölkerung, von ihm eingenommen, benannte die Straße zwischen dem Busbahnhof und dem Osttor von Quảng ngãi nach ihm (auch wenn die Bích-khê-Straße nie auf offiziellen Stadtplänen auftauchte). Sein Grab wurde wie in seinem Gedicht *Nắm mồ* (Das Grab) dem Wildwuchs und Vergessen überlassen:

Đã cỏ xanh xao mấy lớp phủ,
Trên mồ con quạ đứng yêm hơi
(In Schichten bedeckt ergrünter Wildwuchs das Grab,
ein Rabe, erhoben darauf sitzend, schweigt).

1991 verweigerte der junge Funktionär Bốn der Familie Bích khês die Genehmigung, dessen Überreste nach Thu xà, in seinen Geburtsort, zu holen. Der Grund: Die Gebeine des Verschiedenen, der an Tuberkulose gestorben war, könnten das Dorf verpesten; außerdem sei Bích khê ›Trotzkist‹ gewesen und »nach dem, was unsere Revolutionsveteranen in der Stadt berichten, ist der Trotzkismus durchweg reaktionär« (Nachforschung des Journalisten Trần Đăng, veröffentlicht in *Lao động*, der offiziellen Zeitung des Allgemeinen Arbeiterbundes von Vietnam, vom 20. Januar 1994).

Werke: *Thơ Bích Khê* (Ausgewählte Gedichte), 1988

LƯƠNG ĐỨC TiHẸP (?–1945) stammte aus Thanh hóa in Nord-annam. Er wurde des Collège von Nam định verwiesen – nach Proteststreiks gegen die Brutalität von ›Paul-Rotnase‹, dem Franzö-sischlehrer, der seine Schüler als »Drecksäcke, Schweine, schmut-zige Annamiten« beschimpft hatte. 1930 versuchte er heimlich auszuwandern, wurde aber in Bangkok festgenommen und nach einem Jahr Gefängnis unter Hausarrest in seiner Wohnung gestellt. 1937 und 1938 gründete er den geheimen Gewerkschaftsverband der Schriftsetzer in Hanoi. 1941 beteiligte er sich an der Gruppe zur kritischen Reflexion der Geschichte *Hàn Thuyên*, die die Ideologie des Nationalheldentums infrage stellte. Er gründete 1945 die Sozia-listische Arbeiterpartei Nordvietnams (Đảng thợ thuyền xã hội Việt Bắc), die sich für die IV. Internationale aussprach und viele Arbei-ter und Studenten, darunter viele Frauen, organisieren konnte. Diese Gruppe publizierte die Zeitung *Chiến đấu* (Kampf), zahlrei-che Broschüren und bot marxistische Einführungskurse an. Auf Plakaten und Flugblättern forderte sie Volksbewaffnung, Arbeiter-verwaltung der Fabriken und Verteilung des Bodens an die Bauern wie im Süden. Sie bereitete sich auf den bewaffneten Widerstand gegen die Rückkehr der Franzosen vor und bekam auf den großen Versammlungen, insbesondere in Bạch mai, großen Zuspruch für ihr Revolutionsprogramm.

Bevor sich die revolutionäre Arbeiter- und Bauernbewegung außerhalb des Einflusses der Việt minh selbständig entwickeln konnte, befahl Hồ chí Minh die Festnahme der Mitglieder der Gruppe. So wurden Lương đức Thiệp und Quản thương Haò, die gerade aus dem Straflager Sơn la entlassen worden waren, mit den anderen ergriffen und exekutiert. Die Ermordung Lương đức Thiệps 1945 findet in den Memoiren des Schriftstellers Tố Hoài, die unter dem Titel *Cát bụi Chân ai* (1992) veröffentlicht wurden, Er-wähnung. Seine politische Aktivität im Jahr 1945 ist durch Đỗ bá Thế in *Thím Bảy Giỏi* überliefert (zitiert von Phương Lan in *Nhà cách mạng Tạ thu Thâu 1906–1945* (Der Revolutionär Tạ thu Thâu) sowie durch den Brief eines nordvietnamesischen Aktivisten aus dem Jahr 1947, der sich im Archiv von Pierre Frank in Paris befindet.

✻✻✻

... all diesen und so vielen anderen Kampfgenossinnen und -genossen, allen, die von einer neuen Welt geträumt haben, frei von Unterdrückung und Ausbeutung – Leibeigenen auf den Reisfeldern, Sklaven auf den Plantagen, Minenarbeitern, Kulis, Tagelöhnern, Arbeitern und Bauern, die anonym ihr Leben gelassen haben, »gefallenen Kämpfern, deren Porträt niemand zeichnen wird, deren Seele niemand in Erinnerung rufen wird« (tử sĩ mấy người, nào ai mạc mặt, nào ai gọi hồn, Chinh phụ ngâm)[66], und meiner Mutter widme ich dieses Buch.

Paris, 8. September 2000

Der alte Gebäudekomplex der Sûreté in der Rue Catinat
in Saigon (Foto von 1997).
Auf dem Schild ist zu lesen: »Die schöpferische Anwendung
des Marxismus-Leninismus und der Ideen Hồ Chí Minhs führen
uns zum großen Sieg des innovativen Wandels«

1 Das Zitat stammt aus Blaise Pascals *Gedanken*, Nr. 593 (die Num-
  merierung variiert je nach Ausgabe). [Wenn nicht anders vermerkt, stammen die Anmerkungen von den Herausgebern.]

2 Erschienen bei L'insomniaque, Paris 1996; Neuauflage: Nautilus,
  Paris 2000.

3 *Spanischer Bürgerkrieg* (1936–1939): Im Juli 1936 initiierte der
  faschistische General Francisco Franco (mit Unterstützung von
  Hitler und Mussolini) einen Militärputsch gegen die zuvor
  gewählte Regierung der Volksfront (Frente Popular). Diese
  hatte sich, auch aus Angst vor dem Kontrollverlust, gegen eine
  Bewaffnung der Bürger entschieden, wodurch es Francos
  Streitkräften gelang, große Teile des Staates rasch einzunehmen. Ohne Alternative in Sicht, übergingen die anarchistisch
  orientierten Arbeiter und Bauern die Regierung, bewaffneten
  sich und nahmen den Kampf gegen Franco selbst auf – ein Prozess, der schnell in eine weitläufige und radikale soziale Revolution umschlug. Im Kampf gegen Franco versuchte die Kommunistische Partei Spaniens im Namen der Einheit des Landes
  alles in ihrer Macht Stehende, um diese Revolution zu unterdrücken (Franco behielt letztendlich dennoch die Oberhand,
  zum Teil aufgrund der Demoralisierung durch brutale Attacken
  von Stalinisten auf die bürgerlich-republikanische Revolution).
  Eine umfassende allgemeine Geschichtsschreibung hierzu ist
  Burnett Bollotens *The Spanish Civil War*, Chapel Hill 1991. Siehe
  auch Sam Dolgoff (Hg.), *The Anarchist Collectives: Workers' Self-
  Management in the Spanish Revolution 1936–1939*, Quebec 1990.
  Innerhhalb des Konflikts hinter der Front zwischen Stalinisten
  und Anarchisten nahm die POUM, Partido Obrero de Unificación Marxista (Arbeiterpartei der Marxistischen Einheit), eine
  besondere Stellung ein. Ursprünglich aus dem marxistischen
  Trotzkismus stammend, stand sie diesem immer ambivalenter
  gegenüber, ihre Mitglieder lehnten den Stalinismus ab und verbündeten sich mit den Anarchisten. Während des Spanischen

Bürgerkriegs wurden Anhänger der POUM von Stalinisten gejagt, eingesperrt und umgebracht. George Orwells *Mein Katalonien* erzählt von seinen Erfahrungen in der POUM-Miliz.

4 *Maximilien Rubel* (1905–1996), ukrainisch-französischer Soziologe, dessen Forschungsschwerpunkt in der Geschichte und Theorie der kommunistischen Rätebewegung bestand. Er war Herausgeber mehrerer Bände von Karl Marx in der französischen Pléiade-Ausgabe. Auf Deutsch ist u. a. sein Essay »Marx als Theoretiker des Anarchismus« erschienen.

Arbeiterrat: Die Form des Rates (russ. ›Sowjet‹) wurde von streikenden Arbeitern während der Russischen Revolution 1905 erprobt. Als sich 1917 wieder vermehrt Sowjets bildeten, wurden sie von den Bolschewiki zuerst unterstützt, dann manipuliert, dominiert und kooptiert, bis sie schließlich nur noch Parodien ihrer selbst waren: Scheinräte des sowjetischen Staates. Arbeiterräte tauchten in der jüngeren Geschichte gleichwohl immer wieder auf, so in Deutschland, Italien, Spanien, Ungarn und andernorts (auch 1945 in der »Kommune« Hòn gai-Cẩm phả in Vietnam), da sie eine naheliegende Lösung für ein Verlangen nach nichthierarchischer Selbstorganisation darstellen. Ein klassisches Werk zu diesem Thema ist Anton Pannekoeks *Arbeiterräte* (1950).

Bayern: Nach der Kapitulation Deutschlands am Ende des Ersten Weltkriegs stürzte Bayern im November 1918 seine Monarchie und deklarierte sich als Freistaat mit dem von Arbeiter- und Soldatenräten unterstützten unabhängigen Sozialisten Kurt Eisner als Ministerpräsident. Nach dem Mord an Eisner im Februar 1919 folgten chaotische Zeiten mit einem rapiden Wechsel von mehr oder weniger radikalen Regierungen, unter anderem einer kurzlebigen Räterepublik, zu deren Anführern Anarchisten wie Erich Mühsam, Gustav Landauer, Ernst Toller und Ret Marut (B. Traven) zählten. Die Räterepublik wurde im Mai 1919 durch die deutsche sozialdemokratische Regierung militärisch zerschlagen.

Kronstadt: Im März 1921 lehnten sich die Matrosen von Kronstadt, die zu den engagiertesten Streitern innerhalb der

Russischen Revolution von 1917 gezählt hatten, mit dem Ruf nach tatsächlicher Macht des Volkes statt einer Herrschaft des sowjetischen Staates gegen die Regierung auf. Als reaktionär denunziert, wurden die Aufständischen von der kommunistischen Regierung niedergeschlagen. Siehe Ida Metts *Kommune von Kronstadt* und Paul Avrichs *Kronstadt, 1921.*

Ungarn: 1956 rebellierte das ungarische Volk gegen das von der Sowjetunion auferlegte stalinistische Regime. Obwohl sich die Bewegung vorgeblich für eine reformorientierte Regierung unter Imre Nagy aussprach, bildete ein nationales Netzwerk von Arbeiterräten die wirkliche Macht im Lande, bis dieses von einmarschierenden sowjetischen Truppen gestürzt wurde. Siehe Andy Andersons *Die ungarische Revolution 1956.*

5 Das Zitat von Karl Marx stammt aus »Kritische Randglossen zu dem Artikel ›Der König von Preußen und die Sozialreform. Von einem Preußen‹« (1844).

6 *Sûreté*: Die koloniale Sicherheitspolizei Frankreichs. Sie war mit der Untersuchung und Ahndung krimineller und politischer Vergehen beauftragt.

7 *Kulis*: Ungefähr gleichbedeutend mit ›Tagelöhner‹. Die Chinesen, Vietnamesen und die Kolonialmacht bezeichneten die untersten Arbeiterklassen als ›Kulis‹. Als unqualifizierten Analphabeten wurde ihnen für harte körperliche Arbeit nur das absolute Minimum gezahlt.

8 *annamitisch/Annamit*: Dem Beispiel der vorherigen chinesischen Herrschaft folgend, bezeichneten die Franzosen die gesamte indigene vietnamesische Bevölkerung als ›Annamiten‹, obwohl Annam nur eine von drei vietnamesischen Regionen im französischen Indochina war. Diese Bezeichnung wurde in der Zeitspanne, die in diesem Buch beschrieben wird, immer noch allgemein verwendet, obwohl sich in den 1930er- und 1940er-Jahren die Bezeichnung ›Vietnamesen‹ allmählich durchsetzte.

9 Das 1929 erschienene Buch von Paul Gentizon befasste sich mit Kemal Atatürk, die 1926 publizierte Abhandlung von Georges

Garros schilderte die politischen Auseinandersetzungen im französisch kontrollierten Indochina.

10 Neben den erwähnten Büchern *Mustapha Kémal ou l'Orient en marche* von Paul Gentizon und *Forceries humaines* von Georges Garros gehörten zu den beschlagnahmten Büchern *Das Kommunistische Manifest* (1847) von Marx und Engels sowie *Die permanente Revolution* (1929) von Leo Trotzki. Darin erläutert Trotzki seine Ansichtenüber die Bourgeoisie in Russland und anderen noch weniger entwickelten Ländern. Er unterstreicht darin die Unfähigkeit und den Unwillen der Bourgeoisie, eine demokratische Revolution herbeizuführen, und schließt daraus, dass das Proletariat zur Überwindung des Stadiums der großbürgerlich-kapitalistischen Klassenherrschaft selbst aktiv werden müsse. Ebenfalls beschlagnahmt wird die Anprangerung der kolonialen Repression *Vietnam: La tragédie indochinoise* (1931) von Louis Roubaud sowie John Reeds *Zehn Tage, die die Welt erschütterten* (1922), ein Bericht über die Russische Revolution. Schließlich befanden sich unter dem Konfiszierten die Marx-Biografie David Rjasanows *Marx und Engels nicht nur für Anfänger* (1927) und ein Buch über Sun Yat-sen (1866–1925), einen der Führer der Chinesischen Revolution 1911 und den Gründer der Kuomintang (Nationale Volkspartei Chinas). In seinem Buch *Im Westen nichts Neues* (1928) schildert Erich Maria Remarque die Kriegsgräuel des Ersten Weltkriegs. Silvio Pellicos *Meine Gefängnisse* (1833) ist ein Bericht über zehn Jahre in italienischen Haftanstalten.

11 *Zentralgefängnis* (frz. *Maison Centrale*, wortwörtlich ›Zentrales Haus‹): das Hauptgefängnis Saigons.

12 »Ta flamme importune, on la couvre, / On la fait éteindre aux valets«: Zeilen aus Victor Hugos Gedicht »An das junge Frankreich« (»Dicté après juillet 1830«) über die Revolution 1830.

13 Ngô Văn war für vietnamesische Verhältnisse sehr groß (ca. 183 Zentimeter), sodass Kleidung in Standardgrößen ihm nicht passte.

14 *Maison d'Arrêt Politique*, politisches Gefängnis.

15 Wenn nicht anders vermerkt, ist mit ›Liga‹ immer die Liga der internationalistischen Kommunisten zum Aufbau der IV. Internationale gemeint. Die trotzkistische Gruppe wurde 1935 von Lư sanh Hạnh, Ngô Văn und Trịnh văn Lầu gegründet, 1939 verboten und 1945 wiederbelebt. Im Gegensatz zu den »legalen Trotzkisten« der Gruppe La Lutte, die an Wahlen teilnahmen und ihre Veröffentlichungen registrieren ließen, war die Liga eine illegale Gruppierung im Untergrund mit klandestiner Publikationstätigkeit.

16 Im Mai 1936 wurde in Frankreich eine Volksfrontregierung, eine Koalition zwischen Sozialisten, Kommunisten und anderen Mitte-links-Parteien, gewählt. Auf Ihre Vereidigung folgte eine Welle von Streiks und Fabrikbesetzungen.

17 *Kotschinchina*: alte, v. a. im Französischen gebräuchliche Bezeichnung für eine Region, die den Süden Vietnams und Teile des östlichen Kambodschas umfasste; zwischen 1863 und 1954 auch Name einer französischen Kolonie. Weitere Kolonialgebiete auf dem Territorium des heutigen Vietnams waren Amman und Tonkin.

18 *Dorfführer*: ansässige reiche, gebildete oder respektierte ›Würdige‹. Dorfführerräte bildeten die administrative Macht in den bäuerlichen Regionen während des alten imperialen Regimes und bestanden unter der französisch-imperialen Herrschaft als niederster Rang der Administration fort, um Steuern einzutreiben, Wehrpflichtige einzuberufen, geringfügige Vergehen vor Gericht zu bringen etc.

19 *Poulo Condor* (Insel Côn Sơn): eine Insel nahe der Küste Vietnams. Die französische Kolonialregierung errichtete dort 1861 eine Strafkolonie für politische Gefangene. 1954 wurde sie an die südvietnamesische Regierung übergeben und für dieselben Zwecke genutzt. Im Juli 1970 erlangte die Insel internationale Aufmerksamkeit, als grauenhafte Misshandlungen der Insassen von amerikanischen Kongressabgeordneten entdeckt wurden, die von der Route einer offiziell geleiteten Tour abwichen und der Karte eines geflohenen Gefangenen folgten. Fotografien der

Gräueltaten (›Tigerkäfige‹, Verstümmelungen durch Folter etc.)
wurden im *Life*-Magazin veröffentlicht und trugen zu der wachsenden Opposition gegen den Vietnamkrieg in Amerika bei.

20 *Grand-Dame kehrt zurück,/ein Paar schwarzer Drachen eskortiert IHN.*

21 Das erste Kind wird in traditionellen vietnamesischen Familien
meist Nummer zwei genannt, um böse Geister zu überlisten,
die sich gerne mit den Erstgeborenen fortstehlen. Ngô Văns Erzählung nennt Schwester zwei, Schwester fünf, Bruder sieben
(alle aus erster Ehe), Bruder zehn, Bruder zwölf und Bruder
dreizehn (Văn selbst, der Jüngste), somit gab es insgesamt zwölf
Kinder in seiner Familie. Bruder zehn wurde 1946 von den
Franzosen zu Tode gefoltert.

22 *vu*: kurz für ›vu et approuvé‹ (gesehen und genehmigt), eine
französische Standardvertragsfloskel.

23 *Kopfsteuer*: eine allen Erwachsenen auferlegte persönliche Steuer,
ungeachtet des Einkommens. Für die Ober- und Mittelschicht
unbedeutend, machte die Kopfsteuer bei ärmeren Personen
einen großen Anteil des Einkommens aus. Bauern, die großteils
außerhalb der Geldwirtschaft lebten, stellte sie vor eine geradezu unlösbare Aufgabe.

24 Lady Hiêús Banyanbaum wurde in Erinnerung an ebendiese
großmütige reiche Dame gepflanzt, die in der Nähe von Ngô
Văns Dorf gelebt hatte. Der Baum spendete den Frauen, die in
der heißen Sonne vom Markt zurückkehrten, Schatten. Siehe
Ngô Văn und Hélène Fleurys *Contes d'autrefois du Viêt-nam*,
Paris 2001, S. 80 f.

25 Etwas gekürzte Passage aus Baudelaires Vorwort zu Pierre
Duponts *Chants et Chansons* (1849), in der Übersetzung von
Friedhelm Kemp.

26 *Konstitutionalistische Partei*: eine sehr moderate Reformströ-
mung, die 1917 als lose Interessengemeinschaft aus Händlern,
Gutsbesitzern, Bürokraten und Journalisten begann und sich
um 1923 zu einer offiziell anerkannten politischen Partei entwickelte. Sie forderte die Befreiung von bestimmten Gesetzen

und eine Statuserhöhung für eine kleine Elite vietnamesischer Großbürger und Funktionäre innerhalb der französischen Herrschaft, stellte sich allerdings gegen nationale Unabhängigkeit oder großflächige soziale Reformen. Bùi quang Chiêu, der zentrale Anführer, fürchtete sich vor Massendemokratie und noch viel mehr vor einer Massenwirkung. Ihm bereitete die Idee, einer breiteren Masse Zugang zum Wahlrecht oder französischen Staatsbürgerschaft zu verschaffen, »Schauer bei dem Gedanken, Unerwünschte in die großartige französische Familie aufzunehmen: Menschen ohne Lebensgrundlage oder Kultur. ... Ich kann nicht anders als verstört sein, wenn ich daran denke, dass es möglich wäre, durch sonderbare Maßnahmen Masseneinbürgerungen in Kotschinchina zu verordnen, und das Resultat einer legislativen Wahl wäre von Köchen und Riksha-Jungen abhängig.« Dass solche vorsichtigen Reformer von den Kolonialisten (die auf De la Chevrotière als zentralen Propagandisten zählen konnten) als gefährlich radikal angesehen wurden, verdeutlicht den reaktionären Charakter des französischen Kolonialsystems.

27 *Phan châu Trinh*: Über Phan châu Trinh und den anderen frühen antikolonialen Anführer, Phan bội Châu, siehe Anm. 60.

28 Das Zitat ist eine leichte Abwandlung einer Passage aus Jean-Jacques Rousseaus *Abhandlung über den Ursprung und die Grundlagen der Ungleichheit unter den Menschen* (1755).

29 »Ici deux gueux s'aimaient jusqu'à la pâmoison, / Et cela m'a valu trente jours de prison«. Richepins *La Chanson des Gueux* (1876) wurde als derart unmoralisch und obszön angesehen, dass Autor, Verleger und Drucker allesamt zu einem Monat Gefängnis verurteilt wurden. Die ›Gueux‹ waren nicht nur Landstreicher, sondern Ausdruck für die unterste Schicht der Gesellschaft – Bettler, Taschendiebe, Vagabunden, Obdachlose etc.

30 Phan văn Trườngs *Une Histoire de conspirateurs annamites à Paris* (1928) wurde mit einer Einleitung von Ngô Văn nachgedruckt, erschienen bei L'Insomniaque, Paris 2003. Das Zitat findet sich auf Seite 20 f.

31 *Geheimgesellschaft Nguyễn an Ninh*: Die Existenz dieser angeblichen Geheimgesellschaft bleibt fragwürdig. Das meiste Beweismaterial (Geschichten bizarrer Aufnahmeriten etc.) wurde von der Sûreté zusammengetragen und durch Foltermaßnahmen erwirkt, und dennoch leugneten die meisten gefolterten Bauern jegliche Verbindung. Andererseits ist es schwer zu glauben, dass Nguyễn an Ninhs Wanderungen durch das Land ganz ohne aufwieglerische Absichten stattfanden. 1926 veröffentlichte er eine Stellungnahme, in der er ankündigte, einen spirituelleren Weg einzuschlagen, und Interesse an der Cao-Đài-Sekte bekundete. Anfang des Jahres 1928 rasierte er seinen Kopf wie ein buddhistischer Mönch, begann mit dem Fahrrad von Dorf zu Dorf zu fahren und seine eigens hergestellte medizinische Creme zu verkaufen. Er selbst hat zwar keinen systematischen ›Aufbau‹ betrieben, seine Kameraden dagegen wahrscheinlich sehr wohl, vor allem unter den Bauern, die Ninh treffen und seinen Reden zuhören wollten. Andere Untergrundgruppen verwendeten seinen Namen, um ihre eigene Agenda zu fördern und Menschen zu mobilisieren. Möglicherweise gab es auch einen losen Zusammenschluss von Leuten, die mit ihm und seinen Lehren sympathisierten. Nachdem Ngô Văn die meisten Beweise für die Existenz einer solchen Geheimorganisation widerlegt hatte, notierte er, dass »Ninh die Bauern mit einem quasimystischen Vertrauen inspiriert hatte; viele von ihnen waren bereit, ihm zu folgen, ohne genau zu wissen, wohin oder wie. ... Er hatte erfolgreich eine Bauernbewegung gegründet, allerdings eine ohne jegliche Disziplin und Struktur.« (zit. in: Ngô Văn, Viêt-nam 1920–1945. *Révolution et contre-révolution sous la domination coloniale*, Paris 1996, S. 95). Siehe auch Hue-Tam Ho Tai, *Radicalism and the Origins of the Vietnamese Revolution*, Cambridge (Mass.) u. a. 1992, S. 186–195.

32 *Bazin*: Zu dem Mord an René Bazin siehe Hoang Van Dao, *Viet Nam Quoc Dan Dang. A Contemporary History of a National Struggle*: 1927–1954, Pittsburgh 2008, S. 35–41.

33 *40-prozentige Todesrate*: Auch wenn die Zahl unwahrscheinlich hoch ist, bestätigen offizielle Quellen, dass eine sehr hohe Sterberate Normalität war. Die Aufsicht der Plantage bei Phú riềng informierte beispielsweise den französischen Kolonialminister, dass 17 Prozent ihrer Arbeiter im Jahr 1927 starben, und das war zweifelsohne eine zurückhaltende Angabe, da die Aufseher Interesse daran hatten, so viele Todesfälle wie möglich zu vertuschen. Vertrauenswürdige Studien zeigen, dass in vielen Plantagen die durchschnittliche jährliche Sterberate bei 20 Prozent lag.

34 *Aufstand* von *Yên báy* (1930): Dieser Aufstand wurde von der Việt Nam Quốc dân Đảng (VNQDD, Vietnamesische Nationalistische Partei) angestiftet, eine radikal nationalistische Organisation, die 1927 von dem jungen Lehrer Nguyễn Thái Học in Hanoi gegründet wurde. Im Folgejahr hatte die Organisation 1500 Mitglieder, organisiert in 120 Geheimzellen. Ihre Gewaltbereitschaft gepaart mit Furchtlosigkeit alarmierte das koloniale Regime, brachte aber auch bald den Zusammenbruch der Organisation. Der Mord an Bazin 1929 durch ein abtrünniges Mitglied der VNQDD führte zu mehreren Verhaftungen; die Niederwerfung des Aufstands von Yên báy im darauffolgenden Jahr hatte dann die endgültige Auflösung der Gruppe zur Folge. Nguyễn Thái Học und zwölf weitere Anführer wurden guillotiniert, Hunderte Mitglieder verhaftet und mit harten Strafen versehen. Die VNQDD konnte sich von diesem Schlag nie wirklich erholen. Einige wenige Mitglieder der Gruppe schafften allerdings die Flucht in den Süden Chinas, und kehrten fünfzehn Jahre später, während der Nachwehen des Zweiten Weltkriegs, nach Vietnam zurück und kämpften in den Rängen der ›Dritten Division‹, die im Kapitel »Im Kreuzfeuer« vorkommt.

35 Namen, die in Klammer gesetzt sind, stehen meist für Provinzen. Hạnh lam (Thanh chương) bedeutet somit: das Dorf Hạnh lam in der Provinz Thanh chương. Zu bedenken ist auch, dass die meisten Ereignisse in diesem Buch, wenn nicht speziell darauf hingewiesen, in Kotschinchina (der südlichen Region in

Vietnam) stattfinden, nicht in Annam (der Region in Zentralvietnam) oder Tonkin (der nördlichsten Region).

36 *Kommunistische Partei Indochinas*: Dieser Name wurde von der Komintern (Kommunistische Internationale) auferlegt, in der Hoffnung, dass aufständische Gruppen aus Laos und Kambodscha dazustoßen würden. Doch in Wirklichkeit war die KPI fast immer rein vietnamesisch.

37 *Moskau-Heimkehrer*: Radikal gesinnte Kommunisten, die Zeit in Moskau verbracht hatten, um als Kader für die Kommunistische Partei ausgebildet zu werden.

38 *Saigoner Stadtrat*: Um den Anschein von Demokratie in Kotschinchina zu wahren, errichtete das französische Kolonialregime einige ›repräsentative‹ Gremien, beispielsweise kommunale und koloniale Räte. Diese Organe hatten sehr limitierte Macht. Ohnehin war nur ein kleiner Prozentsatz von vietnamesischen Grundbesitzern wahlberechtigt, daher waren die zugeteilten indigenen Repräsentanten in diesen Räten meist konservativ.

39 Im französischen Original heißt es »pour moi comme une irrésistible invitation au voyage«. Die Textstelle bezieht sich auf »L'Invitation au voyage« (»Einladung zur Reise«), der Titel eines Gedichts von Charles Baudelaire aus dem Jahr 1854.

40 Zeile aus Baudelaires Gedicht »Moesta et errabunda« (1855), hier in der Übersetzung von Friedhelm Kemp.

41 *Moskauer Prozesse* (1936–1938): berüchtigte Gerichtsverhandlungen, in denen viele der ursprünglichen Anführer der bolschewistischen Partei der Verschwörung gegen die UdSSR angeklagt wurden. Zu den Anklagepunkten gehörten zusammen mit dem Hauptfeind Leo Trotzki, der Wall Street, mit den Nationalsozialisten oder der imperialistischen Regierung Japans ausgeheckte Pläne, Stalin zu ermorden, die russische Produktion zu sabotieren etc. Den oft völlig absurden und unter Zwang erwirkten Geständnissen folgte die Exekution oder Deportation der Angeklagten. Trotzki (zu dieser Zeit im Exil) wurde aus der Ferne angeklagt. Diese Prozesse halfen Stalin dabei, Rivalen zu beseitigen und jegliche Auflehnung gegen seine Macht zu

unterdrücken. Der Gedanke, dass die Mehrheit der ursprünglichen Anführer der Oktoberrevolution einer langjährigen Verschwörung gegen das sowjetische Regime angehört hätte, war so grotesk, dass er bei zahlreichen Mitgliedern und Sympathisanten der Kommunistischen Partei zu einem ersten Desilusionierungsschub über den Charakter der UdSSR führte.

42 *Indochinesische Kongress-Bewegung* (1936–1937): ein Versuch, die Wahl der Volksfrontregierung in Frankreich zu nutzen, um Aktionskomitees des Volkes in ganz Indochina zu organisieren, die ihre Delegierten zum Kampf für bessere Konditionen in den Kongress nach Saigon schicken sollten. Die Idee war sehr populär: Hunderte Komitees wurden organisiert. Doch das Kolonialregime unterdrückte die Bewegung, noch bevor es zu einem ersten Treffen im Kongress kommen konnte.

43 »Dans les jardins d'mon père les lilas sont fleuris, / Tous les oiseaux du monde viennent y fair' leurs nids. / Auprès de ma blonde qu'il fait bon, fait bon, fait bon, / Auprès de ma blonde qu'il fait bon dormir.« Auszug aus *Auprès de ma blonde*: ein beliebtes französisches Volkslied aus dem 17. Jahrhundert.

44 *Die Zeit der Verachtung*: Roman von André Malraux aus dem Jahr 1935 über die Gefangenschaft eines kommunistischen Kämpfers in einem Konzentrationslager der Nationalsozialisten.

45 Louis-Ferdinand Célines Roman *Reise ans Ende der Nacht* wurde 1932 veröffentlicht. Die zitierten Zeilen folgen der Übersetzung von Hinrich Schmidt-Henkel. Die letzten daraus zitierten Zeilen stammen aus einem beliebten Lied aus dem Jahr 1913.

46 *Lenins ›Testament‹*: Ein während Lenins Krankheit vor seinem Tode im Dezember 1922 geschriebener Brief an die Kommunistische Partei Russlands, in dem er seine Vorstellungen über die Zukunft des Sowjetregimes nach seinem Tod darlegt. Der Brief beinhaltet eine scharfe Kritik an Stalins Brutalität und Hinterlist und drängt auf seine Absetzung als Generalsekretär der Partei. Auch Trotzkis bürokratische Tendenzen werden angegriffen. Das ›Testament‹ wurde von den Stalinisten unterdrückt und erst 1956 von Chruschtschow anerkannt.

47 Der 1926 gegründete Étoile Nord-Africaine gilt als erste politische Partei in der Geschichte Algeriens.

48 André Gide hatte bis zu seinem Aufenthalt in der UdSSR 1936 mit den Kommunisten sympathisiert. In *Zurück aus Sowjetrussland* (1936) und *Retuschen zu meinem Russlandbuch* (1937) bringt er seine Enttäuschung über die politischen Verhältnisse in der UdSSR zum Ausdruck.

49 Zitat aus Victor Hugos Drama *Ruy Blas* (1838).

50 *Vichy-Regime* (1940–1944): ein faschistischer Marionettenstaat im Südosten Frankreichs, der nach der Niederlage der französischen Truppen gegen Nazideutschland und der deutschen Besetzung des Nordens vorgeblich unabhängig blieb.

51 Die indochinesische Kolonialverwaltung war Vichy-freundlich, sodass die japanische Besatzungsarmee diese zunächst bewusst weiter regieren ließ. Nach der Niederlage des Vichy-Regimes in Frankreich (1944) wurde die Loyalität der Kolonialverwaltung gegenüber Japan zunehmend als fraglich eingeschätzt, vor allem im Hinblick auf eine Invasion der Alliierten. Die japanische Regierung fühlte sich genötigt, die Administration in Indochina direkt zu übernehmen, um einer potenziellen französischen Rebellion vorzubeugen.

52 *Bảo Đại*: der letzte Kaiser Vietnams, der zwischen 1926 und 1945 amtierte. Während der japanischen Besatzung »regierte« er als Marionette der Japaner. 1945 ging er ins Exil, kehrte 1949 zurück und präsidierte während des Indochinakriegs als Staatschef unter Kontrolle der Franzosen. 1954 emigrierte er nach Frankreich und wurde 1955 von seinem Ministerpräsidenten Ngô Đình Diệm abgesetzt.

53 *Nam Bộ* (Südliches Land): anderer Name für Kotschinchina, das südlich Gebiet Vietnams.

54 *Dritte Division*: eine von Nguyễn Hoà Hiệp geführte unabhängige, nationalistische und antikoloniale Armee mit überlebenden Mitgliedern der VNQDD. Die Division umfasste zeitweise 15 000 Mann, die von 1945 bis 1946 sowohl gegen die Franzosen als auch gegen die Việt minh erfolgreich kämpften. Unter

anderem weil die Việt minh der französischen Kolonialarmee Informationen über Positionen und Bewegungen weitergab, musste sich der Verband letztendlich auflösen.

55 *Gurkhas*: Nepalesische Soldaten, die in der britischen Kolonialarmee kämpften.

56 *Gruppe von Tạ thu Thâu*: Es ist nicht eindeutig feststellbar, welche Gruppe hier gemeint ist.

57 Es wird meist angenommen, dass der Indochinakrieg – der Krieg zwischen Vietnamesen (in erster Linie der Việt minh, nachdem sie alle oppositionellen Gruppen beseitigt hatte) und Franzosen – im Dezember 1946 begann, doch schon im Jahr zuvor gab es einleitende Manöver und Gefechte. Die Việt minh erhielt Hilfeleistungen von der UdSSR und China (nach dem Sieg der chinesischen Stalinisten 1949), die Franzosen wurden weitestgehend von den USA unterstützt. Der Krieg endete 1954 mit der Niederlage der Franzosen in Điện Biên Phủ. Die Genfer Konferenz im Juli 1954 beschloss die Unabhängigkeit von Vietnam, Kambodscha und Laos. Vietnam war kurzzeitig geteilt in Nord (regiert von der Việt minh) und Süd (regiert von dem Kaiser *Bảo Đại*), bevor eine nationale Wahl die Vereinigung des Staates bringen sollte. Nach dem Sturz Bảo Đại stellte sich der neue Präsident Südvietnams, Ngô Đình Diệm, gegen die Wahl, wohl wissend, dass die Việt minh große Siegchancen hatte. Als der *Việt cộng* (eine Inkarnation der Việt minh) in den späten 1950er-Jahren begann, die Diktatur Diệms zu attackieren, unterstützt die USA Diệm mit Waffenlieferungen, Geld, Beratern und Tausenden Soldaten. Dieser Zweite Indochinakrieg (1960–1975), besser bekannt als Vietnamkrieg, wurde letztendlich von den Guerillatruppen des Việt cộng und den Truppen Nordvietnams gewonnen.

58 *Planète sans visa*: Roman von Jean Malaquais aus dem Jahr 1947 über eine internationale Gruppe von Vertriebenen und politisch Verfolgten im Vichy-Frankreich während des Zweiten Weltkriegs.

59 *Gruppe Oktober*: So genannt aufgrund des Journals *Tháng mười* (»Oktober«) aus den Jahren 1931–1932. Im Buch ist dies die einzige

Erwähnung dieser Bezeichnung, in anderen Berichten (vor allem trotzkistischen, die sich im Nachhinein mit den Abgrenzungen zwischen den verschiedenen Gruppen beschäftigten) wird die Gruppe Oktober oder die ›Oktober-Bewegung‹ allerdings oft vage mit den andauernden Entwicklungen rund um Hồ Hữu Tường in Zusammenhang gebracht, die im Kontrast zu der Gruppe La Lutte standen. In diesem weiten Sinne schloss die Bewegung Oktober die Liga der internationalistischen Kommunisten für den Aufbau der IV. Internationale (1935–1939), die Bolschewiki-Leninisten für die Konstruktion der IV. Internationale (1936), die Zeitschrift *Le Militant* (1936–1937), die wiederbelebte Zeitschrift *Tháng mười* (1938–1939), das Bulletin *Thay Tho* (1938), die Saigoner Zeitung *Tia Sáng* (1939) und die neubelebte Liga Internationaler Kommunisten (1945–1946) ein. Diese Gruppen und Publikationen kritisierten die Einigung der Gruppe La Lutte mit den Stalinisten und tendierten dazu, einen Schwerpunkt auf die Agitation an der Basis zu legen. Die beiden Bewegungen überlappten sich jedoch und kollaborierten in verschiedener Hinsicht. Dies ist wahrscheinlich der Grund dafür, dass Ngô Văn zwar spezielle taktische Differenzen unter bestimmten Umständen aufzeigte, das Etikett der Gruppe Oktober aber nicht verwendete, um die Differenz nicht zu sehr zu akzentuieren und die Geschichte als Kampf zwischen zwei klar abgrenzbaren, rivalisierenden Strömungen darzustellen.

60 *Phan bội Châu* (1867–1940): wegweisender antikolonialer Anführer. 1904 gründete er die Vietnamesische Gesellschaft für Modernisierung (Việt Nam Duy tân Hội), deren Ziel es war, die Franzosen aus Indochina zu vertreiben und eine konstitutionelle Monarchie unter dem Rebellenprinzen Cường Để zu etablieren. Im darauffolgenden Jahr verließ Phan bội Châu gemeinsam mit Cường Để das Land in Richtung Japan. Japan galt zu dieser Zeit als potenzielles Vorbild für die ostasiatische Unabhängigkeit (es hatte eine eindrucksvolle Modernisierungswelle unter der Meiji-Ära erlebt und gerade den Russisch-Japanischen Krieg von 1904 bis 1905 gewonnen). Die japanische

Regierung unterstützte Phan bội Châu in seinen militärischen Plänen nicht direkt. Sie erlaubte allerdings die Organisation der Bewegung *Đông Du* (Reise in den Osten), welcher mehr als 200 vietnamesische Studenten nach Japan gefolgt waren, um sich über moderne Entwicklungen dort und in anderen Regionen der Welt zu bilden, um Aufständischen aus China und anderen asiatischen Ländern zu begegnen und Gespräche über antikoloniale Strategien ohne Zensur und Angst vor Verhaftungen zu führen. 1909 wurden sie unter diplomatischem Druck Frankreichs allesamt aus Japan ausgewiesen. Phan bội Châu verlagerte seinen Wohnsitz erst nach Siam (Thailand) und später nach China. Die Chinesische Revolution 1911 bewegte ihn dazu, sich für eine Überwindung der Monarchie zu engagieren. Er gründete 1912 die Liga zur Restauration Vietnams (*Việt Nam Quang Phục Hội*), welche die Etablierung einer demokratischen Republik mittels bewaffneter Kämpfe zum Ziel hatte. Über die nächsten Jahre hinweg organisierte und stiftete die Gruppe diverse Morde und misslungene Aufstände in Vietnam an. Man verurteilte Phan bội Châu in Abwesenheit zum Tode. 1925 wurde er in Shanghai entführt, nach Vietnam gebracht und zu lebenslanger Zwangsarbeit verurteilt. Nachdem er vom Generalgouverneur Varenne begnadigt worden war, lebte er den Rest seines Lebens unter Hausarrest in Hué.

Phan bội Châu brach in einigen bedeutenden Punkten mit vorangegangenen antikolonialen Aufständen, die zumeist an konservative und nationalistische Perspektiven gebunden waren (Aufrufe zur Loyalität gegenüber dem Herrscher und zur Wiederherstellung des konfuzianischen Feudalsystems). Seine Aufmerksamkeit gegenüber sozialen Fragen war dennoch gering, die im Ausland gegründeten Organisationen lösten keine anhaltende antikoloniale Bewegung in Vietnam aus, und auch seine Pläne, Hilfeleistungen und Zulauf aus anderen Ländern zu bekommen, scheiterten. Sein Einfluss beschränkte sich in großen Teilen darauf, als inspirierende Symbolfigur für die Beharrlichkeit im nationalen Unabhängigkeitskampf zu wirken.

Er kann in vielerlei Hinsicht seinem etwas jüngeren Zeitgenossen Phan châu Trinh (1872–1926) gegenübergestellt werden. Während sich Phan bội Châu – ohne Rücksicht auf soziale Fragen – auf die Befreiung von der französischen Kolonialherrschaft fokussierte und lange Zeit seines Lebens gewillt war, die Monarchie als Ansatzpunkt zu nutzen, sprach sich Phan châu Trinh gegen Monarchismus und das bürokratisch-feudale System aus. Er zielte darauf, bestimmte Aspekte der französischen Kultur zu übernehmen, um die etablierte Ordnung zu verändern und die traditionelle vietnamesische Gesellschaft zu revolutionieren (er war ein großer Verehrer von Rousseau und Montesquieu). Phan châu Trinh bezweifelte zudem die Zweckmäßigkeit gewaltsamer Kämpfe gegen die weit überlegenen französischen Kräfte und favorisierte stattdessen eine schrittweise, auf Bildung und kulturelle Belange zentrierte Strategie. Phan bội Châu erkannte, dass die französischen Kolonialherren unter dem Vorwand der Zivilisierung der Einheimischen jegliche potenziell staatsgefährdende Erziehung unterdrückten, jedem Ansatz zur Förderung der Alphabetisierung entgegenwirkten und sich gegen die Verbreitung des Aufklärungsgedankens stellten. Auch Phan châu Trinh war sich dieser Brutalität nur allzu bewusst (hatte er doch selbst in Poulo Condor eingesessen), bemerkte aber, dass die vereinzelten Versuche gewaltsamen Widerstands durch Phan bội Châus Gruppen nur zu noch entsetzlicherer Unterdrückung und Demoralisierung geführt hätten.

Es sollte indes nicht unerwähnt bleiben, dass die Strategien der beiden Anführer nicht nur miteinander kontrastierten, sondern sich auch gegenseitig ergänzten. Phan bội Châus Organisationen hatten enge Beziehungen zu freien Schulen und Kulturzentren innerhalb Vietnams, die Tausenden Menschen moderne Unterrichtsfächer wie Naturwissenschaften, Geografie und Geschichte näherbrachten. Sie dienten als Zentren für öffentliche Debatten und zeitgenössisches Theater, fungierten als Bibliotheken und darüber hinaus als Herausgeber, die revo-

lutionäre Gedichte, Lieder, Satiren und Übersetzungen west-
licher Werke verbreiteten. Der beliebteste Sprecher in diesen
Zentren war Phan châu Trinh (bevor er verhaftet und nach
Frankreich verbannt wurde).

Phan châu Trinhs Infragestellung traditioneller Werte hatte
zweifelsohne großen Einfluss auf die facettenreiche kulturelle
Unruhe in den 1920er-Jahren; ironischerweise diente sein Tod
1926 als Katalysator für direktere politische Konfrontationen
jener Art, die er stets zu vermeiden versucht hatte – Konfrontationen, die in sozialer Hinsicht gleichzeitig weitaus komplexer
waren als die von Phan bội Châu anvisierten militärischen
Attacken.

Einen informativen Bericht über diese frühe Zeit liefert David
Marrs *Vietnamese Anticolonialism 1885–1925*, Berkeley 1971.

61 Gegenüber Trần Nguơn Phiêu (auch er im Widerstand von
Biênhoà, später arbeitete er als Arzt in Texas). Tương minh Hải
wurde kurze Zeit später ebenfalls ermordet.

62 *Hungersnot*: Etwa ein bis zwei Millionen Menschen starben
1944 und 1945 in Tonkin und im nördlichen Annam im Zuge
einer Hungersnot. Dies lag zum einen an den schlechten Witte-
rungsbedingungen und Krieg, aber auch an der Tatsache, dass
der Generalgouverneur Decoux 500 000 Tonnen Reis für profitablen Export gehamstert hatte.

63 *die erste gedruckte Untergrundpublikation*: eine Erinnerung an
die Erschwernisse radikaler Veröffentlichungen unter dem kolonialen Regime. Die meisten Broschüren, Mitteilungsblätter etc.
mussten heimlich mit verschiedenen, sehr einfachen Formen
der Vervielfältigung hergestellt werden.

64 *Kommunistische Partei Indochinas* (1929) existierten diverse
kommunistische Parteien oder Bewegungen in verschiedenen
Regionen Vietnams, darunter auch die Thanh niên, die Kommunistische Partei Annams und die Kommunistische Partei
Indochinas. 1930 vereinigten sich die meisten dieser Gruppen
in der Kommunistischen Partei Vietnams. Auf Wunsch der
Komintern wurde der Name in Kommunistische Partei Indo-

chinas geändert (siehe auch Anm. 36). Die hier erwähnte Kommunistische Partei Indochinas aus dem Jahre 1929 bezieht sich auf die frühere Gruppe.

65 Pierre Naville und David Rousset hatten dem Trotzkismus den Rücken gekehrt, nachdem Stalin im Zuge des Zweiten Weltkriegs weitgehende Kontrolle über Osteuropa erlangte und die Einflussnahme trotzkistischer Positionen in weite Ferne gerückt war. Nguyễn Văn Linh deutete dagegen an, dass er und seine Kameraden den brutalen Kampf gegen die Stalinisten nicht durchgehalten hätten, um dann auf solch einer bizarren und fadenscheinigen »theoretischen« Grundlage vor ihnen zu kapitulieren.

66 Zitat aus *Chinh phụ ngâm* (»Klagelied der Soldatenfrau«), ein Gedicht von Đặng Trần Côn aus dem 18. Jahrhundert.

CHRONOLOGIE DER KOLONIAL-
GESCHICHTE VIETNAMS

Es ist keine Übertreibung zu behaupten, dass ein Kolonialkrieg begann, als französische Truppen 1859 in Indochina landeten – und es nicht mehr verließen. Einmal begründet, führte die Kolonialmacht andauernde Kämpfe gegen die Bauern und Arbeitermassen, die sich stets in latenter oder offener Revolte gegen das Regime befanden, bis die Franzosen und Amerikaner mehr als ein Jahrhundert später schließlich aus dem Land vertrieben waren. Die folgende Chronologie (hauptsächlich Ngô Văns *Vietnam 1920–1945* und der britischen Ausgabe eines früheren Textes Ngô Văns, *Revolutionaries They Could Not Break*, entnommen und durch die Herausgeber des US-Ausgabe des vorliegenden Bandes zusammengestellt) erwähnt einige der wichtigsten Ereignisse, um dem Leser eine Orientierungshilfe zu bieten.

***

1615: Jesuitische Missionare erreichten Indochina. Um die Einführung des christlichen Glaubens zu erleichtern, entwarfen sie *quoc ngu*, eine romanisierte Umschrift des Vietnamesischen, als Ersatz für *chu nom*, das traditionelle Schriftsystem Vietnams, das nach chinesischer Art Ideogramme verwendete und weiten Teilen der Bevölkerung nicht zugänglich war. Wie in vielen anderen Regionen ebneten die Christianisierung und der Handel den Weg für die koloniale Besetzung Vietnams.

1857–1870: Unter dem Vorwand, die vom vietnamesischen Kaiser Tự Đức verfolgten Christen schützen zu wollen, startete der französische Kaiser Napoleon III. einen »katholischen Kreuzzug«. 1859 war Saigon eingenommen und der Hafen für französische Handelsschiffe geöffnet. Tự Đức forderte seine Untertanen auf, Widerstand gegen die Invasoren zu leisten. In ganz Kotschinchina kam es zu Revolten. Die Franzosen antworteten mit Massakern und setzten den Annexionsprozess fort.

1870–1893: Nach dem Sturz Napoleons III. im Juli 1870 und der Zerschlagung der Pariser Kommune im Mai 1871 nahm die Dritte Französische Republik die Eroberungsbemühungen wieder auf. 1874 wurde Tự Đức gezwungen, einen Vertrag des ›Friedens, der Freundschaft und der andauernden Allianz zwischen Frankreich und dem Königreich von Annam‹ zu unterzeichnen, der ihn verpflichtete, die französische Hoheitsgewalt anzuerkennen, den Roten Fluss für den Handel Frankreichs mit China freizugeben und die Häfen von Quy Nhơn, Hải Phòng und Hanoi zu öffnen.

Die Region Tonkin im Norden Vietnams jedoch war noch nicht unterworfen, ihre Eroberung wurde unter der Regentschaft von Jules Ferry (1880–1885) fortgesetzt. Ferry, erklärte: »Die überlegenen Rassen haben die Pflicht, die unterlegenen Rassen zu zivilisieren.« Er bemerkte, dass durch einen glücklichen Zufall diese edle Pflicht auch irdische Vorteile mit sich bringe: »Das heutige Europa kann als kommerzielles Unternehmen betrachtet werden, das fallenden Profiten entgegensieht. Die europäischen Konsumenten sind gesättigt; neue Absatzmärkte müssen geschaffen werden ... Kolonien sind die vorteilhaftesten Investitionsmöglichkeiten für das Kapital reicher Länder.«

1893: Frankreich hatte nun all jene Gebiete erobert, die später als Französisch-Indochina bekannt werden sollten: Vietnam, Kambodscha und Laos. Die Kolonialherren teilten Vietnam in drei Regionen auf: Tonkin im Norden (Hauptstadt: Hanoi), Annam im Zentrum (Hauptstadt: Hue) und Kotschinchina im Süden (Hauptstadt: Saigon). Tonkin und Annam waren Protektorate wie Kambodscha und Laos, Kotschinchina wurde zur Kolonie.

Die von Frankreich protegierten Bewohner Tonkins und Annams wurden formal unter der Verwaltung der einheimischen Herrscher belassen und feudalen Justizsystemen unterworfen, deren Bestrafungen eine große Bandbreite von Foltermethoden beinhalteten. Die Kotschinchinesen, die als »französische Untertanen« bezeichnet wurden, unterstanden direkt der französischen Verwaltung und wurden offiziell gemäß einer modifizierten Version des französischen Strafgesetzbuches regiert. In Wirklichkeit waren sie jedoch derselben brutalen Willkürherrschaft unterworfen wie die Bewohner der Protektorate.

Französische Profite basierten auf der Ausbeutung natürlicher Ressourcen wie Kohle, Mineralien, Gummi, Reis, Baumwolle und billiger Arbeitskraft. Das Land diente außerdem als Monopolmarkt für in Frankreich gefertigte industrielle Güter. Die Korruptionsrate lag weit über jener des ökonomischen Normalbetriebs. Neben zahlreichen profitablen Transaktionen, wie dem Erwerb von Land oder der Vergabe von Fertigungsaufträgen, gewährte die Kolonialverwaltung sich selbst und ihren Vertrauten häufig Monopole auf spezielle Produkte, um dann der lokalen Bevölkerung zur Erhöhung ihrer Profite Konsumquoten aufzuerlegen.

Die Einführung der kapitalistischen Produktion durch die Kolonialmacht untergrub die feudale, durch Agrarwirtschaft geprägte Ökonomie, die auf der sogenannten asiatischen Produktionsweise beruhte, und erzeugte dadurch neue, mit jenen im herrschenden Land vergleichbare soziale Klassen – jedoch mit einigen Unterschieden:

– Die Landbevölkerung, die mit Abstand den größten Teil der Gesamtbevölkerung ausmachte, wurde von den Großgrundbesitzern ausgebeutet. Stets vom Hungertod bedroht, blutete die Masse der Bauern nicht nur durch inländische Landbesitzer, sondern auch durch verschiedene Steuern, insbesondere durch die vom Kolonialregime erhobene Kopfsteuer, aus.

– In den Reisanbaugebieten (die Felder wurden großen Unternehmen zugeteilt), auf Gummiplantagen und in Regionen, die zur katholischen Mission gehörten, entwickelte sich ein landwirtschaftliches Proletariat, dessen Arbeitsbedingungen häufig an Sklaverei grenzten. »Die Arbeiter werden um 3 Uhr geweckt, um 4 Uhr versammeln sie sich, um dann bis zum Anbruch der Dämmerung zu arbeiten. Der Arbeiter ist für drei Jahre durch einen strengen Vertrag, der es ihm untersagt, in dieser Zeit für einen anderen Arbeitgeber zu arbeiten, an eine Plantage gebunden. Er heuert für 0,40 Piaster am Tag an, ist sich jedoch nicht bewusst, dass sein Nettolohn nach Abzug der Kosten für seine Reisration, Rückzahlung der Vorschüsse und Zahlung zahlreicher Abgaben am Ende des Monats weitaus weniger ist als die Summe seines täglichen Lohns« (Offizieller Report über die Mimot Gummiplantage des Arbeitsaufsehers Delamarre, März 1928). Die Plantagenbesitzer hatten die Macht über Leben und Tod ihrer Arbeiter, und meist hatten die Plantagen eigene Gefängnisse und Kerker.

– Parallel entwickelte sich ein neues, industrielles Proletariat in den Minen und den großen Infrastrukturunternehmen (Elektrizität, Zement, Destillerien und Transport). Diese Arbeiter waren nicht organisiert und verfügten über keinerlei politische Erfahrungen, radikalisierten sich jedoch zunehmend, insbesondere in den Städten.

– Die europäische und chinesische Bourgeoisie führte und dominierte die einheimische Bourgeoisie.

– Die einheimische Bourgeoisie und die einheimischen Großgrundbesitzer unterstützten das Kolonialregime, dem sie ihren Wohlstand verdankten.

– Ein großer Teil des einheimischen Kleinbürgertums wurde im administrativen Sektor und im Militär beschäftigt.

1904: Phan bội Châu gründete die Vietnamesische Gesellschaft für Modernisierung (*Việt Nam Duy tân Hội*) mit dem Ziel, die Franzosen aus dem Land zu vertreiben und eine konstitutionelle Monarchie unter dem Rebellenprinzen Cường Để zu errichten. Zusammen mit Cường Để floh er im darauffolgenden Jahr nach Japan, wo sie erfolglos um Hilfe für ihr Unternehmen warben.

1912: Phan bội Châu, der mittlerweile im Exil in China lebte, gründete die Liga zur Restauration Vietnams (*Việt Nam Quang Phục Hội*), die für mehrere Attentate und gescheiterte Aufstände verantwortlich war.

1920er: Eine Gruppe vietnamesischer Emigranten in Paris wurde von ihren Landsleuten als ›die fünf Drachen‹ bezeichnet: Phan châu Trinh, Phan vân Trường, Nguyễn Thế Truyền, Nguyễn an Ninh und Nguyễn Ái Quốc (im Folgenden als Hồ chí Minh bezeichnet, wie er sich ab 1942 nannte). Trotz ihres unterschiedlichen Hintergrunds und ihrer unterschiedlichen Perspektiven legten ihre Verurteilung der kolonialen Unterdrückung und ihre

Entschlossenheit, das Land zu befreien, das Fundament der »indo-chinesischen Revolution« der 1930er-Jahre.

Bis auf Hồ chí Minh, der zwischen Moskau und China hin- und herreiste und bis 1941 außer Landes bleiben sollte, kehrten alle nach Vietnam zurück, um offen gegen das Kolonialregime Stellung zu beziehen. Währenddessen sandte die Kommunistische Partei Frankreichs einige andere emigrierte vietnamesische Studenten nach Moskau, um sie professionell zu Revolutionären ausbilden zu lassen. Sie sollten den stalinistischen Kader der zukünftigen Kommunistischen Partei Indochinas bilden.

1923–1926: In Kotschinchina publizierte Nguyễn an Ninh *La Cloche Fêlée* (*Die zersprungene Glocke*) mit dem ironischen Unter-titel: ›Journal für die Verbreitung französischer Ideen‹. Vietnam sah er durch beklemmende Überwachung erstickt. Er drängte jene, die es sich leisten konnten, dazu, Frankreich zu besuchen oder sich zumindest mit dessen besten Traditionen vertraut zu machen, um ihren Horizont zu erweitern. Obgleich Frankreich Quelle kolo-nialer Unterdrückung war, fand sich aus seiner Sicht auch der Geist der Befreiung im Land der Aufklärung, der Revolution und der Pariser Kommune.

1925: In Kanton, China, gründete Hồ chí Minh unter dem Pa-tronat der III. Internationale die Vereinigung der Genossen der revolutionären Jugend (*Thanh niên*). Mitglieder bekamen eine gründliche ideologische und praktische Ausbildung und wurden anschließend nach Vietnam zurückgeschickt. Die *Thanh niên* fasste vor allem unter der Landbevölkerung Fuß und breitete sich von Norden nach Süden aus.

1927: In Hanoi gründete eine Gruppe radikaler Universitäts-lehrer und Studenten die Nationale Partei Vietnams (*Việt nam quốc dân đảng*/VNQDD) mit der Absicht, die Franzosen aus Indochina zu vertreiben, das einheimische Feudalsystem zu stürzen und eine demokratische Republik zu errichten. Verschwörung, Militär-putsche und Terrorismus galten ihnen dafür als legitime Mittel.

Februar 1930: Angestiftet von der VNQDD, findet in Tonkin eine Revolte der Infanterie von Yen Bai statt. Sie wurde blutig niedergeschlagen und die VNQDD nahezu vernichtet.

Die *Thanh niên* vereinigte sich mit ähnlichen Gruppierungen zur Kommunistischen Partei Indochinas (KPI).

Mai 1930 bis Anfang 1931: Tausende Bauern demonstrierten vor Regierungsgebäuden für eine Senkung der Kopfsteuer und die Abschaffung von Zwangsarbeit. Das Kolonialregime antwortete mit Schüssen in die unbewaffnete Menge. Daraufhin griffen die Bauern zu radikaleren Methoden. Sie attackierten Militärposten und Polizeistationen, befreiten Gefangene, plünderten Märkte, zerstörten Steuerunterlagen und exekutierten besonders verhasste Honoratioren. In den Provinzen Annams Nghệ an und Hà Tĩnh organisierten sie sich selbst als ›Sowjets‹, besetzten Land und verteilten Lebensmittelvorräte. Diese Bewegungen waren meist spontan, aber viele fanden unter Einfluss und Mitwirkung der KPI statt. In den darauffolgenden Repressionen wurden Tausende Bauern massakriert, Tausende mehr festgesetzt und die KPI gravierend geschädigt.

1930–1932: Innerhalb der KPI bildeten sich oppositionelle Strömungen, und es wurde Kritik an der unsteten, moskauorientierten Politik laut, der die breite Basis der Partei nur als Schachfiguren für Massenaktionen diente. Die Kritiker stellten sich hinter die linksoppositionellen Positionen Trotzkis und seiner Anhänger und forderten Unabhängigkeit und soziale Revolution, Land für die Bauern und Fabriken für die Arbeiter. Die KPI dagegen verlangte zunächst Unabhängigkeit, auf die der Sozialismus später folgen sollte. Unter diesen oppositionellen Strömungen befand sich eine Gruppe, die 1931 von aus Frankreich verwiesenen vietnamesischen Studenten gegründet wurde und der sich 1932 Ngô Văn anschloss.

April–Mai 1933: Die Verfahren gegen 21 Aktivisten der linken Opposition und 121 Mitglieder der KPI brachten die Untergrundbewegung vorübergehend zum Stillstand. Ein Großteil der Anführer saß im Gefängnis oder wurde in Arbeitslager deportiert.

Anlässlich der Wahl der Saigoner Stadtverwaltung kamen die Stalinisten und Trotzkisten, die noch auf freiem Fuß waren, zusammen und gründeten die Zeitschrift *La Lutte*. Sie kamen darin überein, auf wechselseitige Kritik zu verzichten, um dem Kolonialregime gemeinsam auf juristischem Weg zu begegnen. Diese erstaunliche und beispiellose Allianz (wenn man bedenkt, dass in Russland und überall sonst auf der Welt stalinistische Parteien die Ausrottung der Trotzkisten forderten) konnte einerseits zustande kommen, weil Hồ chí Minh und die Führungsriege der stalinistischen Partei außerhalb des Landes verblieben und kaum über Möglichkeiten verfügten, die Basis der Partei direkt zu beeinflussen, sowie andererseits, weil die vietnamesischen Trotzkisten stärker in der Arbeiterschaft verwurzelt waren als die Stalinisten, wodurch es für diese schwierig wurde, ihre üblichen Taktiken anzuwenden – und schließlich, weil die Partisanen auf beiden Seiten unter extrem schwierigen Bedingungen zu kämpfen hatten und darum bemüht waren, sich Raum zum Atmen zu verschaffen.

1935: Nach dem Bündnis von Frankreich und der UdSSR durch den Laval-Stalin-Pakt sprach die KPI nicht länger von Klassenkampf oder dem Kampf gegen den französischen Imperialismus und folgte damit der Kommunistischen Partei Frankreichs. Die Trotzkisten der Gruppe La Lutte, mit den Stalinisten durch ihr Abkommen zu einer einheitlichen Kampffront verbunden, blieben stumm. Aus Protest gegen diese Kapitulation der Führungsriege gründeten Lư sanh Hạnh, Ngô Văn und Trịnh văn Lầu die Liga der internationalistischen Kommunisten zum Aufbau der IV. Internationale. In einer geheimen Zeitung, *Tiền Đạo*, prangerten sie zudem *La Luttes* Anbiederung an die Stalinisten als Verrat an.

1936–1937: In Frankreich übernahm die Volksfront die Macht, erklärte jedoch ihre Absicht, das französische Kolonialreich aufrechtzuerhalten. In Vietnam bemühten sich zahlreiche Lobbygruppen, einen ›Indochinesischen Kongress‹ einzuberufen, der seine Forderungen der Volksfront vorbringen konnte. Die Gruppen wurden schnell unterdrückt. Eine massive Streikwelle folgte und wurde ebenfalls niedergeschlagen.

Auf Befehl Moskaus drängte die Kommunistische Partei Frank-reichs die vietnamesischen Stalinisten dazu, mit den Trotzkisten zu brechen. Die Stalinisten verließen *La Lutte* und gründeten eine eigene Zeitschrift, *L'Avant-garde*, in welcher sie die noch kürzlich mit ihnen verbündeten Trotzkisten als »Zwillingsbrüder des Fa-schismus« verunglimpften.

1938–1939: Die KPI nahm eine glühend patriotische Position ein, indem sie die Kampagne der Kolonialregierung zur Verteidigung von Französisch-Indochina gegen die Bedrohung durch Japan un-terstützt. Sie nahm an einer Aktion für Kriegsanleihen teil und billigte die Einberufung weiterer 20 000 vietnamesischer Soldaten durch das Regime. Als Resultat dieser unbeliebten Haltung erlitt die KPI, die ein Bündnis mit der bürgerlichen Konstitutionellen Partei in der Kolonialratswahl eingegangen war, im April 1939 eine Niederlage. Aus den Reihen der Trotzkisten wurden, trotz ihres radikalen Programms, drei Delegierte gewählt.

Der trotzkistische Sieg machte Hồ chí Minh wütend. Im Mai 1939 schrieb er aus Guilin, China, eine Reihe von Briefen an seine Genossen in Vietnam, in denen er die Trotzkisten verleumdete und die irre und blutrünstige Propaganda, die die Moskauer Prozesse begleitet hatte, nachbetete. Die Briefe wurden in der in Hanoi erscheinenden stalinistischen Zeitschrift *Notre Voix* veröffentlicht. Einige Auszüge:

»Die Trotzkisten Chinas und anderer Länder ... sind nichts als eine Bande von Übeltätern, Schoßhündchen des internationalen Faschismus ... In geheimer Absprache mit der Polizei und ihren japanischen Herren infiltrieren die Trotzkisten die Arbeiterstreiks in Shanghai und nutzen jedes ihnen zur Verfügung stehende Mittel, die Bewegung zu sabotieren ... In Spanien nennen sie sich selbst die Partido Obrero de Unificación Marxista (POUM) ... Sie sind es, die im Dienste Francos die Spionagenester in Madrid, Barcelona und anderswo bilden. Sie sind es, die die berühmte Fünfte Kolonne organisieren, die Spionageorganisation der italienischen und deut-schen faschistischen Armee. Die französischen Trotzkisten planen, die Volksfront zu sabotieren. Habt ihr von den Anschuldigungen gelesen, die gegen die Trotzkisten bei ihren Prozessen in der Sowjetunion vorgebracht wurden? Tätet ihr es, dann würdet ihr das abstoßende, wahre Gesicht des Trotzkismus und der Trotzkisten erkennen ... Sie müssen politisch ausgerottet werden.«

1940: Der Hitler-Stalin-Pakt im August 1939 hatte eine neue Kehrtwende der KPI herbeigeführt. Die Stalinisten konzentrierten sich einmal mehr auf den Kampf gegen den Imperialismus Frankreichs, während die Bedrohung durch den Faschismus heruntergespielt wurde, obwohl der Einmarsch Nazideutschlands in Frankreich und der Japans in Indochina bereits drohte. Dementsprechend stiftete die KPI einen Bauernaufstand in Kotschinchina an, der blutig niedergeschlagen wurde: Tausende wurden getötet oder inhaftiert, Hunderte zum Tode verurteilt.

1940–1945: Japan besetzte Indochina, gestattete aber der französischen, Vichy-treuen Kolonialverwaltung, weiterhin für die Aufrechterhaltung der Ordnung zu sorgen. Die Franzosen wiederum überließen es den Japanern, in Siam, Burma, Malaysia etc. einzumarschieren.

1941: Hồ chí Minh entledigtw sich seines kommunistischen Mäntelchens und gründete die Liga für die Unabhängigkeit Vietnams (*Việt Nam Độc Lập Đồng Minh Hội*, kurz: Việt minh). Er strich Klassenkampf und landwirtschaftliche Revolution von der Agenda, um die Bourgeoisie und die Großgrundbesitzer, die er für die Liga gewinnen wollte, nicht gegen sich aufzubringen. Trotz des neuen Etiketts ist die Việt minh im Grunde eine Weiterführung der KPI.

1941–1944: In Reaktion auf Hitlers Russlandfeldzug im Juni 1941 konzentrierte sich Hồ chí Minh erneut auf den »Krieg gegen den Faschismus« und bemühte sich darum, Bündnisse mit den Alliierten zu schmieden, inklusive der Freien Französischen Streitkräfte unter der Führung Generals de Gaulle und des Amerikanischen Amts für strategische Dienste (OSS, der Vorläufer der CIA), die ihn mit Waffen belieferten und berieten.

März–August 1945: Japan übernahm die Verwaltung Indochinas, vertrieb die zuvor akzeptierte französische Kolonialregierung und präsentierte sich als Befreier von der westlichen Herrschaft.

August 1945: Kapitulation Japans. Die Alliierten beschlossen, dass Vietnam im Norden von den chinesischen Truppen Tschiang Kai Scheks und im Süden von den angloindischen Truppen des Generals Gracey besetzt werden sollte. Dabei kamen sie darin überein, das Land so bald wie möglich an Frankreich zurückzugeben.

Bevor die Besatzer eintrafen, übernahm Hồ chí Minhs Việt minh, von dem politischen Vakuum profitierend, die Macht in Hanoi. Sie machte Jagd auf Trotzkisten (»Vaterlandsverräter«), zerstörte die Arbeiterräte, die von den Minenarbeitern von Hồng gay-Cẩm phả gebildet worden waren, und hinderte die vom Hunger geplagten Bauern daran, Land zu besetzen und zu verteilen. Saigon befand sich im Ausnahmezustand. Inmitten einer Vielzahl an populären Netzwerken und neuen oder wiederbelebten nationalistischen Gruppierungen ernannte sich der Führer der Stalinisten, Trần Văn Giàu, zum Kopf eines »Provisorischen Exekutivkomitees«. Viele nationalistische Gruppierungen schlossen sich dieser Việt-minh-dominierten Regierung an.

Am 25. August fand eine große Demonstration im Zentrum Saigons statt. Ngô Văn und andere Mitglieder der Internationalen Kommunistischen Liga nahmen teil und forderten, dass »alle Macht von den Volkskomitees« ausgehen sollte – Komitees, die spontan in der Stadt entstanden waren und die Autorität von Trần Văn Giàu, seiner politischen Polizei und den bewaffneten Gangs infrage stellten.

September 1945: In Hanoi erklärte Hồ chí Minh die Unabhängigkeit Vietnams, während in Saigon die Việt minh eine Militärparade organisierte und die Leute dazu aufforderte, die alliierten Truppen von General Gracey willkommen zu heißen. In der Stadt angekommen, entfernte Gracey das Provisorische Exekutivkomitee der Việt minh aus dem Regierungspalast und bewaffnete erneut die französischen Kolonialisten. Die Việt-minh-Streitkräfte zogen aus der Stadt ab und ließen sich in der benachbarten Region nieder. Sie riefen die Leute dazu auf, Ruhe zu bewahren, während ihre provisorische Regierung sich bemühte, mit den Besatzern zu verhandeln.

Ungewillt, die Rückkehr der Kolonialmacht zu akzeptieren, versuchten währenddessen die Volksmassen in Saigon, sich in jeder nur erdenklichen Weise zu bewaffnen, um die Besatzer aus der Stadt zu drängen. Ngô Văn und seine Genossen teilten diese Einstellung.

23. September 1945: Aufstand in Saigon. Die Einwohner der Stadt errichteten Barrikaden gegen die Franzosen. Nachdem die Straßenkämpfe einige Tage angedauert hatten, gewannen die Franzosen die Kontrolle über die Stadt zurück, die Aufständischen kontrollierten jedoch die umliegenden Gegenden.

Sowohl von rachsüchtigen französischen Kolonialisten als auch von Stalinisten verfolgt, sammelten sich Ngô Văn und seine Genossen der Liga außerhalb Saigons und schlossen sich der Arbeitermiliz an, einer Kampfeinheit, die von Straßenbahnarbeitern gegründet wurde, um die Franzosen unabhängig von Stalinisten und Nationalisten zu bekämpfen.

1945–1946: Im Süden töteten die Kämpfer Việt minh jeden Trotzkisten, den sie zu fassen bekamen. Dann attackierten sie die religiösen Sekten Cao Đài und Hòa Hảo und andere bewaffnete Gruppierungen, die sich gegen die Rückkehr der Franzosen gewandt hatten.

Im Norden verbündete sich Hồ chí Minh mit den chinesischen Besatzungstruppen, um seine politische Macht aufrechtzuerhalten, begrüßte dann jedoch die Rückkehr der französischen Truppen, um sich der Chinesen zu entledigen. Nachdem er nahezu alle Trotzkisten getötet hatte, zerstörte Hồ chí Minh alle anderen nationalistischen Bewegungen und radikalen Tendenzen. Dadurch etablierte er seine absolute politische Macht im Norden und seine totale Kontrolle über den Widerstand im Süden.

So standen die Dinge am Vorabend des dreißigjährigen Krieges.

NACHWORT: INS LICHT
Von Christoph Plutte und Tilman Vogt

»Die Zukunft der menschlichen Gesellschaften hängt also von ihrem Vermögen ab, diese Vergangenheit den kalten Händen ihrer aktuellen Herrscher zu entreißen.« Das Motto, mit dem Ngô văn Xuyết seine Schilderung der vergessenen Geschichte Vietnams einleitet, fordert mehr als eine korrigierende Historiografie. Mit seiner Rekonstruktion der verschütteten Geschichte der verlorenen Kämpfe von Arbeitern, Bauern und von den Leidenden und Elenden Indochinas drängt er sich und den Leser, nach einer Formulierung Ernst Blochs, sich »ins Werdende tätig hineinzuwerfen«. Ins Werdende in Vergangenheit und Zukunft, wie es bei Bloch weiter heißt, zu dem er selbst gehörte. Es ist keine kalte Geschichte, die Ngô Văn erzählt. Seiner Dokumentation haftet nichts Archivarisches an, fast überfordert sie den nachgeborenen Leser durch ein Zuviel an Leben und Sterben. Doch vielleicht bedarf es genau dieser Lebens- und Todesfülle, um die vergessen gemachte Geschichte des vietnamesischen Volkes dem Dunkel zu entreißen. Dies geschieht auf zweifache Weise.

Ngô Văns Autobiografie schildert nicht nur ein ereignisreiches Leben, sondern ist für uns Leser zugleich ein Eingangstor in die Geschichte des Alltagslebens und der sozialen Revolten unter der französischen Kolonialherrschaft im damaligen Kotschinchina. So geht es in malerischer Detailliertheit ebenso um die Dorfschule und ihren eigenwilligen Lehrer wie um eine religiös-soziale Erweckungsbewegung und bäuerliches Leben in den Zwanzigerjahren.

Bald prägt die Herrschaft der Franzosen und die der erstarkenden Stalinisten unter *Hồ Chí Minh* das Bild. Ngô Văn beschreibt die Gefängniszellen und Folterkammern, in die er und seine Mitstreiter verschleppt wurden, weil sie sich verschworen hatten, sich gegen das Joch der Kolonialisten zu wehren, und weil sie dieselben Bücher lasen und die Verwirklichung derselben Ideale für Vietnamesen forderten, wie sie in der stolzen République française proklamiert wurden. Damit reiht sich Ngô Văn in eine Reihe von antikolonialen und gleichzeitig prouniversalistischen Aktivisten und Denkern ein, die vom haitianischen Revolutionär Toussaint Louverture bis zu Frantz Fanon reicht. Bislang war es der trinidader Historiker C. L. R. James, der am Beispiel der haitianischen Revolution 1794 am eindrücklichsten dargestellt hat, dass die Ideale der Aufklärung allzu häufig gegen ihre vermeintlichen Urheber verteidigt und durchgefochten werden mussten, dass es *Schwarze Jakobiner* brauchte, um gegen den europäischen Verrat des Humanismus aufzubegehren. Ihm und seinem Anliegen, den Hass auf den Kolonialismus nicht in eine Verherrlichung der eigenen unterdrückten Nation und der partikularen Kultur abgleiten zu lassen, stellt sich Ngô Văn mit seiner Autobiografie zur Seite.

Zu verlierende Illusionen

Sein Lebensbericht beleuchtet zudem endlich das historische Panorama einer Region, deren Geschichte insbesondere aus dem Westen nur äußerst verengt und einseitig in den Blick genommen wurde. Wenn sich die 68er-Bewegung mit Aplomb auf Walter Benjamins Geschichtsthese bezog, nach der die triumphierende, tradierte Historie immer die der Herrschenden sei und man die Geschichte gegen den Strich zu bürsten habe, so gilt das insbesondere auch für ihr eigenes Bild von Vietnam. Gefangen im unbedingten Bedürfnis nach revolutionären Identifikationsfiguren und Vorbildern in der Dritten Welt, erkoren die Antiautoritären den autoritären *Hồ Chí Minh* zu ihrem Idol und machten ihn zum Alleinvertreter des vietnamesischen revolutionären Aufbruchs. Zu den bis zu ihrer Massakrierung durch den Vietkong durchaus gleichbedeutenden Genossen Ngô Văns findet sich in dem Standardwerk zum Vietnamkrieg *Vietnam. Genesis eines Konflikts* von Jürgen Horlemann und Peter Gäng, das bis 1973 64-tausendmal verkauft worden war, buchstäblich nur ein einziger Satz. Zu brennend war der Wunsch nach siegreichen »Verbündeten« im weltweiten Kampf gegen den Imperialismus, wobei kaum interessierte, wessen Namen man auf Demonstrationen genau skandierte und für wen man Geld für Waffen sammelte.

Ngô Văn bietet nun endlich einen neuen Viet Nam Diskurs: Das Einzigartige an seinen Schilderungen ist, dass sie zeigen, inwiefern die Entwicklungen in Vietnam nicht in den Sieg von *Hồ Chí Minh* hätten münden müssen. Ngô Văn legt Zeugnis ab von der Existenz und Wirksamkeit einer dritten sozialen Kraft, die jenseits von Kollaboration mit den Kolonialherren und jenseits moskautreuer nationaler Befreiung und bolschewistischer Parteidiktatur die sozialen Fragen und Nöte von Bauern und Arbeitern in Vietnam ausdrückte und in vielen Streiks und Revolten auf die damalige politische Tagesordnung setzte.

So ist es kaum übertrieben, seinen Schilderungen eine ähnlich aufklärerische Kraft zu attestieren wie George Orwells Reisebericht *Mein Katalonien*, der mit der eindringlichen Beschreibung der stalinistischen Massenmorde an Trotzkisten und Anarchisten hinter der Front das Bild des spanischen Bürgerkriegs als manichäischen Kampf zwischen Gut und Böse auch im Ausland nachhaltig erschütterte.

Lebensumstände

Ngô Văns intensiver Bericht von den Schlachtfeldern des Kolonialismus und des Stalinismus ist der eines Davongekommenen. Das demonstriert nicht zuletzt das Tableau der vielen getöteten oder verschollenen Mitstreiter am Ende des Buches. Trotz der totalen Niederlage der Bewegung gelingt es Ngô Văn an der Hoffnung des damaligen Aufbruchs festzuhalten, ganz ohne Zuflucht in Heroismus, Verhärtung oder Selbstgerechtigkeit nehmen zu müssen. Ganz im Gegenteil: Immer wieder führt die Erzählung auf den Humanismus und die Neugierde zurück, die in der Welt der kleinen Dinge und einfachen Menschen trotz allen brutalisierenden Elends überlebten. Und immer wieder kehrt Ngô Văn zurück in die Welt seiner Eltern.

Ngô văn Xuyết wurde als Sohn einer Bauernfamilie 1912 in einem Dorf in der Nähe von Saigon geboren, seine Geburt wird jedoch erst 1913 amtlich registriert. Auf der Dorfschule beginnt er früh Französisch zu lernen, was sein Leben ganz entscheidend prägen und ihm die französische Literatur und sozialistische Theorie eröffnen wird. Bereits mit 14 Jahren muss er sein Dorf verlassen, die Schule abbrechen, und er beginnt als Metallarbeiter in Saigon zu arbeiten. Nach der Arbeit schleicht er sich in die öffentliche Bibliothek und wirft sich in die Lektüre insbesondere der Schriften von Karl Marx. In seinem Betrieb lernt er politische Aktivisten kennen und schließt sich mit 19 dem trotzkistischen Untergrund an.

Die französische Kolonialherrschaft über Indochina begann 1880 mit dem Ziel, Rohstoffe und Agrarerzeugnisse auszubeuten und einen exklusiven Absatzmarkt für französische Waren zu schaffen. Dabei sollte die Wirtschaft der Kolonie ihre agrarische Ausrichtung behalten und nicht industrialisiert werden. Durch geschicktes Divide et impera und nackte Gewalt genügten 1925 noch fünftausend französische Regierungsbeamte, um über 25 Millionen Vietnamesen zu herrschen und ihnen zahlreiche Abgaben abzupressen. Rund 700 Europäer verfügten über 20 Prozent des fruchtbaren Bodens und kontrollierten die profitablen Kautschukplantagen. Dorthin wurden unter der Steuerlast verarmte Bauern verbracht und durch Betrug und körperliche Strafen quasi in die Sklaverei gezwungen. Hier verdienten französische Vorarbeiter zwanzig- bis vierzigmal mehr als die einheimischen Arbeiter, von denen viele die qualvollen Arbeitsbedingungen nicht überlebten.

Fast während der gesamten Kolonialzeit kam es zu zahllosen Streiks und Aufständen vonseiten der Bauern und Arbeiter. Eine der größten Emeuten begann im Sommer 1930, als Kautschukarbeiter in Zentralvietnam zu streiken begannen und damit den Zündfunken für die umliegenden Dorfbewohner gaben, sich gegen die Steuereintreiber zu wehren. Bauern vertrieben lokale Beamte, lynchten Großgrundbesitzer und gründeten Volksräte, von denen die letzten bis ins Frühjahr 1931 Bestand hatten, als sie von den Franzosen mit hinzubeorderten Fremdenlegionären und mittels Luftangriffen unterworfen wurden.

Durch die koloniale Situation schlugen sich alle politischen Veränderungen in Europa auch in der sogenannten Peripherie nieder (eine Bewegung, die viel subtiler aber auch andersherum stattfand). Nachdem sich in Frankreich Sozialisten und Kommunisten zur Volksfront vereinigt hatten und 1936 gemeinsam die Wahlen gewinnen, kommt es noch vor der Ernennung Léon Blums zum Premierminister zu einer breiten Welle von Streiks. Ermutigt vom linken Wahlsieg treten bis zu zwei Millionen Arbeiter in den Ausstand und besetzen Tausende Betriebe, neben deutlichen Lohnerhöhungen wird im Zuge der Bewegung der erste gesetzliche bezahlte Urlaub in Frankreich erstreikt. Während die Kommunistische Partei Frankreichs Angst hat, die Kontrolle über die Arbeitskämpfe zu verlieren, und die Beendigung der Streiks fordert, rufen Ngô Văn und seine Genossen – inspiriert durch die Ereignisse im kolonialen »Mutterland« auch in Vietnam zum Streik auf und fordern die Gründung von Arbeiterräten in Saigon. In seiner eigenen Fabrik organisiert er selbst eine Arbeitsniederlegung für höhere Löhne, aber er wird schon bald im Lagerraum seiner Arbeitsstätte festgenommen und wie viele seiner Mitstreiter gefoltert und eingekerkert. Schließlich wird er auf Tra Vinh, eine Halbinsel im Mekongdelta, verbannt, wo er an Tuberkulose erkrankt.

Aufgrund der deutschen Besetzung Frankreichs zu Beginn des Zweiten Weltkrieges fiel es japanischen Truppen leicht, im Juli 1941 ihrerseits Indochina zu besetzen. Nach der japanischen Kapitulation ist die Zukunft Indochinas zunächst völlig ungewiss: Frankreich erklärt, die Hoheit über die ehemalige Kolonie zurückerobern zu wollen. Großbritanniens Streitkräfte, denen die Region unterstellt wurde, sind zahlenmäßig zu schwach und greifen auf japanische Soldaten zurück, und im Norden marschieren chinesische Truppen ein. Dieses Chaos nutzt die Việt minh unter Hồ chí Minh für ihre Revolution im August und ruft am 2. September in Hanoi die Demokratische Republik Vietnam aus.

In Saigon sind die Machtverhältnisse nicht so eindeutig zugunsten der Việt minh, und es kommt zu einem Arbeiteraufstand. Straßenbahnarbeiter geben den Anstoß für die Kommune von Saigon, in der sich Stadt- und Landbevölkerung im Norden der Stadt gegen den Versuch der Wiederherstellung der Kolonialverwaltung stellen. Während englische, japanische und französische Truppen rücksichtslos gegen Aufständische und Zivilisten vorgehen und die französische Kommunistische Partei den Kriegskrediten für die Rückeroberung der Kolonie zustimmt, machen die Anhänger von Hồ chí Minh Jagd auf dissidente Trotzkisten. Und so wird auch die Kommune von Saigon niedergeschlagen. Schließlich flieht Ngô Văn Anfang 1948 vor den stalinistischen Todesschwadronen nach Paris.

In Paris arbeitet er bis zu seiner Rente 1978 als Elektriker in einer Fabrik für Eisenbahnsignale. Mit seinen Kollegen gründet er eine Betriebsgruppe, und gemeinsam mit Arbeitern aus rund einem Dutzend weiterer Fabriken schließen sie sich zu einem politischen Netzwerk zusammen. Dabei entwickelt er eine zunehmend kritische Haltung gegenüber dem trotzkistischen Organisationsgedanken und wendet sich den Ideen der Arbeiterautonomie und des Rätekommunismus zu. Er nimmt Kontakt zu Kommunisten um die ehemalige Zeitschrift *Socialisme ou barbarie* auf, und es entwickelt sich eine enge Freundschaft mit Maximilian Rubel, dem Herausgeber der Karl-Marx-Bände in der Pléiade-Bibliothek. Gemeinsam mit seiner Lebensgefährtin Sophie Moen, mit der er über vier Jahrzehnte bis zu ihrem Tod liiert war, tritt er in regen Austausch mit libertären Aktivisten und engagierten Intellektuellen wie dem Schriftsteller Jean Malaquais. Zur Zeitschrift *Information Correspondance Ouvrière* trägt er Artikel über Vietnam bei und betreibt darüber hinaus seine Studien zur Geschichte Vietnams und zu sozialen Bewegungen, ohne je als bezahlter Wissenschaftler tätig gewesen zu sein. Er stirbt am 1. Januar 2005 in Paris im Alter von 91 Jahren.

Schreiben

Ngô Văn liebte neben seinen historischen Studien ebenso die französische Literatur und verschlang sowohl Fachliteratur wie auch Belletristik. Mit dem Beginn seiner Rente gewinnt er endlich wertvolle Zeit zum vermehrten Schreiben. Er sammelt ungemüdlich historisches Material und verfasst den ersten Band seiner zweiteiligen politischen, auf soziale Kämpfe fokussierenden Geschichte Vietnams, *Viêt-nam 1920–1945. Révolution et contre-révolution sous la domination coloniale, der 1995 erscheint.* Durch die Recherchen entstehen neue Kontakte auch nach Vietnam, und nach fast einem halben Jahrhundert reist er zum ersten Mal wieder in sein Geburtsland. Die Begegnungen mit seinen Verwandten und Angehörigen von früheren, mittlerweile verstorbenen Gefährten sowie die Beobachtungen der modernen Arbeitsrealität in Vietnam fließen in die Fortsetzung seiner Geschichte Vietnams ein, die 2005 unter dem Titel *Le Joueur de flûte et l'Oncle Hô. Viêtnam 1945–2005* erscheint. Darin beschreibt er Hô chí Minhs Aufstieg und brutale Machtsicherung.

Parallel zu seinen historiografischen Studien arbeitet er an der vorliegenden Autobiografie, die 2000 in Frankreich erscheint, im selben Jahr wie die vietnamesische Übersetzung des ersten Geschichtsbandes. Auch von seiner Autobiografie entstehen in den folgenden Jahren Übersetzungen ins Spanische, Vietnamesische und Englische. Ein seltenes Kleinod stellen Ngo Vans Schriften über den chinesischen Daoismus dar. Darin entschlüsselt er den subversiven, utopischen Gehalt der chinesischen – wenn man so will – Religion und entfaltet einen Zusammenhang von Aufbegehren und Spiritualität, wie er uns westlichen Lesern sonst nur aus volkstümlichen Predigten aus der Zeit der Bauernkriege bekannt ist. Einmal mehr erweist sich Ngô Văn als großer Brückenschläger.

Von heute

Durch den Bericht seines Kampfes innerhalb einer unabhängigen dritten, weder national-bolschewistischen noch mit dem Kolonialismus kollaborierenden sozialen Bewegung ermöglicht Ngô Văn den Lesern einen neuartigen Blick auf die Geschichte Vietnams abseits der vormaligen oder gegenwärtigen Sieger. Es ist eine in ihrer Schonungslosigkeit schwer zu ertragende Erinnerung an einen Konflikt, der in der westlichen liberalen Öffentlichkeit angesichts vieler Niederlagen trotz aller Gräuel gemeinhin als erbauliche Wiederkehr des David-gegen-Goliath-Narrativs mit Happy End (d. h. dem Sieg des Volkes in Form der Viêt minh) erzählt wurde.

Dass Geschichtsschreibung mehr als eine Chronik von Staatslenkern sein soll, ist eine seit Langem erhobene Forderung, die zwar von vielen Historikern für die industrialisierten Metropolen umgesetzt wird, die im Falle der ehemaligen Kolonien aber umso häufiger missachtet wird. Ngô Văn ist nicht der einzige Historiograf Vietnams, der eine andere Perspektive auf das Land einnahm, aber seine Verbindung von persönlicher, aktiver Teilnahme und späterer analytischer Recherche der Ereignisse ist einzigartig.

Ganz entscheidend dafür ist sicherlich, dass dies nicht trotz, sondern durch seinen Status als Amateur und »Feierabenddenker« ermöglicht wurde. Bis zu seiner Rente in der Fabrik tätig, kann Ngô Văn als archetypischer Arbeiterintellektueller gelten, dessen ebenso kontinuierliche wie vielfältige geistige Auseinandersetzungen mit außeruniversitären Gleichgesinnten rund um den Erdball Zeugnis von einem beeindruckend vitalen Netzwerk autonomen Denkens geben. Entgegen aller Vorurteile gerade auch einer Linken, die sich im realen Leben wie auch habituell immer stärker akademisch verortet, führte Ngô Văns Existenz im Schatten von Lötkolben und Drähten und abseits der Katheder und Konferenzräume nie zu Undifferenziertheit und Rohheit, sondern ließ ihn gerade die Feinheit und Feinsinnigkeit des für Mitgefühl und die Leiden des Alltagslebens offenen Blickes bewahren. Viele seiner Freude priesen seine Großzügigkeit, seinen unverbrüchlichen Optimismus und seinen feinen Humor.

So bietet Ngô Văns Lebensbericht schließlich ein leuchtendes Beispiel für Theodor W. Adornos Maxime, »weder von der Macht der anderen, noch von der eigenen Ohnmacht sich dumm machen zu lassen«. Und das gilt nicht nur für die Vergangenheit, sondern gerade auch für die heutige Zeit, da angesichts erstarkender reaktionärer Bewegungen umso mehr Menschen dem scheinbar unausweichlichen Zwang erliegen, sich zum kleineren Übel zu bekennen. Ngô Văn, der die Kolonialmacht ebenso wie den Nationalbolschewismus bekämpfte, trägt uns auf, auch heute stets nach dem dritten Lager zu suchen und es zu unterstützen. Dieses mag im Schatten verborgen sein und unendlich schwach erscheinen, aber es existiert – in uneingepassten Menschen und ihren Handlungen – immer irgendwo und besteht fort.

Dieses Buch erscheint im Rahmen des Förderprogramms
des Institut français

Erste Auflage Berlin 2018
Copyright © der deutschen Ausgabe 2018
MSB Matthes & Seitz Berlin Verlagsgesellschaft mbH
Göhrener Str. 7, 10437 Berlin
info@matthes-seitz-berlin.de

Copyright © der französischen Originalausgabe 2000
Au pays de la cloche fêlée
L'insomniaque

Umschlaggestaltung und Satz: Laura Fronterré, Bielefeld
Druck und Bindung: Pustet, Regensburg
Printed in Germany

ISBN: 978-3-95757-247-9
www.matthes-seitz-berlin.de

Luise Meier
MRX Maschine

Fröhliche Wissenschaft
208 Seiten, Klappenbroschur

ISBN: 978-3-95757-548-7

Zu seinem 200. Geburtstag ist Karl Marx so tot wie lange nicht: Entweder wird er für triviale Niedergangspredigten in Anspruch genommen oder zur Erstellung neuer Theorien ausgeschlachtet, um den akademischen Markt mit frischen Waren zu versorgen. Es ist Zeit, Marx als Zündschnur zu gebrauchen. So entsteht die MRX-Maschine. Die MRX-Maschine zapft Feminismus, Postkolonialismus und anderes an und sucht nach den Rissen, der Perversion und dem Gestank, die das Proletariat hinter dem unternehmerischen Selbst erkennbar machen. Die MRX-Maschine scannt die Schauplätze der öffentlichen Selbstvermarktung und die private Fabrik der Körperoptimierung nach Spuren des internalisierten Klassenkampfs, der nach Desintegration und Verschwendung schreit, und zerkratzt dabei die polierte Benutzeroberfläche. MRX-Maschine ist ein geheimer Gruß an alle Verweigerer und Blaumacher, sie ist Analyse Agitation und Aggression in einem – und für die Zeit der Lektüre sind Sie krankgeschrieben.

»Dieser Text muss proklamiert werden. Denn er will anstiften, aufrühren, anzünden.« – *Kristina Kaufmann, SPEX*

»Dass dieses Buch uns in atemraubender Virtuosität so viel Stoff zum Diskutieren geradezu hinschleudert, das ist das Großartige an dieser ›MRX Maschine‹.« – *Patrick Eiden-Offe, Süddeutsche Zeitung*

Anke Jaspers, Claudia Michalski und Morten Paul (Hg.)
Ein kleines rotes Buch
Die Mao-Bibel und die Bücher-Revolution der Sechzigerjahre

240 Seiten, 5 Abbildungen, Gebunden

ISBN: 978-3-95757-470-1

1967 erschienen die Worte des Vorsitzenden Mao Tse-tung zum ersten Mal auf Deutsch. Im Sog der politischen Ereignisse und der Studentenbewegung wurde das »Rote Buch« mit den zusammengestellten Sinnsprüchen und Parolen des chinesischen Revolutionärs schnell zum Kultobjekt, das als Signalzeichen für eine rebellische Haltung auf Demonstrationen, in Filmen und auf Magazinfotos auftauchte. Doch wurde das Buch auch gelesen oder nur geschwenkt? Diese Anthologie schildert die Entwicklung der »Mao-Bibel« zum ultimativen revolutionären Accessoire: Dabei wirft sie einen prüfenden Blick auf damalige Lesepraktiken, analysiert den bekannten roten Kunststoffeinband, befragt den Filmemacher Harun Farocki zu seinen Lektüreerlebnissen und beleuchtet die Inszenierungsweisen des roten Bändchens in der Protest- und Popkultur. So wird anhand des ikonischen Artefakts deutlich, wie fließend die Grenzen zwischen Politik und kultureller Repräsentation seit jeher waren.